高等学校公共基础课系列教材

人际沟通

（第二版）

主　编　刘向红　李光霞　李　爽

副主编　段　辰　孟庆梅　姚洪运　赵丽萍

西安电子科技大学出版社

内 容 简 介

　　本书主要分为三个单元：言语沟通、礼仪沟通、文字沟通。第一单元介绍语音规范、口语表达、态势语言、演讲技巧、辩论技巧、推销技巧；第二单元介绍服饰礼仪、餐饮礼仪、社交礼仪、求职礼仪、信息礼仪；第三单元介绍汉字之美、写作主体、应用写作、公文写作、通用文书。此外，书中配有精选项目训练 10 套、沟通能力测试 10 套、案例分析 10 个、实务实训 10 个，以帮助学生将理论知识应用于工作和生活实践。

　　本书既可作为大中专学生的教材，也可作为企事业单位进行相关岗位培训的教材，还可作为社会各界人士提高礼仪素养与人际沟通能力的训练手册和进修读物。

图书在版编目(CIP)数据

人际沟通 / 刘向红，李光霞，李爽主编. 2 版. —西安：
西安电子科技大学出版社，2021.11(2022.8 重印)
ISBN 978–7–5606–6254–1

Ⅰ. ①人…　Ⅱ. ①刘…　②李…　③李…　Ⅲ. ①人际关系学　Ⅳ. ①C912.11

中国版本图书馆 CIP 数据核字(2021)第 213315 号

策　　划　刘　杰
责任编辑　刘　杰　成　毅
出版发行　西安电子科技大学出版社(西安市太白南路 2 号)
电　　话　(029)88202421　88201467　　　邮　编　710071
网　　址　www.xduph.com　　　　　　电子邮箱　xdupfxb001@163.com
经　　销　新华书店
印刷单位　咸阳华盛印务有限责任公司
版　　次　2021 年 11 月第 2 版　　2022 年 8 月第 3 次印刷
开　　本　787 毫米×1092 毫米　1/16　印　张　13.25
字　　数　259 千字
印　　数　9001～14 000 册
定　　价　39.00 元
ISBN 978–7–5606–6254–1 / C

XDUP 6556002–3
如有印装问题可调换

前　　言

沟通类课程在国内各高校尚未引起足够的重视与关注，开课率不高，具有鲜明特色和可操作性的优质课程更是屈指可数。随着经济全球化的发展，以沟通交流能力为代表的综合素质成为学生就业、创业的重要影响因素。基于对沟通能力的高度认识，我们开发了"人际沟通"省级精品课程，将该课程定性为各专业的公共基础课和职业综合能力培养核心课程，并编写了本书。

本书针对职场需求，分为言语沟通、礼仪沟通、文字沟通三部分，力求凸显高职教育的人文性、职业性、实践性和开放性。其价值取向是怀敬畏之心，夯实价值基座；怀恻隐之心，培养人文情怀；怀向善之心，养成理性思维；怀自省之心，恪守道德底线；怀进取之心，走好人生之路。

一、图书定位

本书践行"学以致用、学以致道"的职教思想，倡导"仁""和"的人际关系，构建人与人和谐相处、和谐沟通的教学平台，基于"三元合作、四维贯通"的设计理念，有针对性地实施模块式项目教学，培养学生的儒雅气质和有效沟通能力，为其就业能力、岗位适应能力、可持续发展能力的提高打下坚实基础。

1. 服务于学生能力养成

中华人民共和国人力资源和社会保障部的国家技能振兴战略中将劳动者的技能分为三个层面：专业特定技能、行业通用技能和职业核心能力。其中职业核心能力包括自我学习、信息处理、数字应用、与人交流、与人合作、解决问题、创新、外语应用八项。开展职业核心能力培养是提高职业人才综合素质的有效措施。本书主要任务是培养学生良好的沟通意识，树立正确的沟通态度，遵循交际沟通基本原则，懂得交际沟通基本礼节，熟练掌握交际沟通的技巧，在复杂多变的社会交往中应对自如，从而立足社会，取得事业的成功。

2. 服务于地方经济发展

山东是儒家文化的发源地，历史文化底蕴丰厚。我们的宗旨就是要服务地方经济社会发展，培养高素质高技能的职业人、社会人，教育学生热爱语言文字，弘扬优秀传统，坚定文化自信，增强民族自信心。

二、编写理念

本书的编写理念是以职业活动为导向，贯穿职业素质与能力的教育和培养，有效衔接职场、专业、学生，实现学生的可持续发展。

本书编写时从高职教育的办学方针和任务出发，针对企业需要，着眼于学生沟通能力普遍欠缺的现状，进行课程资源的整合与重构，通过采用"任务驱动"式教学模式，真正实现"教学做"一体化，全面提升学生的就业能力和岗位能力。

1. 锁定行业与企业需求

根据相关行业企业的现状与需求，通过"校企合作""双进工程"等方式，邀请行业专家与专兼职教师共同参与，通过学生企业实训反馈信息进一步调整、修订教材编写标准。

2. 关注专业人才培养目标

章节设置紧扣各专业人才培养目标，密切关注国家的职业标准，及时对教材内容进行调整，充分体现基础课程为专业服务的思想。

3. 尊重学生个人能力发展的要求

与国家职业资格证书、技能证书考试要求接轨，秉持"能力本位"的方针构建教材结构，彰显高等职业教育特色。

终极目标是优化学生的职业资质，创新学生的职业意识，提升学生的职业品质，丰富学生的职业情感，促进学生职业核心能力的形成，奠定学生的职业迁移和可持续发展基础。

三、本书特色

1. 立足职业需求，彰显人文精神

本书促进"传统"与"现代"的对话，加强"科技"与"人文"的互动，强化全球视野与本土文化的融合。教育学生学会做人、学会做事、学会学习、学会生活，旨在培养学生"仁者爱人"的君子人格，"文质彬彬"的儒雅气质，"尽善尽美"的做事风格，"士当弘毅"的做人品质。通过学习，诗意栖居，创造审美人生；学会感动，品味情感人生；终极关怀，浇铸道德人生；不断追求，实现创造人生；适度舍得，体验闲适人生。切实提升学生政治素养、职业素养、心理素养、人文素养、艺术素养。

2. 淡化学科体系，注重素养养成

传统的人文素质教育侧重人文学科教育，注重人文知识传授，理论教学偏多，素质养成不足。而本书以"做人做事"教育为切入点，围绕"做人"和"做职业人"，选取和组织人文知识，一方面实现内化，将人文知识内化为学生的人文素养；另一方面力求外化，通过职业通用能力的培养，将人文知识及素养加以巩固和体现。最终使学生具备健全的人格和良好的职业态度，成为符合职场需求的职业人、社会人。

3. 强调知行合一，实现持续发展

本书遵循认知规律，强调知行合一，做到将人文知识教育与人文实践活动有机融合，重视学生职业通用能力的养成，切实促进人的全面发展。同时，在实践中尝试新的思维和方法，培养学生的个性和创新能力，使学生面对职场竞争时具备广泛的适应能力，真正实现可持续发展。

刘向红

2021 年 4 月

目　　录

绪论 1

第一单元　言语沟通 15

第一讲　语音规范 16

第二讲　口语表达 30

第三讲　态势语言 38

第四讲　演讲技巧 48

第五讲　辩论技巧 60

第六讲　推销技巧 66

第二单元　礼仪沟通 77

第七讲　服饰礼仪 78

第八讲　餐饮礼仪 83

第九讲　社交礼仪 93

第十讲　求职礼仪 104

第十一讲　信息礼仪 108

第三单元　文字沟通 115

第十二讲　汉字之美 116

第十三讲　写作主体 121

第十四讲　应用写作 128

第十五讲　公文写作 134

第十六讲　通用文书 140

训练 163

项目训练 164

能力测试 175

案例分析 188

实务实训 198

参考文献 206

绪　　论

当代著名哲学家理查德·麦基翁(Richard McKeon)认为："未来的历史学家在记载我们这代人的言行的时候，恐怕难免会发现我们时代沟通的盛况，并将它置于历史的显著地位。其实沟通并不是当代新发现的问题，而是现在流行的一种思维方式和分析方法，我们时常用它来解释一切问题。"这段话以非常精准的视角展现了沟通在当代的状况和地位。沟通，它存在于人们生活的每一个阶段和方面：不会说话的孩子也可以向母亲用微笑、哭闹来表达要求和情感；在职场上，面试找工作、如何让老板满意，也都涉及如何进行有效沟通。调查显示，老年人退休后衰老加快的原因之一就是退休后失去了许多沟通机会。此外，沟通的频率、广度的下降会影响人的安全感和智力发展。沟通在人们生活中如此重要，因此我们有必要全面地了解人际沟通，首先需要弄清它的含义、特点、功能、必要条件和影响因素等问题。

一、人际沟通的含义

人际沟通，就是社会中人与人之间的联系过程，即人与人之间传递信息、沟通思想和交流情感的过程。假设甲和乙是进行人际沟通的双方，当甲发出一个信息给乙时，甲是沟通的主体，乙是沟通的客体；乙收到甲发来的信息后也会发出一个信息(反馈信息)给甲，此时乙就变成了沟通的主体，甲变成了沟通的客体。由此可见，在人际沟通过程中，沟通的双方互为沟通的主体和客体。

有时候，乙接到甲的信息后，并不发出反馈信息。那些有反馈信息的人际沟通，称为双向沟通，例如两个人之间进行对话；只有一方发出信息，而另一方没有反馈信息的人际沟通，称为单向沟通，例如电视台播音员和观众之间的沟通。

二、人际沟通的工具

人际沟通必须借助于一定的符号系统才能实现，所以，符号系统是人际沟通的工具。我们可以把符号系统划分为两类，即语言符号系统和非语言符号系统。

(一) 语言符号系统

语言是社会约定俗成的符号系统，而言语是人们运用语言符号进行沟通的过程。

语言是人类最重要的沟通工具，也是信息传递的最有力的手段。

1. 语言的分类

语言可以分为口头语言和书面语言，即语音符号系统和文字符号系统。

在面对面的沟通中，口头语言是最常用的，而且收效最快。例如，会谈、讨论、演讲及当面对话都可以直接、及时地交流信息，沟通意见。

在间接沟通中，一般采用书面语言。它不受时间和空间的限制，可以长时间地保存，可以远距离传递，发出信息者可以充分地考虑词语的恰当性。书面语言扩大了人们认识世界的范围。

2. 语言的社会功能

语言对我们的影响是巨大的，通过语言交流，我们实现了不同的目的。语言的社会功能主要包括：认知功能、行为功能、情感功能、人际功能和调节功能。

认知功能，是语言最基本的社会功能，是指我们通过语言来传递某种知识、信念或观点。我们需要清晰的表述来传达具体的信息，比如如何操作一台机器。

行为功能，是指我们通过语言去影响听话人的行为、态度或改变听话人的状态等，以完成某项工作。比如老师对学生说："去把作业拿来！"这样就通过语言交流影响了学生的行为。

情感功能，指我们用语言来表达情绪体验、联络情感。我们需要有力、生动的语言来表达自己的感情，感染听众、激励他人，比如马丁·路德·金的那篇著名的演讲《我有一个梦想》。

人际功能，即语言被用来建立、保持和维护人际关系的功能，例如见面时的打招呼和问候等。

调节功能，即用语言来调节身心状态的功能。我们都有过类似的经历，通过向信任的人诉说自己的苦恼来缓解心理压力。语言的表达有宣泄情绪、促进心理健康的作用。在心理咨询中，来访者的语言宣泄本身就有着治疗的功效。

3. 语言的复杂性和策略性

不同的国家有不同的语言，不同的地区有不同的方言。在我国，现代汉语共有十大方言，语言使用状况比较复杂。不同的群体有不同的语言风格，医生、律师、教师、警察、科学家等群体都使用各自的专门术语。鉴于语言本身的这种复杂性和其在沟通中的作用，语言对人际沟通的影响是广泛而深入的。因此在沟通时，语言的运用要根据不同的对象和环境而改变，不然沟通就有可能在任何一个环节出现问题。

显然，在交往中，面对复杂多变的情境，人们表达同一意图的语言形式并不唯一。有大量的研究表明，人们对语言的运用表现出明显的策略性。我们说话时依赖不同的文化背景下的社会约定俗成的规则、交际礼仪和契约；我们还会根据特定的情境和交际对象，讲话时而直接，时而委婉；我们采用的语言表达形式也体现了语言的策略性。

说话也是门艺术。虽然我们每天都在说话，但是真正的语言高手并不多。作家、诗人和演讲者都是运用语言的高手，他们能用语言给我们打开一个世界，激发我们的感情、想象和行动。我们无法想象，如果没有这些美丽的语言，我们的生活该是怎样的枯燥乏味。语言的表达是如此重要，但制订在所有场合和情况下如何选择语言的规则是不可能的，语言的掌握有赖于多年的学习和实践。

(二) 非语言符号系统

非语言符号系统，是指在人际知觉和沟通过程中，凭借动作、表情、实物、环境等进行信息传递的符号。人们常常认为非语言符号系统是不重要的，但是事实并非如此。美国传播学家艾伯特·梅拉比安(Albert Mehrabian)通过实验把人的感情表达效果量化成了一个公式：100%信息传递 = 7%的语言 + 38%的语音 + 55%的态势。从上面的公式可以看出，非语言符号系统在沟通中占有重要的地位，它能补充、调整、代替或强调语言信息。绝大多数非语言符号系统具有特定的文化形态，在传达时是习惯性的和无意识的，它可能与语言符号系统相矛盾，以非常微妙的方式传递感情和态度。非语言符号系统一般有以下几种形式：

1. 视-动符号系统

手势、面部表情、体态变化等都属于这个系统。动态无声的皱眉、微笑、抚摸或静止无声的站立、倚靠、坐态等都能在沟通中起作用。

在人际交往中，视-动符号系统会给我们很多提示，通过了解一个人的行为语言，我们可以分析他的状态，调整自己的谈话方向。比如，当对方双手抱在胸前和你讲话时，可能意味着对方有戒备心；微笑代表友好和赞同，但对美国人而言，微笑更多意味着友好，他微笑着听你说完你的提案，但并不代表他同意你的意见；手叩击桌子代表不耐烦；扬眉往往意味着怀疑；双手紧紧握住对方的臂肘代表很有诚意；攀肩搂腰的一方，则暗示着其支配的地位。

心理学研究显示，对于早产的儿童，每天三次15分钟的抚摸可以使这些早产儿童茁壮成长。抚摸是感情传达非常有力的一种交往方式，抚摸可以以语言无法做到的方式感动我们，但也可以伤害我们，因此它是受一系列严格的社会规则支配的。

2. 时-空组织系统

人际空间距离可以体现出人与人之间关系的密切程度。个体空间的一般距离会因文化有异，也会因地位与性别有别。在社交环境里，人们都要遵守支配空间使用与运动的社交准则。有关人们在人际互动中如何使用空间和距离的研究，被称作空间关系学，这是由霍尔(Edward Hull)提出的概念，他将人际空间距离分为四种：亲密距离、个人距离、社会距离和公众距离。

亲密距离：0～45 厘米，属于亲爱的人、家庭成员、最好的朋友的交往距离。在此区域中，可以有身体接触，话语富于情感，并排斥第三者加入。

个人距离：45 厘米～1.2 米，同学、同事、朋友、邻居等在此区域内交往。由于距离有限，在此区域内说话一般应避免高声。

社会距离：1.2～3.6 米，在此区域人们相识但不熟悉，人们交往自然，进退也比较容易，既可发展友谊，又可彼此寒暄。

公众距离：3.6 米到目光所及，属于与陌生人的距离，表明不想有所发展，在此区域人们难以单独交往，主要开展公共活动，如作报告、等飞机等。

人们每天随着交往环境的变化，使用不同的人际空间距离。在学校，你作演讲时，你和听众之间的距离最大，是公众距离；在和客户谈判时，你们之间的距离是社会距离；个人距离是你和朋友聊天的距离；等你回到家，和孩子、爱人之间的亲密接触就是亲密距离。若人们违反了这些规则，就会引起对方不舒服的感觉。我们每个人都有自己的心理空间距离，这个距离太远或太近都会让自己不舒服。接近性的平衡理论认为，如果人际距离小到不合适的时候，人们就会减少其他途径的接近性，比如，减少注视、用倾斜的姿势等。典型事例是在电梯里或公交车里，人们为了避免眼神直接接触的尴尬，会采取读书看报或听音乐的方式。随着人口的增长和都市化进程的加快，人们在各种公众场合的个人空间越来越狭小，要学会去适应。

另外，时间观也影响沟通过程。在约会中准确守时，能使对方感到你言而有信，创造良好的交流情境。

3. 目光接触系统

目光接触即人际互动中视线交叉，是一种广泛的非语言交流形式，具有非常重要的作用。相互之间的目光接触，可以加强表达效果。

在谈话中，迎合对方的目光，意味着你对谈话的专注和兴趣；但当对方回答问题时故意避开和你的眼神接触，也许意味着事情还另有内情。心理学研究表明，人们在观察对方时，关注最集中的地方就是眼睛和嘴。一个人的语言可以修饰，但眼神信息却是很难掩盖的，我们甚至常常可透过一个人的眼神来推测对方的品质，是温暖的、真诚的，还是凶残的、狡猾的。

眼神信息在许多文化中是有影响力的，意味着地位和权力。有句非洲名言说："眼睛是侵略的手段。"在印度，失去孩子的母亲是不允许以嫉妒的眼神看他人的孩子的，因为他们相信，这种眼神会给孩子带来不好的影响。在我国古代，臣子朝拜时是不能对视皇帝的眼睛的。直到现在，在大多数非洲国家，如果对方地位比你高，你就不该看他的眼睛。

4. 辅助语言系统

音质、音高、声调、言语中的停顿和语速等因素，都能强化信息的语义分量。辅助语言可以表达语言本身所不能表达的意思。对于同样一个主题，不同演讲者的表达效果有所差异。产生这种差异，辅助语言是一个很重要的影响因素。一位非语言沟通研究者估计，沟通中39%的含义受声音的表达方式的影响，在英语以外的语言中，这个百分比可能更高。比如，研究显示，在交往中语速对于第一印象有重要影响。讲话急促表达的是激动兴奋，并可能具有表现力和说服力，但讲得太快会使对方神经紧张。另外，辅助语言研究者迪保罗(B. M. Depaulo)的研究发现，鉴别他人说谎的最可靠的因素是声调。尽管老练的说谎者可以控制自己的语言和表情，但其说谎时提高声调却是不自觉的。同时，一句话的含义常常不仅仅取决于字面意思，而是取决于它的弦外之音。语言表达方式的变化，尤其是语调的变化，可以使相同的词语表达不同的含义。例如"谢谢"一词，可以动情地说出，表示真诚的谢意；也可以冷冷地吐出，表达轻蔑的含义。

利用非语言线索识别欺骗。警察、法官经常努力从试图误导他们的人身上寻找真相，其中一个线索，就是利用语言和非语言线索中的冲突。由于非语言信息在传达时是习惯性的和无意识的，因此也是最难以控制的。比如，一个人演讲前说自己不紧张，但是他却不停地看表，眨眼次数也快于平常，这些动作就是紧张的表现。另外，当一个人做出抬胳膊、歪头、愣神等看起来与情境不符合的动作时，观察者就更容易推断出这个人在说谎。

事实上，即使我们明确知道某人会说谎，我们密切关注表情和声调这类非语言信息，也并不能更有效地帮助我们识别谎言。在一个研究中，被试者参加一个模拟的面试。研究者要求被试者在一些面试中表现诚实，而在另一些面试中表现出欺骗行为。部分面试人员被告知有些申请者可能会说谎，而另一些不给任何事前警告。结果显示，与没有得到警告的面试人员相比，对欺骗行为的警告只是让面试人员对所有的申请者都心存怀疑，而且在觉察真正的不诚实的申请者上没有表现出更高的准确性。对于自己的判断，得到警告的面试者表现出更少的自信。心理学的实验研究可能会高估人们在日常生活中觉察谎言的能力。

尽管如此，在观察者能够听到语言内容的情况下，非语言的线索还是有助于暴露潜在的说谎者的。大量的研究显示，最有效的线索可能是欺骗动机。当人们有欺骗动机时，人们会更努力地控制自己的非语言行为和语言行为，观察者就容易观察到这些不自然的行为，从而发现欺骗的企图。

三、人际沟通的必要条件

人际沟通是人与人之间信息的传递、思想的沟通、情感的交流，思想、情感也可以看作是信息的一种类型。因此，人际沟通就可以归结为信息的交流，它符合一般的信息沟通规律。实现人际沟通的必要条件是：

第一，要有发出信息的人——信息源。没有信息源，就无法进行人际沟通。

第二，要有信息。信息是沟通的内容。人们进行沟通，若没有内容，沟通的必要性就不存在了。

第三，要有信息渠道。信息渠道是信息的载体，即信息通过何种方式、用什么工具从信息源传递给接收者。信息一定要通过一种或几种信息渠道，才能到达目的地——接收者。常用的信息渠道有对话、动作、表情、广播、电视、电影、报刊、电话、电报、信件等。

第四，要有接收者。信息为接收者所接收，这是沟通的根本目的。如果没有接收者，沟通也就不能实现。

第五，反馈。反馈是信息发出者和接收者相互间的反应。信息发出者发送一个信息，接收者回应信息，使其进一步调整沟通内容，因此沟通成为一个连续的相互的过程。沟通中及时反馈是很重要的，反馈可以减少沟通中的误会，让沟通双方知道思想和情感是否按他们各自的方式来分享。

第六，障碍。障碍是沟通中阻止理解和准确解释信息的因素。比如环境中的噪声，沟通双方的情绪、信念和偏见，跨文化沟通中对不同符号的解释等，都是沟通的障碍。

第七，环境。沟通发生的环境会影响到沟通的效果。比如，在一个支持性小组中，圆形的座位排列方式能让小组成员之间交流更顺利；在心理咨询室中，环境的布置也能直接影响来访者的心情；著名职业经理人余世维说他办公室的门几乎是不关的，这样的布置实际上显示了老板对员工更开放的态度。

四、影响人际沟通的因素

了解影响沟通的因素，有利于我们掌握沟通技巧，改进沟通的品质，提高沟通效果。信息传递的各个环节常会受到某些因素的作用，从而影响到人际沟通的进行。影响人际沟通的因素主要有以下几个方面：

(一) 影响信息源的因素

(1) 信息源所使用的传播技术，包括信息源的语言文字表达能力、思考能力，以及手势、表情等方面的表达优劣程度。

(2) 信息源的态度，包括自信、尊重对方、竭力使对方对沟通感兴趣等。

(3) 信息源的知识程度，包括丰富的知识、社会经验、人情世故等。

(4) 信息源的社会地位。人们获得信息的来源之一就是权威，当信息源处于较高社会地位时，我们倾向于更相信对方的话。

(二) 影响信息的因素

(1) 语言和其他符号的排列与组合次序。信息传递时有首因效应和近因效应，即先呈现的信息和最近呈现的信息容易被记住。

(2) 信息的内容。信息的内容直接影响沟通双方，信息传递者力图通过信息的内容传达自己的信念、态度和知识，从而试图影响或改变对方。

(3) 信息的处理情况。选择合适的语言和非语言行为来表达信息是非常重要的，同一个信息用不同的词语和语气来表达会有不同的效果。

(三) 影响信息渠道的因素

同一信息经过不同的信息渠道传递，其效果大不一样。因此，要注意选择适当的信息渠道，使之与传播的信息相配合，并符合接收者的需要。比如，教儿童数数时，借用实物时孩子理解起来更容易；演讲时，使用投影仪或电脑展现的图表、图画等信息令人印象深刻。

我们的五种感官都可以接收信息，但日常生活中所发生的沟通主要是视听沟通。电视、广播、报纸、电话等都可以被用作沟通的媒介。心理学家研究显示，面对面的沟通方式是各种沟通中影响力最大的。

(四) 影响接收者的因素

(1) 接收者的心理选择性。例如，有些信息接收者乐意接受，而另一些信息接收者不愿意接受。

(2) 接收者当时的心理状态。例如，处于喜悦情绪状态的人容易接受他人所提出的要求。

在实际沟通过程中，上述四个方面的因素通常是联合发生作用的。

五、人际沟通的障碍

在现实生活中，某些影响人际沟通的因素会造成沟通的必要条件缺失，导致人际沟通受到阻碍。

(一) 地位障碍

社会中每个个体都处在一定的社会地位上，由于地位各异，人通常具有不同的意识、价值观念和道德标准，从而造成沟通的困难。不同阶级的成员对同一信息会有不同的甚至截然相反的认识，他们对同一政治、经济事件往往持有不同的看法；宗教差别也会成为沟通障碍，不同宗教或教派的信徒其观点和信仰各异；职业差别更有可能形成沟通的鸿沟，所谓"隔行如隔山"即是此意。

人们在人际互动过程中倾向于适应彼此的讲话风格(双方趋同)以改善沟通，并经过互惠和提高相似性来增强吸引。但是，具有较高威望的讲话人会强调他们的讲话风格，体现出一定的差异性，而具有较低威望的讲话人会显示向高威望讲话人风格靠拢的倾向，除非他们认为其低地位是不稳定的和不合法的，在这种情况下，会坚持自己的讲话风格，于是就会产生沟通障碍。

(二) 组织结构障碍

有些组织庞大，层次重叠，信息传递的中间环节太多，从而造成信息的损耗和失真。也有一些组织结构不健全，沟通渠道堵塞，缺乏信息反馈，也会导致信息无法传递。另外，不同的组织氛围会影响沟通，鼓励表达不同意见的组织氛围可以促进沟通。组织内信息泛滥也会导致沟通不良。处于不同组织层次的成员，对沟通的积极性也不相同，也会造成沟通障碍。

(三) 文化障碍

文化背景的不同对沟通带来的障碍是不言而喻的，如语言不通带来的沟通困难，社会风俗、规范的差异引起的误解，等等，这在我们社会生活中是屡见不鲜的。一位美国老师在一个中国家庭中当教师，当孩子们很热情地请老师休息一下、吃些水果时，老师可能会理解为："我是不是看起来很老，力不从心了？"

(四) 个性障碍

个性障碍主要指由于人们不同的个性倾向和个性心理特征所造成的沟通障碍。气质、性格、能力、兴趣等不同，会造成人们对同一信息的不同理解，给沟通带来困难。个性的缺陷，也会对沟通产生不良影响。一个虚伪、卑劣、欺骗成性的人传递的信息，往往难以被人所接受。

(五) 社会心理障碍

人们随时随地都需要与他人沟通，对人际沟通的恐惧也一定程度地伴随着人们，表现为个人在与他人或群体沟通时所产生的害怕与焦虑。如果沟通个体存在沟通恐惧心理，则沟通将无法进行。对沟通有恐惧心理的人，轻者为了保护自己而表露有碍进一步沟通的信息，重者甚至无法与人交谈。这种沟通上的心理障碍除直接对沟通产生影响外，因为沟通者不能获得人际沟通所附带的积极意义，所以其社会功能必然要受到严重影响。比如说，在生活中比较孤独封闭，在学习态度上会比较消极退缩，在人际接触中会逃避，因此减少了被认识与被赏识的机会，反而增加了被误解与被排斥的机会。沟通恐惧的长期经验会降低个人的自尊心，在现代服务业发达的社会中，沟通恐惧会造成个人丧失许多就业机会等。

尽管沟通存在许多障碍，但是可以通过学习一些沟通技巧来提高沟通能力，克服沟通障碍。

六、人际交往的阶段

人际关系的建立在形式上是多种多样的，有的自幼为邻居，有的十年同窗，有的志趣相投，有的同甘共苦。从互不相识到形成友谊，一般总要经历以下三个逐渐深化的过程。

（一）觉察阶段

觉察是人际关系发展的前提，谁也不会生下来就有朋友，总是从互相以对方作为交往对象开始的。茫茫人海之中，有人对面相逢，有人擦肩而过，由于没有交往的动机，因此不会特别注意，时过境迁，陌生人消失得无影无踪。只有一方已觉察到另一方的存在，并进行详细的知觉和判断，才说明有了结交的表示，有了面对面的交往的可能。

（二）表面接触阶段

这是人际交往中最为普遍的关系，如一般同学、同事和邻居，虽然经常见面，经常打交道，但仅此而已，来则聚之，去则散之，只是角色性的接触，并无进一步感情上的融合。

（三）亲密互惠阶段

经过一个阶段的交往，交往的双方从熟悉到了解，从了解到主动、热情地关心和帮助对方，这时就到了亲密互惠阶段。这种亲密互惠的关系又可分为三种水平。

第一种是合作水平，比如科研团体的成员，业余兴趣小组的成员，同班同学，同一教研组的老师，等等。这种以共同行为联结起来的人际关系，感情的依赖性不是很强，分开后，可能就彼此淡漠了，只是在共同活动过程中能够融洽相处。

第二种是亲密水平。这时，彼此情感的依赖性较大而内心沟通不足。双方不仅共同活动，平时也常在一起相处，不分彼此，在一起生活、学习和工作感到很愉快；分离时，彼此惦念，久不见面会十分想念。

第三种是知交水平。这时，彼此在对方心目中占有极高的地位，无话不谈，相互引为知音，心心相印。双方不仅有着强烈的情感依恋，而且在观点态度、志向目标上都趋向一致，任何外力都难以拆散。正如孟子所说："人之相识，贵在相知，人之相知，贵在知心"，这是人际关系的最高境界。

【案例分析】＋＋＋＋＋＋＋＋＋＋＋＋＋＋＋

一、自尊——人际交往的底线

本杰明·富兰克林深受世人的敬仰，不仅因为他是美国的开国元勋和杰出的科学家、政治家，更因为他一直被后人推崇为人类精神最完美的典范。

　　一天，富兰克林和年轻的助手一道外出办事，来到办公楼的出口处时，看见前面不远处正走着一位妙龄女郎。也许是她步履太匆忙，突然脚下一个趔趄，身体失去平衡，一下子就跌坐在地上。富兰克林一眼就认出了她，她是一位平时很注重自己外在形象的职员，总是修饰得大方得体、光彩照人。助手见状，刚要迈开大步，上前去扶她，却被富兰克林一把拉住，并示意他暂时回避。于是，两人很快折回到走廊的拐角处，悄悄地关注着那位女职员的动静。面对助手满脸困惑的神情，富兰克林只轻轻地告诉他：不是不要帮她，而是现在还不是时候，再等等看吧。一会儿，那位女职员就站起来，她环顾四周，掸去身上的尘土，很快恢复了常态，若无其事地继续前行。等那位女职员渐行渐远，助手仍有些不解。富兰克林淡淡一笑，反问道：年轻人，你难道就愿意让人看到自己摔跤时那副倒霉的样子吗？助手听后恍然大悟。

　　行走在人生的旅途上，谁都会有"摔跤"的时候，当初的尴尬、狼狈，暂时的脆弱、痛楚都在所难免。这个时候，一个人最需要的是有一个独自抚平创伤、恢复自尊的时间和空间。诚然，这世界需要爱，并因为爱而充满希望，但当你向对方表达善意、施予关爱的同时，千万别误伤了对方的自尊，哪怕他是你最亲近的人。

二、人际交往的绊脚石

　　人与人交往，并非处处是坦途。有时候，你会被你亲手搁置的"石头"所绊倒。一个人要想赢得人际关系的绿色环境，就应时时处处反省自己，摒弃前进路上的"绊脚石"，从而使人生之路越走越宽。

1. 心胸狭隘——让你郁郁寡欢

　　刘某在自家的蔬菜大棚里摘辣椒，看见其堂兄路过，便摘了一篮子给他。恰巧，刚刚赶来的刘某妻子看到了，便当着其堂兄的面责骂丈夫。刘某感到面子上下不来，便抄起旁边的大棍朝妻子打去，恰好打在脸上，妻子当即昏死过去，后经抢救无效死亡。刘某因此将在监狱中度过自己的一生，忏悔自己的罪过。假如当时有一人能够做到宽容大度，摒弃狭隘刻薄，悲剧就不会发生。

　　因工作上的一点不顺心，待遇上的一点不如意，就耿耿于怀；因为小贩的缺斤少两，售货员的蛮横粗暴，便如鲠在喉；因和同事性格不合，曾经有些误会，便于心中积下块垒……心胸像针眼那么大，听不进一句逆耳之言，看不惯与自己所见相悖的事物，郁郁寡欢，怨天尤人，不仅损伤身体，还会伤害他人，甚至会招来不应有的灾祸。

2. 瞎乱猜疑——自寻无端烦恼

　　张某与鞠某仅隔一条胡同，两家南北为邻，隔窗相望，素日邻里关系也较好。有一天，张某家的一只鸡丢失了，其妻称曾在邻居鞠某家门口见过。张某便怀疑鸡是被鞠某偷去了，便上门索要，但鞠某不承认。由于鸡确实不在鞠家，因此鞠某表现得心不在焉，但张某据此认定是鞠某偷去无疑了。后来争执不下，双方发生厮打，幸被闻讯而来的邻居及时制止，才没有造成严重后果。

有些人疑神疑鬼，对别人缺乏应有的信任。遇到别人三五成群地交谈，就怀疑是议论自己，说自己坏话；斧头丢了，不去仔细寻找，就怀疑是邻居家的孩子偷走了；遇到爱人与异性交往，就醋意大发……这样是会导致关系紧张、家庭失和的。多疑可以说是友谊之树的蛀虫。具有多疑心理的人，常常带着以邻为壑的心理，把无中生有的事强加于人，也因此常把无端的祸患带给自己。

3. 妒火中烧——毁掉了自己前程

《三国演义》中描写的青年军事家周瑜颇有大将之才，却没有大家风范，对才能超过自己的诸葛亮，始终耿耿于怀，并屡次设计陷害，这是嫉妒心过强害了他。

嫉妒心过强的人，不管是地位、职务、收入，还是容貌、穿着，都担心别人超过自己，心里容不下别人比自己强，眼里看不惯别人比自己好，耳朵听不得别人一点好消息。嫉妒心过强的人，对别人有着憎恨的情感，容易与别人发生摩擦，丧失友情。

4. 目中无人——随时会跌倒

某县的蔡某与外地来的牛某同在一家建筑公司工作。蔡某高傲自大，瞧不起矮小的牛某。一次，他朝牛某绷着脸说："你小子算个啥，有机会我收拾你，让你回不了家。"蔡某目空一切惯了，说完这话也没放在心上，然而牛某在这天晚上却翻来覆去睡不着，他的脑海中不断闪出工友要伤害自己的想法。最后，牛某索性翻身起床，趁蔡某熟睡之际，拿出施工用的手锤猛击他的头部。蔡某虽经抢救脱险，却落得个终身残疾。

走路时不朝前看的人，随时会被前方的石块绊倒。目中无人者就是在人生路上不朝前看的人，他也会被自己放置的"石头"所绊倒。

5. 轻信他人——让你懊悔不已

某公司业务员张枫，经人介绍与女青年李碧建立恋爱关系。张枫写字不好，经常受到女友的讥讽。一天，李碧对张枫说："你写字不好，签个合同都有失体面，应该跟我学写字。"面对这样的好事，张枫哪会不答应呢？于是，李碧在纸上写"2月6日，张枫借李碧人民币伍仟元整。"张枫不假思索，照练一遍。李碧又写"今借李碧人民币捌仟伍百元整，张枫，8月30日。"张枫还是遵命照练。他太信任这位女友了，没有将练字纸张毁掉，更没有想到因此会招来麻烦。半年后，两人关系破裂，李碧持保存完好、经过处理的练字纸到法院上诉，状告张枫欠钱不还，由于张枫拿不出反驳证据，白白输了这场官司。

古人说，害人之心不可有，防人之心不可无。一个人既应诚实守信，又不能忽视防范。如果人们稍有不慎，轻易地相信别人的花言巧语，或者过于依赖某个不可靠的人，就有可能栽跟头。

人际关系你搞得定吗？

对方和你的关系如何，可以通过他与你保持的距离来判断。同时，彼此间的对话，也和双方距离的远近有很大关系。

根据美国人类学家霍尔的观察，人际关系可通过八种距离来断定。

(1) 密切距离——接近型(0.15米)。这是为了爱抚、格斗、安慰、保护而保持的距离，是双方关系最接近时所具有的距离。这时语言的作用很小。

(2) 密切距离——较近型(0.15～0.45米)。这是伸手能够触及对方的距离，是关系比较密切的同伴之间的距离，也是在拥挤的公交车上人与人之间不即不离的距离。

(3) 个人距离——接近型(0.45～0.75米)。这是能够拥抱或抓住对方的距离，对对方的表情一目了然。男人和自己的妻子处于这种距离是自然的，而与其他女生处在这个距离内则易产生误解。

(4) 个人距离——稍近型(0.75～1.20米)。这是双方同时伸手才能触及的距离，是对人有所要求时应有的一种距离。

(5) 社会距离——接近型(1.20～2.10米)。这是超越了身体能接触的界限，是办事时同事之间的距离。保持这种距离，使人具有一种高雅、庄严的气质。

(6) 社会距离——远离型(2.10～3.60米)。这是为便于工作而保持的距离，工作时既可以不受他人影响，又不给别人增添麻烦。夫妻在家时，保持这种距离，可以互不干扰。

(7) 公众距离——接近型(3.6～7.5米)。如果保持4米左右的距离，说明说话人与听话人之间有许多问题或思想待解决与交流。

(8) 公众距离——远离型(7.5米以上)。这是演讲时采用的一种距离，彼此互不干扰。

如能将以上八种距离铭记在心，就能准确、顺利地判断出你与对方所处的关系和密切程度。

职场人际交往技巧24项

人际交往的技巧是一个非常庞杂的话题，有些人做好事会让人感激一辈子，而有些人帮了别人却可能费力不讨好，不但得不到感激和回报，还让人心存嫉恨。职场人际交往的注意事项列举如下：

(1) 多给别人鼓励和表扬，尽量避免批评、指责和抱怨，不要逼别人认错。

(2) 要学会倾听。不要说得太多，要想办法让别人多说。

(3) 如果你要加入别人的交谈，先要弄清楚别人究竟在说什么。

(4) 交谈之前尽量保持中立、客观。表明自己的倾向之前先要弄清楚对方真实的倾向。

(5) 注意对方的社交习惯并适当加以模仿。

(6) 不要轻易打断、纠正、补充别人的谈话。

(7) 别人有困难时，主动帮助，多多鼓励。

(8) 不要因为对方是亲朋好友而不注意礼节。

(9) 尽可能谈论别人想要的，教他怎样去得到他想要的。

(10) 始终以微笑待人。

(11) 做一个有幽默感的人。但是在讲笑话的时候千万不要只顾着自己笑。

(12) 做一个脱离低级趣味的人。

(13) 跟别人说话的时候尽量看着对方的眼睛，不管你是在说还是在听。

(14) 转移话题要尽量不着痕迹。

(15) 要学会聆听对方的弦外之音，也要学会通过弦外之音来委婉地表达自己的意思。

(16) 拜访别人一定要事先通知。

(17) 不要在别人可能忙于工作或者休息的时候打电话，除非是非常紧急的事情。

(18) 给别人打电话的时候，先问对方是否方便通话。

(19) 一件事情让两个人知道就不再是秘密。

(20) 你在背后说任何人的坏话迟早有一天会传入这个人的耳朵。

(21) 不要说尖酸刻薄的话。

(22) 牢记他人的名字。养成偶尔翻看名片簿、电话本的习惯。

(23) 尝试着跟你讨厌的人交往。

(24) 一定要尊重对方的隐私，不管是朋友还是夫妻。

八大职场生存法则

法则一：友好合作干活不累

在办公室里找到个合拍的搭档很重要，即便是再能干的人，也不可能独自在办公室里游刃有余。还是别把自己总当成是"水"，运用智慧做一条快乐之"鱼"，有时候会比"水"拥有着更广阔的生存空间。

法则二：同事之间莫谈友情

你当然要和自己的同事友好相处，又默契配合，但这仅限于工作之中，除此之外你要有不同的生活圈子。和同事是没办法成为朋友的，因为你们之间存在利益冲突，而作为凡人的我们，几乎不能逾越这样的诱惑和挣扎，不如尽量避免。

法则三：没有笨老板只有蠢员工

总是嘲弄自己老板是笨蛋的员工，其实才是最愚蠢的，总是自以为是，会搬起石头砸自己的脚。要知道能做到上司和老板的人，一定比现在还是员工的你略胜一筹，至少是在某些方面，不承认这一点的员工更蠢。

法则四：绝对不要说谎话

生活里说点谎话或许还能在被揭穿后得到原谅，因为其中有真正爱你的人，可办公室里没人是你亲爹亲妈，就别再自己惯着自己了。不论你因为什么原因没有做好工作或是没有完成任务，那么主动承认错误总比说谎遮掩和推卸责任要有用得多。

法则五：不能说真话时请沉默

办公室里的环境和家里的千差万别，当然会有真话不能全说或是需要闭嘴的时候，因为你现在毕竟还只是个员工，不知道自己是员工的人肯定不是个好员工。所以不能说真话的时候请保持沉默，没人会把你当哑巴。

法则六：嫉妒之火会先烧到你自己

你最好别因为嫉妒就去压制谁或是贬损谁，因为办公室里有面"透风的墙"，"嫉妒之火"到头来一定会先烧到你自己。如果你正被别人嫉妒，说明你做得还不够好，对方跳一下就能赶上你，所以你要飞得更高，让别人只剩下仰慕。

法则七：办公室里的小人没好下场

做小人在办公室里会死得很惨，别抱什么侥幸心理，自以为做得天衣无缝，要知道，在利益相争的环境里大家的目光更是雪亮的。而这种小人习惯往往会跟随你一生，吃一堑也不可能长一智，一般只会是继续阴暗，"小人长戚戚"。

法则八：除了升职你还有梦想

努力工作的终极目标，是为我们创造更好的条件享受生活，如果你因为工作却忽略家人，没有朋友寂寞孤单，那你就是失败的。工作的快乐在于我们亲手实现自己的梦想，而不断地拥有新梦想，调整坐标保持斗志，我们才能飞得更高。

第一单元 言语沟通

第一讲 语音规范

第一节 汉语规范

普通话是以北京语音为标准音，以北方话为基础方言，以典范的现代白话文著作为语法规范的现代汉民族共同语，这是在 1955 年的全国文字改革会议和现代汉语规范问题学术会议上确定的。这个定义实质上从语音、词汇、语法三个方面提出了普通话的标准。

一、语音规范

"以北京语音为标准音"，指的是以北京话的语音系统为标准，并不是把北京话的一切读法全部照搬，普通话不等于北京话。北京话有许多土音，比如老北京人把连词"和(hé)"说成"hàn"，把"蝴蝶(húdié)"说成"húdiěr"，把"告诉(gàosu)"说成"gàosong"，这些土音，使其他方言区的人难以接受。另外，北京话里还有异读音现象，例如"侵略"一词，有人念"qǐn lüè"，也有人念成"qīn lüè"；"附近"一词，有人念"fùjìn"，也有人念成"fǔjìn"，这也给普通话的推广带来许多麻烦。从 1956 年开始，国家对北京土话的字音进行了多次审订，制定了普通话的标准读音。因此，普通话的语音标准，当前应该以最新的《普通话异读词审音表》以及最新版的《现代汉语词典》为规范。

二、词汇规范

普通话"以北方话为基础方言"，指的是以广大北方话地区普遍通行的说法为准，同时也要从其他方言中吸取所需要的词语。北方话词语中也有许多北方各地的土语，例如北京人把"傍晚"说成"晚半晌"，把"斥责"说成"呲儿"，把"吝啬"说成"抠门儿"；北方不少地区将"玉米"称为"棒子"，将"肥皂"称为"胰子"，将"馒头"称为"馍馍"。所以，不能把所有北方话的词汇都作为普通话的词汇，要有一定的选择。有的非北方话地区的方言词汇有特殊的意义和表达力，北方话里没有相应的同义词，这样的词语可以吸收到普通话词汇中来。例如"搞""垃圾""尴尬""噱头"等词已经在书面语中经常出现,早已加入了普通话词汇行列。

三、语法规范

普通话的语法标准是"以典范的现代白话文著作为语法规范",这个标准包括四个方面的意思:"典范"就是排除不典范的现代白话文著作作为语法规范;"白话文"就是排除文言文;"现代白话文"就是排除五四以前的早期白话文;"著作"就是指普通话的书面形式,它建立在口语基础上,但又不等于一般的口语,而是经过加工、提炼的语言。

第二节 语 流 音 变

一、变调

变调是声调在语流中产生的音变现象。当普通话音节连续发出时,有一些音节的调值会受到后面音节声调的影响,发生有规律的变化,这种变化叫作变调,又称连读变调。

普通话常见的变调有以下几种:

(一) 上声的变调

上声在普通话四种声调中音长最长,调值为 214,但实际调值可以描写为 2114。只有在单念或处于词语、句子的末尾时才读原调。例如"好,你说得很好!"句中两个"好",一个是单念,一个在词句末尾,因此保持 214 调值不变,但在阴平、阳平、上声、去声等声调之前都会发生变调。

(1) 上声在阴平、阳平、去声前,即在非上声音节前,调值由 214 变为 21,称作"半上"。例如:

上声+阴平:北 方	好 听	美 声	讲 师
草 编	祖 先	笔 耕	小 吃
上声+阳平:朗 读	语 言	简 洁	偶 然
主 持	几 何	改 革	海 洋
上声+去声:纽 扣	感 动	脚 步	礼 貌
土 地	比 较	笔 触	尽 快

(2) 两个上声相连,前一个上声的调值由 214 变为 35,也就是阳平。例如:

上声+上声:采 访	水 果	粉 笔	口 语
请 柬	演 讲	倘 使	所 有

(3) 上声在轻声音节前,有两种变调情况。

① 在本调是非上声的轻声音节前变半上，调值由 214 变为 21。例如：

尾 巴　　　　补 丁　　　　打 听　　　　讲 究
老 实　　　　脊 梁　　　　里 头　　　　养 活
本 事　　　　爽 快　　　　使 唤　　　　好 处

② 在本调为上声的轻声音节前大多数也变为半上 21，还有一部分变为阳平 35。例如：

上声变半上：

奶 奶　　　　姥 姥　　　　姐 姐　　　　婶 婶
耳 朵　　　　马 虎　　　　影 子　　　　底 下

上声变阳平：

走 走　　　　洗 洗　　　　找 找　　　　醒 醒
小 姐　　　　想 法　　　　打 点　　　　哪 里

(4) 三个上声音节相连，需要根据词语的内部结构来变调。

① 当词语的结构是"单音节＋双音节"(单双格)时，第一个上声变为半上 21，第二个上声变为阳平 35，第三个上声保持 214 调值不变，即 21+35+214。例如：

海产品　　　　冷处理　　　　小雨雪　　　　买水果

在姓名和称谓中，如果恰好是三个上声相连，也属于单双格。例如：

孔乙己　　　　李小姐　　　　史可法　　　　老厂长

② 当词语的结构是"双音节＋单音节"(双单格)时，前两个上声变为阳平 35，第三个上声保持 214 调值不变，即 35 + 35 + 214。例如：

讲演稿　　　　水彩笔　　　　手写体　　　　保险锁

当词语是并列结构或者音译外来词时，也按双单格变调。例如：

甲乙丙　　　　水火土　　　　索马里　　　　卡塔尔

(二) 去声的变调

当两个去声字相连，前面的去声字不读重音的时候，调值由全降调 51 变读为半降调 53。例如：

放 假　　　变 化　　　快 速　　　汉 字　　　注 意　　　自 愿
重 视　　　锻 炼　　　介 绍　　　大 地　　　照 相　　　预 告

去声和阴平、阳平、上声等其他声调相连，仍读原调。

(三) "一""不"的变调

(1) 普通话中，"一"的单字调是阴平 55，"不"的单字调是去声 51，在单念或处在词句末尾的时候，声调不变。例如：

一　　　唯一　　　一流水平　　　　一楼一单元
不　　　绝不　　　我就不

(2) "一""不"在去声音节前，一律变为阳平，调值为35。例如：

| 一 共 | 一 瞬 | 一 遍 | 一 贯 | 一 致 |
| 不 适 | 不 对 | 不 快 | 不 懈 | 不 料 |

(3) "一""不"在非去声音节前，都读去声，调值为51。例如：

在阴平前：

| 一 心 | 一 生 | 一 边 | 一 端 | 一 瞥 |
| 不 开 | 不 安 | 不 休 | 不 惜 | 不 依 |

在阳平前：

| 一 旁 | 一 直 | 一 同 | 一 时 | 一 齐 |
| 不 及 | 不 符 | 不 妨 | 不 曾 | 不 宜 |

在上声前：

| 一 手 | 一 尺 | 一 早 | 一 举 | 一 起 |
| 不 满 | 不 久 | 不 止 | 不 想 | 不 朽 |

(4) "一""不"嵌在叠用动词中间，或者"不"在动词后的补语中，读轻声。例如：

| 尝一尝 | 想一想 | 笑一笑 | 谈一谈 | 看一看 |
| 好不好 | 对不起 | 写不写 | 做不完 | 大不了 |

(四) 叠字形容词的变调

形容词的两种重叠形式 AA 式和 AABB 式以及带有叠音后缀的 ABB 式，在口语中也存在着变调现象。

1. AA 式

叠字形容词 AA 式在口语中常带上"儿尾"，第二个音节是非阴平时变为阴平，调值 55。例如：

甜甜儿(的)	圆圆儿(的)	长长儿(的)
满满儿(的)	暖暖儿(的)	好好儿(的)
快快儿(的)	慢慢儿(的)	胖胖儿(的)

在书面语中一般不带"儿尾"，不变调。例如：

| 短短的 | 好好学习 | 大大的眼睛 |

2. ABB 式

叠字形容词 ABB 式的后两个音节是非阴平时，一般变为阴平，调值为 55。例如：

| 孤零零 | 亮堂堂 | 懒洋洋 | 沉甸甸 |
| 红彤彤 | 黄澄澄 | 绿油油 | 黑黝黝 |

少数书面语中的叠字形容词不变调。例如：

| 黑沉沉 | 金灿灿 | 白皑皑 | 绿莹莹 |

| 空荡荡 | 赤裸裸 | 恶狠狠 | 笑吟吟 |

3. AABB 式

叠字形容词 AABB 式的后两个音节是非阴平时，一般变为阴平，第二个音节多变为轻声。例如：

| 漂漂亮亮 | 热热闹闹 | 明明白白 |
| 舒舒服服 | 老老实实 | 清清楚楚 |

有些仍读原调。例如：

| 堂堂正正 | 沸沸扬扬 | 浩浩荡荡 |
| 轰轰烈烈 | 闪闪烁烁 | 干干净净 |

二、轻声

（一）什么是轻声

轻声是一种特殊的变调。在普通话里，每一个音节都有它的声调，但是，有的音节在语流中常常失去了原有的声调，变成了比原调又轻又短的调子，这种轻而短的调子就叫轻声。例如，"尾巴、石头、椅子、这个"中的"巴、头、子、个"，它们单念时都有各自固定的声调，分别读阴平、阳平、上声、去声，但在这些词语中却变读成又轻又短的轻声字了。

轻声音节的变化主要体现在音长变短，音色变得轻短模糊，音强变弱，音高不固定等方面。轻声变调的特殊性主要是因为它本身没有固定的调值，它的实际音高变化因受前一个音节声调的影响而不同。一般地，上声音节后面的轻声字的音高比较高，阴平、阳平、去声音节后面的轻声字比较低。大致情况如下：

（1）在阴平、阳平、去声音节的后面，读短促的低降调，调值为 <u>31</u>（调值下加短横线表示音长短，下同）。例如：

阴平＋轻声：	青的	杯子	跟头	嘟囔	哥哥
阳平＋轻声：	红的	房子	馒头	牌楼	娃娃
去声＋轻声：	绿的	麦子	念头	栅栏	弟弟

（2）在上声音节的后面，读短促的半高平调，调值为 <u>44</u>。例如：

| 上声＋轻声： | 紫的 | 尺子 | 枕头 | 喇叭 | 姐姐 |

（二）变读轻声的规律

轻声是有一定的规律的。通常情况下，新出现的词及科学术语是不读轻声的，轻声主要出现于口语中。下列成分往往需要变读轻声。

(1) 结构助词"的、地、得"和动态助词"着、了、过"。例如：

有的　　　慢慢地　　　说得好　　　看着　　　跑了　　　来过

(2) 语气词"吗、呢、吧、啊、的"等。例如：

去吗　　　人呢　　　说吧　　　是啊　　　好的

(3) 后缀"子、头"和表示复数的"们"。 例如：

梯子　　　裙子　　　领子　　　句子

对头　　　零头　　　里头　　　木头

人们　　　她们　　　咱们　　　我们

(4) 名词和动词的重叠形式的后一个音节。例如：

星星　　　婆婆　　　蝈蝈　　　说说　　　谢谢　　　洗洗

(5) 在名词、代词后面表示方位的语素或词。例如：

地上　　　底下　　　屋里　　　这边　　　左面

(6) 在动词、形容词后面表示趋向的词。例如：

上来　　　下去　　　拿上来　　　走出去　　　跑过去　　　干起来

(7) 在口语中习惯读轻声的双音节词。例如：

石匠　　　比方　　　别扭　　　学问　　　作坊　　　能耐

凑合　　　眯缝　　　耽搁　　　机灵　　　冒失　　　迷糊

三、儿化

(一) 什么是儿化

儿化指的是一个音节中，韵母带上卷舌色彩的一种特殊音变现象，这种卷舌化了的韵母就叫作儿化韵。由于词尾"儿"附在音节后面，已经失去了音节的独立性，只保持了一个卷舌动作，因而儿化音节是用两个汉字表示一个音节，在用汉语拼音记录时，只需在原来的音节之后加上"r"表示卷舌动作就可以了。例如："画儿"—huàr，字母 r 不表示音素。

儿化这种语音现象与词汇、语法有密切的关系，在语言中是有积极作用的：第一，可以区别词义，例如：头(脑袋)—头儿(领头的)，信(信件)—信儿(消息)。第二，可以区别词性，例如：盖(动词)—盖儿(名词)，尖(形容词)—尖儿(名词)。第三，可以表示细小、轻松或亲切、喜爱的感情色彩，例如：粉末儿、皮球儿、小勺儿、脸蛋儿等。

(二) 儿化韵的发音

普通话中 39 个韵母，除 er、ê 之外都可以儿化。但有些韵母的韵尾不利于卷舌，因而要丢失韵尾才能卷舌，如韵尾 n、i，有些韵母的主要元音(即韵腹)不利于卷舌，需要增加音素再卷舌，如韵母 i、ü，这样就使儿化了的韵母读音有些变化。其音变规律如下：

(1) 音节末尾是 a、o、e、ê、u 的，韵母直接卷舌。例如：

| 板擦儿 | 牙刷儿 | 火锅儿 | 逗乐儿 | 小鞋儿 |
| 碎步儿 | 红包儿 | 开窍儿 | 年头儿 | 门口儿 |

(2) 韵尾是 i、n (in、ün 除外)的，丢掉韵尾，主要元音卷舌。例如：

| 加塞儿 | 摸黑儿 | 汽水儿 | 一块儿 | 壶盖儿 |
| 人缘儿 | 落款儿 | 走神儿 | 杏仁儿 | 没准儿 |

(3) 韵母是 in、ün 的，丢掉韵尾，再加 er。例如：

| 有劲儿 | 送信儿 | 脚印儿 | 合群儿 | 花裙儿 |

(4) 韵母是 i、ü 的，在主要元音 i、ü 后面加 er。例如：

| 针鼻儿 | 垫底儿 | 肚脐儿 | 玩意儿 | 憋气儿 |
| 毛驴儿 | 蛐蛐儿 | 小曲儿 | 金鱼儿 | 痰盂儿 |

(5) 韵母是 -i(前)或 i-(后)的，韵母变作 er。例如：

| 棋子儿 | 石子儿 | 没词儿 | 铁丝儿 | 挑刺儿 |
| 墨汁儿 | 锯齿儿 | 记事儿 | 没事儿 | 树枝儿 |

(6) 韵尾是 ng(ing 除外)的，丢掉韵尾，主要元音鼻化并卷舌。例如：

| 香肠儿 | 赶趟儿 | 鼻梁儿 | 花样儿 | 天窗儿 |
| 蛋黄儿 | 脖颈儿 | 小瓮儿 | 抽空儿 | 门洞儿 |

(7) 韵母是 ing 的，丢掉韵尾，加 er 并使 e 鼻化。例如：

| 花瓶儿 | 打鸣儿 | 图钉儿 | 门铃儿 | 眼镜儿 |
| 蛋清儿 | 火星儿 | 人影儿 | 找零儿 | 电影儿 |

四、"啊"的音变

"啊"单念或在句首时，作为叹词，仍读"a"音。"啊"作为助词用在句末或句中时，常常会受到前一个音节末尾音素的影响而发生不同的变音，也可以写成不同的字。变化主要有以下几种：

(1) 前面音节末尾音素是 a、o(ao、iao 除外)、e、ê、i、ü 时，"啊"读作 ya，写作"呀"。例如：

他呀　　多呀　　热呀　　写呀　　谁呀　　去呀

(2) 前面音节末尾音素是 u(包括 ao、iao)时，"啊"读作 wa，写作"哇"。例如：

走哇　　好哇　　瞧哇　　苦哇　　笑哇　　住哇

(3) 前面音节末尾音素是 n 时，"啊"读作 na，写作"哪"。例如：

看哪　　近哪　　难哪　　弯哪　　干哪　　心哪

(4) 前面音节末尾音素是 ng 时，"啊"读作 nga，仍写作"啊"。例如：

唱啊　　讲啊　　冷啊　　痛啊　　请啊　　香啊

(5) 前面音节末尾音素是 -i(前)时，"啊"读作[z]a，仍写作"啊"。例如：

字啊　　词啊　　丝啊　　次啊　　死啊　　如此啊

(6) 前面音节末尾音素是 -i(后)的，"啊"变读作 ra——啊。例如：

是啊　　吃啊　　儿啊　　碗儿啊　　没治啊　　历史啊

"啊"的连读音变见表 1.1。

表 1.1　语气词"啊"的连读音变表

"啊"前面音节的末尾音素	"啊"读作	例　子	汉字写法
i ü o e ê a	ya	你呀、我呀、雪呀	呀
u	wa	酷哇、秀哇、苦哇	哇
n	na	蓝哪、人哪、天哪	哪
ng	nga	党啊、娘啊、等啊	啊
−i(前)	[za]	字啊、寺啊、词啊	啊
−i(后) er	ra	纸啊、值啊、迟啊	啊

【综合训练】++++++++++++++++

(一) 上声变调训练

上声 + 非上声：

保温	起飞	转交	手枪	海关	广播	返青	转弯
党章	整修	比分	改编	早婚	狠心	紧缺	喘息
解剖	祖宗	体温	恍惚	往来	履行	广博	启程
皎洁	语文	恳求	胆囊	美元	品德	尾随	法庭
以及	钾肥	损坏	首饰	整个	稳定	有趣	以内
比赛	窘迫	以致	琐碎	马上	散落	宝贵	反射

上声 + 上声：

采取	产品	小腿	感慨	好歹	只好	给予	处理
铁索	打垮	导体	腐朽	党委	爽朗	典雅	舞女
彼此	美女	引导	水鸟	展览	浅显	鬼脸	美景
宝塔	打铁	领海	奶粉	选举	偶尔	小巧	可以
窈窕	赶紧	橄榄	哺乳	倘使	手脚	了解	小丑
雨伞	走访	审美	躲闪	惨死	保险	理解	冷暖

起草	品种	采访	水獭	美好	表演	写法	拱手
本领	警犬	允许	永久	骨髓	领土	语法	鲁莽
也许	老板	耻辱	总理	傀儡	苟且	甲板	抖擞
把柄	总得	手软	眨眼	顶点	土壤	影展	脚本

(二)"一""不"变调训练

"一"的变调训练：

一般	一边	一端	一举	一连	一流	一旁	一瞥
一起	一审	一时	一手	一体	一统	一些	一心
一直	一隅	一准	一总	一行	一天	一笔	一己
一半	一并	一划	一带	一道	一度	一概	一贯
一刻	一律	一面	一任	一色	一世	一瞬	一下
一致	一阵	一再	一向	一味	一样	一路	一旦

一板一眼	一笔勾销	一唱一和	一筹莫展	一帆风顺
一国两制	一脉相承	一模一样	一目了然	一丝一毫
一心一意	一五一十	一窍不通	一成不变	一尘不染

"不"的变调训练：

不安	不曾	不辞	不单	不等	不迭	不乏	不独
不凡	不妨	不菲	不符	不甘	不羁	不和	不仅
不久	不堪	不可	不许	不足	不休	不图	不爽
不必	不测	不啻	不定	不对	不顾	不惑	不讳
不济	不见	不愧	不赖	不力	不料	不吝	不妙
不配	不善	不适	不外	不孝	不懈	不用	不在

不得已	不动产	不对劲	不在乎	不经意	不尽然
不卑不亢	不管不顾	不哼不哈	不伦不类	不蔓不枝
不知不觉	不折不扣	不亦乐乎	不闻不问	不偏不倚

(三)轻声训练

孩子	聪明	她们	嘟囔	叶子	傻子	家伙	下来
意思	觉得	火候	客气	凉快	脑子	先生	规矩
拳头	稳当	拍子	为了	状元	红火	底子	馒头
扎实	跳蚤	部分	面子	棒槌	打听	柴火	影子
热闹	嫂子	耽误	盘算	本子	玻璃	打扮	休息
石头	金子	打算	上面	褂子	衣服	喇叭	帽子
队伍	骆驼	棉花	茧子	月亮	蛾子	折腾	脑袋

下去	眯缝	你们	村子	闺女	苗条	上来	会计
马虎	漂亮	栅栏	扫帚	椅子	外面	张罗	行当
框子	阔气	那么	点心	招牌	案子	日子	窟窿
柜子	在乎	聋子	妥当	头发	风筝	进去	叫唤
领子	朋友	膀子	袜子	木匠	动弹	云彩	里头
枕头	车子	懒得	学生	汉子	这么	锥子	名字
屁股	帘子	围裙	似的	豆腐	养活	别扭	快活

(四) 儿化训练

针鼻儿	小熊儿	加塞儿	逗乐儿	别针儿	做活儿
口罩儿	牙签儿	半截儿	被窝儿	戏法儿	老头儿
小瓮儿	跳高儿	蒜瓣儿	肚脐儿	邮戳儿	酒盅儿
扇面儿	火锅儿	脖颈儿	门口儿	大褂儿	手绢儿
在这儿	刀刃儿	挨个儿	胡同儿	小鞋儿	雨点儿
拐弯儿	灯泡儿	刀背儿	小偷儿	唱歌儿	棉球儿
打嗝儿	心眼儿	摸黑儿	粉末儿	砂轮儿	没谱儿
垫底儿	叫好儿	豆芽儿	加油儿	笔杆儿	耳膜儿
小葱儿	蛋清儿	火罐儿	赶趟儿	抓阄儿	记事儿
饭盒儿	后跟儿	小说儿	花样儿	合群儿	玩意儿
瓜瓤儿	面条儿	口哨儿	墨汁儿	号码儿	没准儿
顶牛儿	坎肩儿	找茬儿	碎步儿	冒尖儿	火星儿
露馅儿	人影儿	打杂儿	半道儿	在哪儿	瓜子儿
刀把儿	小丑儿	提成儿	大伙儿	没词儿	痰盂儿
壶盖儿	掉价儿	香肠儿	打盹儿	绝招儿	拉链儿
手套儿	牙刷儿	胖墩儿	梨核儿	茶馆儿	照片儿
送信儿	红包儿	名牌儿	落款儿	开窍儿	眼镜儿

(五) "啊"的音变训练

| 他啊 | 多啊 | 河啊 | 海啊 | 苦啊 | 跳啊 | 好啊 | 雨啊 |
| 学啊 | 深啊 | 唱啊 | 听啊 | 是啊 | 字啊 | 儿啊 | 词啊 |

一啊、二啊、三啊、四啊、五啊、六啊、七啊、八啊、九啊、十啊

今天是你的生日啊!

这件衣服真漂亮啊!

火光啊,毕竟就在前头!

我好奇怪啊!

它若是不高兴啊！

原来他们是一样的啊！

人生会有多少个第一次啊！

这丑石原来是天上的啊！

家乡的桥啊，我梦中的桥！

我好羡慕他们啊！

真是一方水土养一方人啊！

桂林的山真奇啊，桂林的山真秀啊，桂林的山真险啊！

它便敞开美丽的歌喉，唱啊唱，嘤嘤有韵，宛如春水淙淙。

太阳他有脚啊，轻轻悄悄地挪移了。

但不能平的，为什么偏白白走这一遭啊？

跌倒了，从头干，真是百折不回啊！

孩子，雪大路滑，当心啊！

郊外的景色真美啊！

满桥欢笑满桥歌啊！

觉得它离自己好近啊！

你呀，为什么不早说啊！

好大的雪呀，可我没有合适的冰鞋啊！

瓜子皮儿可不能乱吐啊！

好哇，你这家伙可真会取巧啊！

这事可难啊，叫人怎么办啊！

是啊！他们又背诗啊，又画画儿啊，老师教得多好啊！

多伟大的母亲啊！

你写的这也叫诗啊？

今天我们可不能去迟啊！

原来你真不识字啊！

这是第几次啊？

甲：这是什么啊？

乙：吃的东西啊！面包啊，香肠啊，饮料啊，西瓜啊，瓜子啊，应有尽有啊！

甲：今天我们要大吃一顿啊！

乙：是啊，给你好好庆贺庆贺啊！

甲：给我庆贺什么啊？

乙：今天是你的生日啊！你怎么忘了？

甲：啊，对啊！今天是我的生日啊，我怎么忘了呢？

(六) 绕口令

1. 哥哥捉鸽(g、k、h)

哥哥过河捉个鸽，回家割鸽来请客，客人吃鸽称鸽肉，哥哥请客乐呵呵。

2. 颠倒歌(d，t，l)

太阳从西往东落，听我唱个颠倒歌。天上打雷没有响，地下石头滚上坡；江里骆驼会下蛋，山里鲤鱼搭成窝；腊月苦热直流汗，六月暴冷打哆嗦；姐在房中手梳头，门外口袋把驴驮。

3. 老爷堂上一面鼓(g、k、h)

老爷堂上一面鼓，鼓上一只皮老虎，皮老虎抓破了鼓，就拿块破布往上补，只见过破布补破裤，哪见过破布补破鼓。

4. 八百标兵(b、p)

八百标兵奔北坡，炮兵并排北边跑，炮兵怕把标兵碰，标兵怕碰炮兵炮。

5. 老六放牛(n，l)

柳林镇有个六号楼，刘老六住在六号楼。有一天，来了牛老六，牵了六只猴；来了侯老六，拉了六头牛；来了仇老六，提了六篓油；来了尤老六，背了六匹绸。牛老六、侯老六、仇老六、尤老六，住上刘老六的六号楼，半夜里，牛抵猴，猴斗牛，撞倒了仇老六的油，油坏了尤老六的绸。牛老六帮仇老六收起油，侯老六帮尤老六洗掉绸上油，拴好牛，看好猴，一同上楼去喝酒。

6. 数狮子(s，sh)

公园有四排石狮子，每排是十四只大石狮子，每只大石狮子背上是一只小石狮子，每只大石狮子脚边是四只小石狮子。史老师领四十四个学生去数石狮子，你说共数出多少只大石狮子和多少只小石狮子？

7. 一平盆面(b、p)

一平盆面，烙一平盆饼，饼碰盆，盆碰饼。

8. 四和十(s，sh)

四和十，十和四，十四和四十，四十和十四。说好四和十得靠舌头和牙齿。谁说四十是"细席"，他的舌头没用力；谁说十四是"适时"，他的舌头没伸直。认真学，常练习，十四、四十、四十四。

9. 白石塔(b，d，t)

白石塔，白石搭，白石搭白塔，白塔白石搭，搭好白石塔，白塔白又大。

10. 炮兵和步兵(b、p、m)

炮兵攻打八面坡，炮兵排排炮弹齐发射。步兵逼近八面坡，歼敌八千八百八十多。

11. 石小四和史肖石(s，sh)

石小四，史肖石，一同来到阅览室。石小四年十四，史肖石年四十。年十四的石小四爱看诗词，年四十的史肖石爱看报纸。年四十的史肖石发现了好诗词，忙递给年十四的石小四，年十四的石小四见了好报纸，忙递给年四十的史肖石。

12. 哥挎瓜筐过宽沟(g、k)

哥挎瓜筐过宽沟，赶快过沟看怪狗，光看怪狗瓜筐扣，瓜滚筐空哥怪狗。

13. 巴老爷芭蕉树(b、p)

巴老爷有八十八棵芭蕉树，来了八十八个把式要在巴老爷八十八棵芭蕉树下住。巴老爷拔了八十八棵芭蕉树，不让八十八个把式在八十八棵芭蕉树下住。八十八个把式烧了八十八棵芭蕉树，巴老爷在八十八棵树边哭。

14. 吃葡萄不吐葡萄皮(b,p)

吃葡萄不吐葡萄皮，不吃葡萄倒吐葡萄皮。补破皮褥子不如不补破皮褥子。门口有四辆四轮大马车，你爱拉哪两辆来拉哪两辆。

15. 漆匠和锡匠(q,x)

七巷一个漆匠，西巷一个锡匠。七巷漆匠用了西巷锡匠的锡，西巷锡匠拿了七巷漆匠的漆。七巷漆匠气西巷锡匠用了漆，西巷锡匠讥七巷漆匠拿了锡。

16. 老龙和老农(n,l)

老龙恼怒闹老农，老农恼怒闹老龙，农怒龙恼农更怒，龙恼农怒龙怕农。

17. 牛郎和刘娘(l,n)

牛郎恋刘娘，刘娘念牛郎。

牛郎连连恋刘娘，刘娘连连恋牛郎。牛郎年年念刘娘，刘娘年年念牛郎。

郎恋娘来娘恋郎，念娘恋娘念郎恋郎。牛恋刘来刘恋牛，牛念刘来刘念牛。郎恋娘来娘恋郎，郎念娘来娘念郎。

18. 黑化肥和灰化肥(ei,uei)

黑化肥发灰，灰化肥发黑。黑化肥发灰会挥发，灰化肥发挥会发黑。

黑化肥挥发发灰会挥发，灰化肥挥发发黑会发挥。

黑灰化肥会挥发发灰黑化肥挥发，灰黑化肥会挥发发黑灰化肥挥发。

黑灰化肥会挥发发灰黑化肥黑灰挥发化为灰，灰黑化肥会挥发发黑灰化肥灰黑发挥化为黑。

黑化黑灰化肥黑灰会挥发发灰黑化肥黑灰化肥挥发，灰化灰黑化肥灰黑会挥发发黑灰化肥灰黑化肥发挥。

第二讲 口语表达

第一节 表达技巧

语言是人类最重要的交际工具。口头语言是指用有声语言作为传播信息的手段，达到交际目的的表达方式，它是相对书面语言而言的。口语表达的特点是具有时空性、灵活性、针对性。现代汉民族共同语是以北京语音为标准音，以北方方言为基础方言，以典范的现代白话文著作为语法规范的普通话。汉字是雄浑苍劲的史诗；汉字是黄河之水，源远流长；汉字是秦兵马俑，八面威风；汉字是崇山峻岭，纵横捭阖；汉字是青砖灰瓦，方方正正。汉语是优美动听的音乐，汉语是出谷黄莺，汉语是珠落玉盘，汉语是高山流水，汉语是天籁之音。

古语有云："一人之辩重于九鼎之宝，三寸之舌强于百万之师""一言可以兴邦，一言可以丧邦"。从能说话到会说话再到善说话，是口语表达技巧，更是语言艺术。下面将要介绍一些人际交往中的常用语言技巧。

(一) 接近别人的口语技巧

这种"接近"，不能简单地理解为"套近乎"，更不能理解为花言巧语，而应该以真诚、热心、礼貌、得体为本。

1. 称谓合适

与人交往，首先要称呼别人，要针对不同的对象采用不同的称呼。

有一次，演讲家曲啸到一个劳教所作报告，面对年轻的犯人，怎么称呼呢？称"同志们"，显然不合适，要是直呼"罪犯们"，就会激起逆反心理，对教育不利。考虑再三，他使用了一个特别的称呼，那就是"触犯了国家法律的年轻朋友们"。没料到这一称呼竟产生了非常好的效果，这些犯人激动地鼓起掌来，有的还热泪盈眶，报告自然很成功。

2. 巧妙提问

在与别人交往中，采用巧妙的提问，不仅能起到投石问路的作用，还能达到良好沟通的目的。

有两名旅游学校的毕业生前往一家酒店应聘，在第一次接待客人时，甲生问客人："先生，您吃鸡蛋吗？"客人摆摆手，事情就这样结束了。乙生问客人："先生，我们这儿的鸡蛋很新鲜，您吃一个还是两个？"客人笑了笑，说"吃一个"。显而易见，最后是乙生获得了成功。

在这里，乙生的提问有两个特点：① 限制了客人可能作出的回答；② 让客人感受到自己的诚意，拉近双方的距离，使其感觉盛情难却，不好意思拒绝。

3. 用语得体

汉语中一句话有多种说法，究竟哪种说法更合适，不仅取决于不同的事件、对象和场合，还应该了解听者的心理状态，这样才能达到预期的效果。

传说明朝朱元璋称帝以后，有两位幼时的伙伴来找他，想沾点皇帝的光。朝堂之上，其中一位说："你还记得过去我们一起割草的时候吗？咱们三人偷了些蚕豆放在瓦罐里煮，还没熟呢你就抢着吃，连瓦罐也打碎了，蚕豆撒了一地，你抓了一把就往口里塞，结果一根草棒卡在喉咙里，多亏我俩打来菜叶，叫你塞进嘴里，使劲往下咽，这才把草棒吞下去。不然，哪有今天啊！"

朱元璋一听，顿时变了脸，连忙叫武士将他推出去斩首。接着他问另外一位朋友："你有什么话说？"

那位急忙答道："想当年，微臣跟随陛下南征北战，一把刀不知斩了多少'草头王'，陛下冲锋在前，抢先打破了'罐州城'，虽然逃走了'汤元帅'，但却逮住了'豆将军'，后来遇上'草霸王'挡住了咽喉要道，多亏'菜将军'帮忙。不然，哪有今天啊！"

朱元璋听后心花怒放，马上降旨封他做了将军。

其实，这两位旧友说的是一回事儿，可一个被封官，一个被砍头，为什么呢？主要原因在于前者说话没有注意不同的事件、对象和场合，更不知道此时此刻朱元璋的心理状态，竟然在朝堂之上，当着众大臣的面，揭起皇帝的隐私和老底，使朱元璋很没面子，犯了大忌，当然会被杀。而后者则选择了较为得体的表达方式，自称"微臣"，以"陛下"称朱元璋，首先限定了双方的地位，满足了朱元璋的虚荣心；同时巧用军事术语，把"割草"说成"砍草头王"，"抢豆吃"说成"冲锋在前"，不仅局内人听了心照不宣，而且还为皇帝保全了面子，自然会交好运。

(二) 说服别人的口语技巧

历史上触龙说服赵太后，是"循循善诱"的典范；邹忌说服齐威王纳谏，是"讽喻"的效果。另外还有两种不同的说服技巧：

1. 借此说彼

当年唐太宗为了扩大兵源，下令要将所有的中年男子招到军中。宰相魏征知道后就劝他说："把水淘干了，即使得到了鱼，但明年就不会再有鱼了；把森林烧光，即使猎到了野兽，但明年就不再有猎物了。如果中年男子都被征兵，那生产怎么办? 赋税去哪里收?"一席话，说得太宗无言以对，只好收回成命。利用两个事物之间的某一相似点，借此说彼，通俗易懂，说服力强，往往能收到事半功倍的效果。

2. 请君入瓮

"请君入瓮"即根据对方的观点巧设问题，引导对方使他自相矛盾，最后用他自己的话来否定他的观点，从而达到说服的目的。

《三国志》上有一段记载：曹操的马鞍被老鼠咬坏了，他认为这是不祥之兆，要定那个管仓库的人死罪。曹操的儿子曹冲知道后，故意戳破自己的衣服，并把形状弄得像老鼠咬的一样，到曹操面前假装忧愁。曹操问其原因，曹冲回答："世上一般人认为被老鼠咬破衣服的人，大不吉祥，现在我的衣服被老鼠咬破了，所以忧虑。"曹操赶忙劝慰说："老鼠咬破了衣服，主人就不吉祥，这完全是无稽之谈，何用忧愁?"过了不久，负责仓库的官吏来向曹操请罪，曹操只好一笑了之。当然，这类技巧有一定的难度，需要精心设计。

(三) 随机应变的语言技巧

随机应变的语言艺术往往能使紧张的气氛变得轻松，使危急的形势得到缓和。

1. 因势利导

记得有一次，杨澜在主持一个大型晚会的时候，不小心在台上摔了一跤。面对观众的哄笑，杨澜不慌不忙地起身，对着话筒镇静地说："观众朋友们，刚才我表演的是'狮子滚绣球'，这个节目精彩吗?"观众一齐喊"精——彩!"。杨澜接着说："谢谢! 不过更精彩的还在后头呢。下面让我们继续欣赏艺术家们的表演。"

碰到这类突发事件，只要因势利导，就能使窘迫尴尬的场面变得自如，将被动变为主动。

2. 顺势牵连

山东蓬莱有一位导游，一次为 8 位日本客人当导游，当他从"八仙桌"讲到"八仙过海"时，一位游客突然问道："八仙过海漂到哪儿去了?"这个问题无人考证，但导游一看眼前的 8 位日本客人，便灵机一动，随口答道："我想，为发展中日人民友谊，肯定是东渡到邻邦日本去了吧!"游客一听，兴高采烈。

导游巧妙地把眼前的情景、巧合的数字，顺着游客的问话，与中日两国人民的友谊自然地联系起来，可谓"牵"得巧妙，"连"得自然。

3．即景入题

第二次世界大战期间，英国首相丘吉尔访问美国，目的是要求美国共同抗击希特勒。美国总统罗斯福招待他住在白宫。一天早晨，丘吉尔按照老习惯，洗完澡之后，光着身子在房间里踱步，他一边抽着雪茄烟，一边思考着问题，听到有人敲门，便随口喊了声："请进！"话音刚落，罗斯福推门而入。此时两个国家首脑都很尴尬。这时，丘吉尔扔掉烟头说："总统先生，我这个大英首相在您面前可是毫无保留啊！"说完两人哈哈大笑起来。

这句看似简单的话，其实一语双关，即景入题，既风趣幽默地消除了自己和对方的窘迫，又含蓄地阐述了政治上的诚意和目的，意外地促进了谈判的成功。

4．怪问怪答

20世纪30年代，在巴黎大学博士论文答辩会上，主考官例行了正常的考试后，突然向我国年轻的博士陆侃如提出了一个怪问题："《孔雀东南飞》这首诗里，为什么不说'孔雀西北飞'？"这个问题提得既突然又意外，既刁钻又古怪，如果拘于常理，该怎样回答呢？有的可能说孔雀喜欢温暖，所以往东南飞；也有的会说，孔雀既可"东南飞"，也可"西北飞"，甚至还可"转着圈飞"，这取决于诗人的创作手法。不管怎么说，常规回答，总是难遂人意。所以陆侃如干脆抛弃常理，应声答道："西北有高楼。"

"西北有高楼，上与浮云齐"是《古诗十九首》里的诗句，而《古诗十九首》产生的时代与《孔雀东南飞》是一致的，既然如此，孔雀当然飞不过高楼，只好改道东南了。这样怪问怪答，又能自圆其说，不费吹灰之力，使主考官衷心折服。应变之机敏，技巧之高明，令人拍案叫绝。

5．巧用双关

刘三姐的故事家喻户晓，刘三姐的歌声好比漓江的水——清、静、秀、灵、美，令人沉醉。财主莫老爷请来三位秀才与刘三姐对歌，三位秀才分别姓陶、李、罗。刘三姐的山歌张口即来，"源于生活且高于生活"，而三位秀才翻遍几箱子书，还是败下阵来。刘三姐自信而又面带微笑地唱道："姓陶(桃)不见桃花开，姓李(李子的李)不见李结果，姓罗(锣)不听锣鼓响，三个蠢材哪里来？"这里采用的就是语音双关，幽默风趣，辛辣地讽刺了三位读死书、死读书而又助纣为虐的秀才。

6．反唇相讥

加拿大有一个外交官叫郎宁，他出生于我国湖北。当他30岁竞选省议员时，反对者的理由是"郎宁是喝中国人的奶长大的，身上有中国血统。"郎宁当场反问道："你们喝过加拿大的牛奶吗？如果喝过，你们身上不是也有加拿大牛的血统吗？"

这里郎宁采用的就是套用对方逻辑加以反驳的策略。

(四) 拒绝别人的语言技巧

遭到别人的拒绝总是一件不愉快的事情，拒绝别人往往也难为情，但是恰当运用拒绝技巧，可以减少对方心中的失望。

1. 即兴婉拒

女中音歌唱家关牧村去英国演出，在酒会上，主人热情地要以他们的市场为代价，请关牧村留下。而关牧村却诙谐地说："啊，实在抱歉，我只能把歌声留给你们，因为临来的时候，我把心留在祖国了。"

这巧妙的拒绝不但没让对方不高兴，而且赢得了掌声、笑声，更融洽了宾主间的感情。

2. 避实就虚

有一次，国外的参观者向某厂总工程师询问飞机发动机的年产量，这属于机密，但直接回绝又显得生硬，于是总工程师避实就虚地回答说："计划下达多少，我们就生产多少。"结果，双方心照不宣，一笑了之。这就应了俄罗斯那句谚语：语言不是蜜，却可以粘住一切。

"问渠那得清如许，为有源头活水来!"要掌握口语技巧，做到谈笑风生，首先必须掌握语言的内在规律，如语音、文字、词汇、语法、修辞等知识；再就是把握、洞达语言环境；还要多读书、多实践。

【练习脚本】 ++++++++++++++++

偶　遇

人物：小珺(女)，小庆(男)，小亚(女)。

关系：小珺与小庆是老同学，小珺曾暗恋小庆，现在小庆与小亚是恋人关系。

场景：公园。

时间：星期天上午 10 点左右。

天气：春暖花开，阳光明媚。

情节：

小珺：嗨，老同学! (亲密地拍拍小庆的肩膀)好久不见啦，躲到哪里去了? 在哪里发财呀?

小庆：珺珺，你好，我给你介绍一下，这是我女朋友小亚……

小珺：女朋友? (酸溜溜地)在哪儿呢? 我怎么没看见人哪! (故意东张西望)

小亚：你好，珺珺，我在这儿，浓缩的都是精华。(不卑不亢)

小珺：呦，对不起，我没看到。(转向小庆)哎，小庆你可是咱班的美男子，大帅哥！你呀，得找个天仙才匹配呀！你看看你也太着急了！(瞥了小亚一眼)

小庆：情人眼里出西施嘛，(揽着小亚)重要的是，我们小亚有一颗美丽的心灵，内涵美！

小珺：是吗？哎哟哟，这脸上还有雀斑呢！(端详小亚的脸)

小庆：珺珺，你忘了，我大学学的是数学专业，我天生喜欢小数点。

小珺：(亲密地对小亚耳语)老妹儿，考验结束，我放心啦！(转身对小庆)老同学，告诉你吧，小亚是我表妹，你要敢欺负她，我饶不了你！(挥拳轻轻打了一下小庆)拜拜啦！祝你们幸福！

(小亚偷乐，小庆一脸迷茫……)

【同步训练】 ++++++++++++++++

自创公交车上、公园里、学校餐厅等地点与阔别十年的老友重逢的情境，分小组训练说话技巧。

第二节　倾 听 技 巧

倾听在沟通中是很重要的。每个人都在说话，也都在听别人讲话，但并不是每个人都会说、会听。人生来长着一张嘴，两只耳朵，似乎也在暗示我们多听少说。实际上也确实如此，人们在每天的交流中，听是多于说的。但在听说读写的沟通技能中，倾听却是被关注最少的一项。

任何不能被理解的沟通都不能算是成功，在有效的倾听中，人们用耳朵去理解别人，表达的是一种尊重的态度。相对于说而言，听是被动的，人们可以通过说来主动地表达自己的意见，但是当听的时候，就得力图去理解他人的想法和感情，这就要求听者搁置自己的偏见和先见，所以倾听是需要较高修养的一项沟通技巧。

先看看是什么影响了有效倾听，有12种具体的沟通障碍：

(1) 对比。听者总是在评价谁更机敏、更聪明或者更能干。

(2) 猜测。听者惯于猜测别人的心思，往往不相信别人的话。

(3) 演练。别人说话时听者却总在构思自己的意见。

(4) 过滤。听者只听到某些信息，对其他信息充耳不闻。

(5) 先入为主。在倾听具体内容前就做出自己的判断了。

(6) 心不在焉。对方的话题触动听者一连串的联想，听者没有专心听对方说话。

(7) 自居。把别人说的一切都抓住不放，并拿来和自己的经验相对照。

(8) 好为人师。听者随时准备提供帮助和建议，还没有听对方讲多少，就开始搜索建议。

(9) 争辩。当讲话者观点与自己不一致时，易激动，好争辩。

(10) 刚愎自用。听者想尽办法(歪曲事实、百般辩解、责难、翻旧账)固执己见。

(11) 转移话题。在谈话过程中，突然转移话题。

(12) 息事宁人。想讨人喜欢，什么都说好，似听非听，没有真正投入其中。

倾听方面的研究者迈克尔·普尔迪的调查显示了好的和差的倾听者的特性。

好的倾听者应当：

(1) 适当地使用目光接触。

(2) 对讲话者的语言和非语言行为保持注意和警觉。

(3) 容忍且不打断(等待讲话者讲完)。

(4) 使用语言和非语言表示回应。

(5) 用不带威胁的语气来提问。

(6) 解释、重申和概述讲话者所说的内容。

(7) 提供建设性(语言和非语言)的反馈。

(8) 移情(起理解讲话者的作用)。

(9) 显示出对讲话者的兴趣。

(10) 展示关心的态度，并愿意听。

(11) 不批评、不判断。

(12) 敞开心扉。

差的倾听者会：

(1) 打断讲话者(不耐烦)。

(2) 不保持目光接触(眼睛迷离)。

(3) 心烦意乱(坐立不安)，不注意讲话者。

(4) 对讲话者的话题不感兴趣(不关心)。

(5) 很少给讲话者反馈或根本没有(语言或非语言)反馈。

(6) 改变主题。

(7) 作判断。

(8) 思想封闭。

(9) 谈论太多。

(10) 自己抢先。

(11) 给不必要的忠告。

(12) 忙得顾不上听。

那么,你是好的倾听者,还是差的倾听者? 你在倾听过程中容易出现哪些问题呢? 对照上面的内容,自己检验个人的倾听风格,并思考如何进一步提高自己的倾听技巧。

第三讲　态势语言

一、态势语言的组成

(一) 表情语

表情语指头部与面部的动作和状态。例如：点头不算摇头算，在斯里兰卡、尼泊尔、阿尔巴尼亚等国，人们以摇头表示同意，点头表示不同意。印度人表示赞同时，总是先把头往左或右轻轻地斜一下，然后立刻恢复原状，令人以为是"不要"或"不愿意"，其实是表示"知道了"或"好的"。

1. 目光语

目光语是用眼神和目光来表达情感、传递信息、参与交流的表情语言。求职面试的目光应是和善友好、清澈坦荡的，要从目光中表现出你的坚定和执着。

(1) 目光注视的种类和部位：① 社交式注视：人们在社交场合所广泛使用的注视方式，用眼睛注视对方的双眼和口之间的三角部位。这种注视可形成一种社交的气氛。求职面试的注视以社交式注视为主。② 公事式注视：在业务洽谈和贸易谈判中使用的一种注视方式，注视的部位是对方的双眼和额头中部的三角形部位。③ 亲密注视：亲人、挚友、恋人间使用的一种凝视，两人的眼光相互融合。

(2) 目光注视的时间：谈话时注意力要集中，你的视线接触对方面部的时间应占全部谈话时间的 60% 以上，尤其在对方讲话时，左顾右盼和心不在焉是对人不尊重、心虚的表现。

(3) 目光注视的方式：应与对方正视，以示尊重和礼貌。斜视、瞟、瞥和眼睛半睁半闭均是不耐烦和目中无人的表现。正视的部位应在对方的双眼和口鼻处交替进行。如果与对方目光相遇的对视太少，会显得缺乏自信。对方讲话时双眼注视对方，不仅表示出你在认真和仔细地倾听，也使自己处于与对方平等的位置上，有助于消除紧张感。如果心神不安，连头都不敢抬，就是紧张失态的表现了。

2. 微笑语

微笑语是通过面部的笑容传递和善、友好信息的一种特殊的无声语言。微笑语是不受国籍、种族限制而通行世界的表情语言。求职面试时，微笑语是最具有吸引力和魅力的面部表情语，也是最有价值的面部表情语。

(二) 手势语

美国人用拇指和食指连成一个圆圈，其余三指竖起表示 OK，而欧洲一些国家的人将这种手势视为下流的动作。翘大拇指的手势，在英国、澳大利亚、新西兰都有三种含义：搭车手势；侮辱人的信号，这时大拇指急剧上翘；表示数字 5。

食指和中指上伸成 V 形，拇指弯曲压于无名指和小指上的手势在世界大多数地区表示数字二，也用它表示胜利。不过在表示胜利的时候，手掌一定要向外，如果手掌内向，就是贬低人、侮辱人的意思了。在希腊，做这一手势的时候，即使手心向外，手臂伸直，也有对人不恭之嫌。

左手或者右手握拳、伸直食指的手势在世界上大多数国家表示数字一；在法国表示请求提问；在新加坡表示最重要；在澳大利亚表示请再来一杯啤酒。

竖大拇指在中国表示好、了不起，有赞赏、夸奖之意；在意大利表示数字一；在希腊，拇指向上表示"够了"，向下表示"厌恶""坏蛋"；在美国、英国、澳大利亚等国表示"好""行""不错"。

(三) 体姿语

体姿语是通过人的身体姿态传递信息的一种无声语言。体姿语包括立姿、坐姿和行姿三个方面。体姿对一个人整体形象的塑造有着很重要的作用。人的体姿与人的相貌有同等的重要性，共同显示出一个人的气质和风度。如果"站无站相、坐无坐相"，即使相貌再漂亮也会大打折扣。外表相貌是天生的，而体姿是可以通过后天的刻苦训练向理想姿态转变的。

1. 立姿

典雅而庄重的立姿，是一个人动态美的基础和起点。

良好的立姿应该是双脚略分开，以介于稍息和立正之间的状态轻松而自然地摆开，双腿直立，头正、肩平，挺胸、收腹，以礼貌、谦和的眼光目视对方，给人以坦率、自信的印象。双腿交叉、将身体斜倚在门框和墙上的站立方式是极不雅观的。双手的放置是很重要的，不能将左右手交叉于胸前，也不能将双手倒背于身后，更不能同时将双手插在衣袋中。通常，一只手拿一本书或一本卷起的杂志，会显得自然一些，另一只手配合谈话做一些手势。女性肩挎一只精致的、大小适宜的包包是非常必要的。

2．坐姿

坐姿是指人就座时和坐定之后的动作和姿势。

(1) 就座时，要从容大方地走近座椅，先根据你的体型调整一下座椅的位置，然后从左侧或右侧靠近座椅(凳)轻轻落座。如果座椅在你的身后，应采用侧后退步的方式接近座椅，就座的过程中尽量不要背向对方。

(2) 坐姿应当高贵、典雅、自然、大方，腰背挺直，双腿并拢，不要倚靠椅背，就座后将双手自然放在双腿之上。

(3) 女性的坐姿要娴雅大方，穿裙子的女性在入座前应自然地用手将裙子合拢一下，就座后上身略向前倾，双腿自然并拢，双脚自然后收，前脚掌着地。

(4) 抖动双腿、晃动脚尖、将双腿八字伸开老远或勾蹬椅腿都是傲慢无礼的表现。

3．行姿

行走要稳健自如，步子不可迈得太大，双臂的摆动要与脚步相协调。每一步都要抬起脚来，鞋不要在地板上拖拖拉拉。女性的行姿要在稳重大方中略带矜持，切忌扭捏作态和矫揉造作。

(四) 服饰语

服饰语是通过服装和饰品来传递信息的一种态势语言。一个人的服饰既是所在国家、地区和民族风俗与生活习惯的反映，也是个人气质、兴趣爱好、文化修养和精神面貌的外在表现。服饰语的构成要素很多，如颜色、款式、质地等，其中颜色是最重要的要素。不同的颜色给人的印象和感觉也不一样：深色给人深沉、庄重之感，浅色让人感觉清爽、舒展，蓝色使人感到恬静，白色让人感到纯洁。

(五) 界域语

界域语是交际者之间以空间距离所传递的信息，它是人际交往的一种特殊的无声语言。人体周围都有一个属于自己的个人空间，犹如身体的延伸，人际交往只有在这个空间允许的限度内才会显得自然。如夫妻、情侣的允许空间为 0～0.45 米，即所谓的亲密空间；朋友、熟人则可进入个人空间，距离约为 0.45～1.20 米；在社交、谈判等场合，人们一般在 1.20～3.60 米这一社交空间之内觉得较为自在。

二、态势语言的运用原则

尽管态势语言的作用很大，不可或缺，但由于社会规范、工作环境和任务的需要，心理因素等存在差异，对于不同的人来说，其态势语言在流露、表述的层次、程度、方式和姿势上，也会各不相同，甚至截然相反。因此，态势语言的运用也必须遵循一定的原则。

首要原则就是自然。有的人说话时，动作生硬、刻板木讷；有的人则刻意表演，动作和姿态做作，像在背台词。这都会使人觉得不真实，也缺乏诚意。因此，才有"宁要自然的雅拙，不要做作的乖巧"之说。

其次，体态动作要简单精练，不必要的体态语必须去掉。也就是说，举手投足要符合一般生活习惯，简洁明了，易于被人们看懂和接受。如果搞得烦琐复杂，不仅会喧宾夺主，妨碍有声语言的正常表达，也会使听的人眼花缭乱，不知所措。

再次，态势语言的运用还要适度得体。也就是说，动作要适量，以不影响听者对说话人的注意力为准；同时，动作必须与说话内容、情绪、气氛协调一致，不要故作姿态、故弄玄虚，甚至手口不一。

最后还有一点需要注意，态势语言也应生动、有活力。只有生动的体态语，才能艺术地表情达意，才能给人以美感，从而产生感染力和征服力。在日常交际过程中，多种态势语言应相互配合，整体协调、连贯，从而表现出优雅自然的风度美、气质美和韵致美，塑造良好的个人形象。

三、态势语言的训练

态势语言训练的重点要求是：自信挂在脸上，胸中涌动激情，举手投足常练习，嬉笑怒骂有归依；解放思想，挥洒风采；堂堂正正，荡涤心灵。

(一) 眼神的训练

1. 眼神交流八法

前视：向自己的正前方注视，常用于对现场的掌控。

环视：对自己的周围一圈进行关注，常用于对现场的掌控。

侧视：向后方比较远的观众注视，表示对后方观众的注意，可以起到提醒、警示、沟通、强调的作用。

点视：当发现某些观众有骚动或异常情况时，可以使用点视来观察，也可以用于对个别人的提醒。

虚视：当演说中非常紧张的时候，可以假设自己的前方空无一人，采用虚视的办法，将目光投向前方来缓解紧张。

闭目：讲到真情或深情的时候，可以闭目，这样肯定会有很好的效果，会让人觉得你进入了状态，更容易引起共鸣。

仰视：为了突出表示赞同和认可，可以采用仰视的方式注视对方。

俯视：如果要表达"行了，老兄，你这种做法很不切合实际"这样的意思，可以采用俯视的注视方式。

2. 表情态势语言训练的注意事项

一是要自然、放松；二是要与所讲的内容一致。演说的时候要求表情自然放松、大方得体、热情洋溢、激情满怀，再结合自己的专业知识，才能发挥出超乎想象的水平，使演说取得成功，而不是玩高深，让别人觉得紧张。

3. 站姿训练的注意事项

一是要站稳，也可走动；二是双脚与肩同宽，手自然下垂；三是身体前倾，表示亲切。站姿要站稳，也可以走动，走的时候要脚下有根。让双脚与肩同宽，手自然下垂，会给别人一种顺眼的感觉。让别人觉得看你很顺眼，才能让人觉得你做什么都好。

(二) 手势的训练

1. 手势训练的注意事项

手势的训练要点和原则可以用四个字来概括：自然、协调。具体应用中要根据场合需要灵活调整使用，一般有以下注意事项：

(1) 合理运用上、中、下三区。

(2) 场面大，手势大；场面小，手势小。

(3) 肩发力，表示力量；肘发力，表示亲切。

(4) 手势应该停留足够长的时间。

(5) 熟练掌握 3～5 种手势。

2. 手势的使用技巧

以手伸出后在身体前的大致位置，可以将手势分为上、中、下三区。上区即胳膊伸直后手臂之上的位置；中区则指胳膊伸直后手臂的位置之下、腹部之上的区域；而下区则指胳膊伸直后腹部之下的区域。手势的使用技巧，可以归纳为以下几个要点：

(1) 肩部以上叫上区，上区表示号召。

(2) 肩腹之间叫中区，中区表示叙述。

(3) 腹部以下叫下区，下区表示鄙视。

3. 手势区位使用的练习

手势上、中、下三区区位的使用需要和场景相结合。在演讲时，一般有一些需要加重的语调或关键词，当说这些关键词的时候，就可以同时配以手势。下面就是一些相关练习。

◆ 单手，手心向上——上区

例句1：乐曲的音调越奏越高。

例句2：攀登吧！无限风光在险峰。

◆ 双手，手心向上——上区

例句1：你这美丽的国土，我又回到了你的身边。

例句2：欢呼、跳跃吧！我们成功了！

◆ 单手，手心向下——上区

例句1：风助火势，火乘风威，火苗越蹿越高。

例句2：他们对城市即将面临的危险丝毫不知。

◆ 双手，手心向下——上区

例句1：夜幕笼罩了群山。

例句2：环绕他的四周，升起了无形的墙。

◆ 单手，手掌竖立——上区

例句1：天啊！别做傻事！

例句2：唱吧！这是块自由的土地。

◆ 双手，手掌竖立——上区

例句1：人们欢呼：胜利了！胜利了！胜利了！

例句 2：年轻的朋友们，我们的事业是伟大的，我们的前途是光明的，让我们为实现这崇高的目标而奋力拼搏吧！

◆ 单手，手心向上——中区

例句1：我早期生活经历像流动的小溪，我在里边尽情玩耍。

例句2：真情、荣誉、正义是他的动机。

◆ 双手，手心向上——中区

例句1：向所有的人宣布这一消息。

例句2：让我们奏起欢乐的音乐，跳舞吧！

◆ 单手，手心向下——中区

例句1：月光洒落在小溪和树林上……

例句2：沿着这寂寞的小路他快步走去。

◆ 双手，手心向下——中区

例句1：死一般的沉寂笼罩着大地。

例句2：她轻轻地躺倒在草地上，仰望着蓝天。

◆ 单手，手掌竖立——中区

例句1：不要过分利用我的爱。

例句2：他用胳膊挡住了攻击。

◆ 双手，手掌竖立——中区

例句1：放弃这愚蠢的梦想吧！

例句2：他们的分离是决定性的。

◆ 单手，手心向上——下区

例句1：伟大的人物也是躺在他们倒下的地方。

例句2：他这人太卑鄙了，无法和他相处。

◆ 双手，手心向上——下区

例句1：高大的建筑物突然陷入地下。

例句2：仁慈的人大声疾呼：“和平！和平！”但是没有和平。

◆ 单手，手心向下——下区

例句1：这是很有诱惑力的，不过，让它见鬼去吧！

例句2：你这个胆小鬼，行进起来像条虫。

◆ 双手，手心向下——下区

例句1：愤怒的人们会把你从这里清扫出去。

例句2：我要同他们所有的人断绝关系。

　　表达语言的时候，也可刻意地注意使用一些手势语言，例如对母亲表达“妈，您炒的菜太好吃了！”时就要手舞足蹈。“妈，今天是您的生日，让我为您唱支歌吧！”这种感慨也要敢于表达。在生活当中，该表达的爱要尽快地表达出来，该表示歉意的地方也应该及时表达出来。

【案例】✦✦✦✦✦✦✦✦✦✦✦✦✦✦✦✦✦

　　有一首小诗：

　　一直以为，幸福在远方，

　　在可以追逐的未来，

　　于是，我的双眼保持着眺望。

　　我的双耳仔细聆听，唯恐疏忽错过。

　　后来才发现，

　　那些握过的手、唱过的歌、流过的泪、爱过的人，

　　所谓的曾经就是幸福。

　　点评：一定要珍爱自己的生命，从容不迫地往前走。幸福在哪里？就在来时路上那点点滴滴，成功是预期结果的获得，不论大小，不论多少，只要获得，就是幸福。有了这种心态，生活的快乐就能渗透到话语中，说话就能够充满激情，态势语言也就能“情由心生”，就能实实在在地感动听众，就能使演说取得成功。

(三) 态势语言记忆诀

1. 记忆诀

直面听众表陈述，侧位以视顾全部；

昂首动情发正言，低头思索复悲怜；

点头 Yes 摇头 No，眉眼姿态把心扣；

面部开合随心迹，手势动作应注意；

伸手前方表号召，拳头上举强有力；

脚步前移表希冀，后退暗含消极意；

文无定法文成立，态势语中无奥秘。

2. 记忆诀详解

(1) "直面听众表陈述"，就是面对着听众讲述自己的内容。例如"我叫李真顺，我很愿意来这里解答大家提出的一些问题。我是刚从机场赶到这里来的，因此汗流浃背。没扎领带也不是对大家的不尊重。我希望和各位真诚互动，争取学习有更大的收获。"这就是一段直面听众的陈述。

(2) "侧位以视顾全部"，适用于场面很大的时候。因为一般情况下听众人数比较多，人们在讲话的时候，很愿意跟自己非常熟悉的人互动，眼神老在那个人身上转悠，却忽略了很多人。其实要想成功，必须全盘兼顾，不冷落任何一个人才会更到位。

(3) "昂首动情发正言"，要求演说时要动之以情。如果想搞定别人，必须先搞定自己。怎样才能搞定别人？不是投机取巧讨别人的欢心，而是彻彻底底为别人着想，有积极的内容、向上的力量。直面问题去武装自己，具备能量、具备实力才可能在短时间内找到出路。

(4) "低头思索复悲怜"。这是很直观的一种表达方式，通过身体语言来博取别人的同情，以期达到自身的目的。

(5) "点头 Yes 摇头 No"。这是强调对别人的话语要有反馈，将自己的情感态度表达给对方，在关键时刻支持对方或反对对方，以自己的情感因素影响对方的情感，最终达成自己的目标。

(6) "眉眼姿态把心扣"。这里强调了眼神的使用。东方人认为"眼睛是心灵的窗户"，而西方有句谚语"眼睛是心灵的背叛者"，这两句话异曲同工，都是说眼睛不会撒谎。因此"眉眼姿态把心扣"反映了"相由心生"的道理。

(7) "面部开合随心迹"，说明面部表情综合反映了一个人的内心想法。自己内心是喜悦的，则面部表情就会很喜悦，也能带给周围人以喜悦；自己的内心是痛苦的，一定会影响周围人的心情。学会适当地控制自己的态势语，在需要的场合使用正确的态势语，才能达成自己的目的；对自己的情感不加控制，身体态势语会将这些暴露无遗，必然会造成不良影响。

(8) "手势动作应注意：伸手前方表号召，拳头上举强有力；脚步前移表希冀，后退暗含消极意"。这句话概括了手足态势语的隐含意义，需要在使用的过程中注意。使用错误的态势语会给对方造成误解，使得事倍功半，而如果能恰如其分地使用正确的态势语配合表达，则很容易事半功倍。

(9) "文无定法文成立，态势语中无奥秘"。这是指文章没有一定之规。态势语作为身体语言，只要掌握方法，坚持练习，就能在使用中取得成效。演说训练，最主要的是要付出真情。俗话说："金房银房不如走进人的心房""己所不欲，勿施于人"，只要用心去做，设身处地地去做，态势语将自然而然地表达出真挚的情感，帮助我们取得成功。

【知识链接】++++++++++++++++++

英语国家十八种手势的含义

(1) 付账(cash)：右手拇指、食指和中指在空中捏在一起或在另一只手上作出写字的样子，这是表示在饭馆要付账的手势。

(2) "动脑筋(use your brain)"和"机敏一点(being clever)"：用手指点点自己的太阳穴。

(3) "傻瓜(fool)"：用拇指按住鼻尖摇动其四指，或用食指对着太阳穴转动，同时吐出舌头，表示所谈到的人是个"痴呆"或"傻瓜"。

(4) "讲的不是真话(lying)"：讲话时，无意识地将一食指放在鼻子下面或鼻子边时，表示认为讲话人"讲的不是真话"或所讲内容令人难以置信。

(5) 自以为是(complacent assertion)：用食指往上指鼻子，还可表示"不可一世(overbearing)"。

(6) "别作声(stop-talking)"：嘴唇合拢，将食指贴着嘴唇，同时发出嘘嘘声(hush)。

(7) 侮辱和蔑视(insulting and scorning)：用拇指顶住鼻尖儿，冲着被侮辱者摇动其他四指作鸡冠状。

(8) 赞同(agreement)：向上翘起拇指。

(9) 祝贺(congratulation)：双手在身前嘴部高度彼此相搓。

(10) 威胁(menace)：由于生气挥动一只拳头，或因受挫折而双手握着拳使劲摇动。

(11) "绝对不行(absolutely not)"：掌心向外，两只手臂在胸前交叉，然后张开至相距1米左右。

(12) "完了(that's all)"：两臂在腰部交叉，然后向下，向身体两侧伸出。

(13) "害羞(shame)"：双臂伸直，向下交叉，两掌反握，同时脸转向一侧。

(14) 打招呼(greeting)：英语国家的人在路上打招呼，常常拿帽子表示致意。现一般已简化为抬一下帽子，甚至只是摸一下帽檐。

(15) 高兴激动(happiness and excitement)：双手握拳向上举起，前后频频用力摇动。

(16) 愤怒、急躁(anger and anxiousness)：两手臂在身体两侧张开，双手握拳，怒目而视。头一扬，嘴里咂咂有声，同时眨眨眼睛，或者眼珠向上或向一侧转动，也表示愤怒、厌烦、急躁。

(17) 怜悯、同情(pity)：头摇来摇去，同时嘴里发出咂咂之声。

(18) "太古怪了(too queer)"：在太阳穴处用食指画一圆圈。

第四讲　演讲技巧

　　演讲又叫讲演或演说，是指在公众场所，以有声语言为主要手段，以体态语言为辅助手段，针对某个具体问题，鲜明、完整地发表自己的见解和主张，阐明事理或抒发情感，进行宣传鼓动的一种语言交际活动。演讲作为一门口才艺术，早在古希腊就被誉为"艺术之女王"。演讲作为一种口语能力，它能够增进人们进取的机会，促进事业成功的概率。

一、演讲的性质

　　(1) 社会性。演讲活动发生在社会成员之间，它是一个社会成员对其他社会成员进行宣传鼓动活动的口语表达形式。演讲不只是个体行为，还具有很强的社会性。

　　(2) 现实性。所谓现实性，是指符合客观事物的实际情况的性质。

　　(3) 艺术性。演讲是优于一切现实的口语表现形式，它要求演讲者去除一般讲话中的杂乱、松散、平板等因素，以一种集中、凝练、富有创造力的面貌出现，这就是演讲的艺术性。

　　(4) 综合性。演讲只是发生在一定时间内的活动，而为这一活动，演讲者要有各方面的充分准备，同时，还需要大量的组织工作与之配合，这就是演讲的综合性。

　　(5) 逻辑性。演讲者思维要缜密，语言应有条理，层次分明，结构清楚，这就是演讲的逻辑性。

　　(6) 针对性。演讲主题应是众所周知的问题，要注意听众的年龄、身份、文化程度等，这就是演讲的针对性。

　　(7) 感染性。演讲者要有鲜明的观点、独到的见解和看法以及深刻的思想等，要善于用流畅生动、深刻风趣的语言和恰当的修辞打动听众，这就是演讲的感染性。

二、演讲的种类

　　(1) 按内容分为政治演讲、学术演讲、管理演讲、交际演讲。

　　(2) 按形式分为命题演讲、即兴演讲、论辩演讲。

　　(3) 按风格分为激昂型、深沉型、严谨型、活泼型。

三、演讲技巧

1. 善用空间

所谓空间，就是指进行演说的场所范围、演讲者所在之处以及与听众间的距离等。演讲者所在之处以位居听众注意力容易汇集的地方最为理想。善用空间不但能够提升听众对于演讲的关注，还具有增强演讲者信赖度、权威感的效果。

2. 演讲时的姿势

演讲时的姿势也会给听众以某种印象，例如堂堂正正或者畏畏缩缩。虽然个人的性格与平日的习惯对此影响较大，不过一般而言仍应该采用方便演讲的姿势，即所谓"轻松的姿势"：要让身体放松，不要过度紧张。过度紧张不但会表现出笨拙僵硬的姿势，而且对于舌头的动作也会造成不良的影响。

3. 演讲时的视线

在大众面前说话，就必须忍受众人的注视。当然，并非每位听众都会对你报以善意的眼光。尽管如此，你还是不可以漠视听众的眼光，也不可以避开听众的视线说话。克服这股视线压力的秘诀，就是一面进行演讲，一面从听众当中找寻对自己投以善意而温柔眼光的人，并且无视那些冷淡的眼光。此外，把自己的视线投向强烈"点头"以示首肯的人，可以巩固信心继续演讲。

4. 演讲时的脸部表情

演讲时的脸部表情无论好坏都会带给听众极其深刻的印象。紧张、疲劳、喜悦、焦虑等情绪无不清楚地表露在脸上，这是很难由本人的意志来控制的。演讲的内容即使再精彩，如果表情缺乏自信，演讲就很容易变得欠缺说服力。

控制脸部表情的方法，首先是不可垂头。人一旦"垂头"就会给人以"丧气"之感，而且若视线不能与听众接触，就难以吸引听众的注意。另一个方法是缓慢说话。说话速度一旦缓慢，情绪即可稳定，脸部表情也得以放松，继而全身上下也能够轻松起来。

5. 服饰和发型

服装也会带给观众各种印象。比如男士总是喜欢穿着灰色或者蓝色系列的服装，难免给人以过于刻板无趣的印象，轻松的场合不妨穿着稍微时尚明艳一点儿的服装，不过如果是正式场合，一般来说仍以深色西服为宜。此外，发型也可塑造出各种形象来。

6. 声音和腔调

声音和腔调是与生俱来的，不可能一朝一夕有所改善。音质与措辞对于整个演说影响较大，要让自己的声音清楚地传达给听众。即使是音质不好的人，如果能够秉持自己的主张与信念，依旧可以吸引听众的热切关注。

四、演讲训练

演讲技巧包括很多方面，它不仅仅表现在形式方面，同时也对内容有所要求，可以说演讲技巧是演讲内容和形式的统一。这里我们只谈演讲形式方面的一些技巧。

（一）声音的训练

有声语言是演讲的主要表达方式。好的声音，不仅能准确恰当地表情达意，而且能声声入耳，娓娓动听。演讲时要讲究发声的方法和技巧，如音准和音变、吐字和归音、呼吸和换气、停连和重音、语速和节奏等。除此之外，还要注意以下几项训练：

1. 响度的变化性训练

响度是指声音的大小、高低、强弱的程度。演讲者在整个演讲过程中，要根据表达思想感情的需要、会场空间的大小以及听众分布等情况，随时变换声音的响度，以达到理想的效果。演讲必须有一个合理的响度，才能让听众听真切，听清楚。物理学上是以"分贝"来计量响度的，在演讲中只能靠自己的耳朵监听，并从听众的反应中了解响度的效果，做到及时调控。

演讲的合理响度，应该以坐在会场中每一个位置的听众，都毫不费力地听清演讲者的每一句话并且耳感舒服为原则。超过了这个合理的响度，会使人感到刺激、烦躁，易于疲劳，而且可能会造成演讲者声带损伤。如果响度过低，听众听不真切，同样也会造成听力疲劳。

响度要有变化，这与演讲对象、演讲内容、演讲环境等因素有关，也要同思想感情的变化相一致。切不可正在怒海狂涛般地呼啸，骤然就变成小溪流水般地清唱。为唤起听众听讲的注意力，要做到：低而不虚，沉而不浊，声音强弱错落有致。如此才能展现演讲者口语的层次感和声音的错落美。

训练方式：

（1）分别设想会场听讲的人数是 200 人、100 人、50 人、30 人、20 人，然后登上讲台，作有准备的、响度适中的演讲练习。

（2）如果你演讲时声音过低，可到郊外或空旷地，设想前方 50 米、30 米处有一群人，然后放开嗓子演讲一个片断给他们听。

2. 声音的清晰度训练

演讲是靠有声语言来表达思想感情并与听众进行交流的，如果演讲者声音含混不清，就无法准确地传情达意。演讲时，要使声音集中、清晰，首先要靠咬字器官的力量集中，这主要表现在舌和唇上。

舌头在口腔中活动最积极，影响最大。汉语普通话所有音节中，除辅音的唇音以外，全都要靠舌头的积极活动。舌头弹动力强，声音就会发得清晰；如果舌头是软绵绵的，缺乏力度，声音就会模糊。可见，声音的清晰与舌的活动状态密切相关。语言的清晰度训练首先要进行舌的训练，可做如下口部操：

顶刮舌面：用舌尖抵下齿背，舌中纵线部位用力，用上门齿刮舌面，把嘴撑开。

舌力度练习：闭双唇，用舌尖顶左右内颊，交替进行；紧闭双唇，舌头在唇齿间左右环绕，交替进行。

舌头动作练习：连续发 da——，za——，jia——，zha——，ga——。发音时舌头要用力，口腔要有一定的开度，并且保证每个音节都要读得响亮有力，字字清楚。练习时要先慢后快，动作要灵活利落，弹力要大。

唇是字音的出口，如果唇的收撮力弱，就容易使声音发散，不清晰。因此，还应加强唇的练习：

双唇紧闭，阻住气流，突然放开，爆发出 b 或 p 音。

双唇紧闭，撮起，向上、下、左、右交替进行。

双唇紧闭，撮起，左转 360°、右转 360°，交替进行。

3．语言的流畅度练习

演讲是一种口语表达艺术，它不仅要求声音清晰、准确，而且要求演讲者的语言流畅自然，以充分显示严谨的逻辑力量和语言魅力。语言流畅度训练重在加强语言实践，应多读、多讲。

读，就是多读演讲名篇，包括默读、朗读、快读。练读要注意以下几点：

语意要连贯，就是多连少停。在演讲过程中，有时若按文字标点停顿，有声语言的语句就容易被"掰碎"，因此，应不受其限制，连起来说。

重音的选择要少而精，重音过多，势必拖沓，影响语速，使语句难以流畅。

句尾不能下坠。句尾下坠，就阻止了语句的行进和流动。所以，若一个意思没有表达完，即使是换气和停顿，句尾也不能"往下掉"，要多用向上的流势。最好是在读熟之后，多练快读。限定时间，逐次加快速度，快而不乱，快而不错。以这种速度训练，既能锻炼灵敏的思维、极好的记忆，又能锻炼演讲者把一长串优美的语句倾泻而出的本领。

讲，就是只要条件允许，就不要放过机会，理清思路，不停地讲下去，甚至参加辩论，以提高话语的流畅度。

设想你是一位中学的班主任，请面对全班同学，作 5～10 分钟的即兴讲演，题为"珍惜时间"。要做到出语干净，咬字清晰，语流顺畅，语意衔接自然，没有口头禅。

4. 语气的多样性训练

语气的多样性是语言丰富的反映，是演讲者语言能力强的表现。正是由于语气的多样性，语气的分类方法也比较多。如果从演讲者与听众的关系来看，有上下关系与平行关系，还有亲疏爱憎关系；如果从语句类型来分，有陈述、祈使、疑问、感叹四种语气；如果按语法、逻辑关系分，可分为并列、顺承、假设、因果等多种类型；如果按表达方式来分，又可以分为叙述、议论、描写、说明等不同语气；要从演讲的心境和感情的变化来分类，那就更多了，有爱与恨、悲与喜、忧与惧、信与疑；等等。各种语气的表达一般通过句调的升、降、平、曲和声音气息的控制变化来实现，如叙述语气是平直调，疑问语气是上扬调，爱的语气一般是"气徐声柔"，惧的语气则是"气提声凝"。

5. 语气的交错性训练

一篇演讲稿，必然有它某种相对稳定的基本语气形态，也叫基调。但在演讲过程中，语气要随着演讲内容的发展变化而变化，有时在表达某种感情基调的同时，又出现其他感情色彩，于是就有了语气的交错和重叠。闻一多先生的《最后一次演讲》，整篇的基调是愤怒、激越的，但其中也渗透着对李公朴先生及其家属的强烈的爱以及对光明未来的期待和追求。因此，在进行语气训练时，要注意到这种语气的交错，分清主次，处理好重叠和过渡，使语气更好地为内容服务。

读下列演讲词，注意语气的处理。

在马克思墓前的讲话

（恩格斯）

3月14日下午两点三刻，当代最伟大的思想家停止思想了。让他一个人留在房间里不过两分钟，等我们再进去的时候，便发现他在安乐椅上安静地睡着了——但已经是永远地睡着了。

这个人的逝世，对于欧美战斗着的无产阶级，对于历史科学，都是不可估量的损失。这位巨人逝世以后所形成的空白，在不久的将来就会使人感觉到。

正像达尔文发现有机界的发展规律一样，马克思发现了人类历史的发展规律，即历来为繁茂芜杂的意识形态所掩盖着的一个简单事实：人们首先必须吃、喝、住、穿，然后才能从事政治、科学、艺术、宗教等等。所以，直接的物质的生活资料的生产，从而一个民族或一个时代的一定的经济发展阶段，便构成基础；人们的国家制度，法的观点，艺术以至宗教观念，就是从这个基础上发展起来的。因而，也必须由这个基础来解释，而不是像过去那样做得相反。

不仅如此，马克思还发现了现代资本主义生产方式和它所产生的资产阶级社会的特殊的运动规律。由于剩余价值的发现，这里就豁然开朗了，而先前无论资产阶级经济学家或社会主义批评家所做的一切研究都只是在黑暗中摸索。

一生中能有这样两个发现，该是很够了，即使只要能做出一个这样的发现，也已经是幸福的了。但马克思在他所研究的每一个领域，甚至在数学领域，都有独到的发现，这样的领域是很多的，而且其中任何一个领域他都不是浅尝辄止。

他作为科学家就是这样，但是这在他身上远不是主要的。在马克思看来，科学是一种在历史上起推动作用的、革命的力量。任何一门理论科学中的每一个新发现——它的实际应用也许还根本无法预见——都使马克思感到衷心喜悦。而当他看到那种对工业、对一般历史发展产生革命影响的发现的时候，他的喜悦就非同寻常了。例如，他曾经密切注视电学方面各种发现的进展情况，不久以前，他还注意了马赛尔·德普勒的发现。

因为马克思首先是一个革命家。他毕生的真正使命，就是以这种或那种方式参加推翻资本主义社会及其所建立的国家设施的事业，参加现代无产阶级的解放事业，正是他第一次使现代无产阶级意识到自身的地位和要求，意识到自身解放的条件。斗争是他的生命要素。很少有人像他那样满腔热情、坚忍不拔和卓有成效地进行斗争。最早的《莱茵报》(1842 年)，巴黎的《前进报》(1844 年)，《德意志-布鲁塞尔报》(1847 年)，《新莱茵报》(1848—1849 年)，《纽约每日论坛报》(1852—1861 年)，以及许多富有战斗性的小册子，在巴黎、布鲁塞尔和伦敦各组织中的工作，最后，作为全部活动的顶峰，创立伟大的国际工人协会——老实说，协会的这位创始人即使没有别的什么建树，单凭这一成果也可以自豪。

正因为这样，所以马克思是当代最遭忌恨和最受诬蔑的人。各国政府——无论专制或共和政府——都驱逐他；资产者——无论保守派或极端民主派——都竞相地诽谤他、诅咒他。他对这一切毫不在意，把它们当作蛛丝一样轻轻拂去，只是在万不得已时才给予回敬。现在他逝世了，在整个欧洲和美洲，从西伯利亚矿井到加利福尼亚，千百万革命战友无不对他表示尊敬、爱戴和悼念。而我可以大胆地说：他可能有过许多敌人，但未必有一个私敌。

他的英名和事业将永垂不朽！

(二) 态势语言的训练

演讲的态势语言，是指演讲者的姿态、眼神、表情、手势等，它不仅有一定的表情达意的作用，而且更主要的是可以弥补口语表达的不足，使思想感情表达得直观、充分、形象、具体。因此，一位好的演讲者，不仅要有较强的口语表达技能，还要努力掌握态势语言技巧，从听觉和视觉两方面来调动、感染听众，使演讲达到一种趋于完美的境界。

态势语言包括仪表的装饰、体态的协调、手势的运用、眼神的表露、表情的展示等诸项内容，下面只谈主要的几种。

1．身姿训练

身姿主要指躯干的形态。一个优秀的演讲者，他演讲的每一个时刻，无论动与不动，都应当像一尊优美的雕像，给人健康、有力、神采奕奕、端庄潇洒的感觉。

身姿训练主要是练习站。站的时候，肢体要端正，略前倾，目视正前方。站姿主要有两种：一种是"丁"字步，一只脚在前，一只脚在后，两脚之间呈九十度垂直的"丁"字形，两腿前后交叉距离以不超过一只脚的长度为宜，全身的力量集中在前脚上，后脚足跟略微提起。这种站姿多用于表达强烈感情的典型的演讲，有利于激发听众的兴趣和感情。另一种是"稍息式"，两脚之中任何一脚略向前跨步，两脚之间成七十五度角，脚跟距离在五寸(16.6 cm)左右。两腿均直立，全身力量多集中在后脚。这种站姿运用广泛，说理、达意、传知性的演讲一般都用此势。

演讲时要有一个基本的立足点，但也可根据演讲内容的需要小幅度移步。一般来说，向前移步表示积极的意义，如支持、肯定、坚信、进取等；向后移步则表示消极的意义，如疑虑、否定、颓丧、退让等；向左右移动则表示对某一侧听众传情致意等。

总之，站如松，要挺拔、坚定。肢体要协调一致，由一边转向另一边时，不能单扭脖子，腰部也要随着转动。

2．表情训练

表情是指面部的颜色、光泽、肌肉的收缩舒展以及纹路的变化。表情也是一种重要的态势语言。它如同一面心灵的镜子，以最灵敏的特点，把人复杂的内心世界，如幸福、痛苦、悲哀、失望、忧虑、愤怒等，都充分地展示出来，使听众在察言观色之中了解到演讲者丰富而微妙的内心世界，并因此而受到感染。

表情的训练，可对着镜子做如下练习：

微笑：嘴微张，嘴角上提，两颊肌肉略微紧张呈轻微堆积状，两眼现出和善的神情。

吃惊：双眉上挑，两眼圆睁，嘴部张开，脸部肌肉拉长，眼神中流露出惊讶的神情。

悲哀：轻微蹙眉，眼角、嘴角下撇，两颊肌肉松弛，眼里流露出忧伤的神情。

愤怒：双眉紧蹙，双眼怒视前方，鼻孔张大，嘴唇紧闭，嘴角向下。

3．眼神训练

眼神是指演讲者眼睛的神态，是通过眼睛来传递信息的一种态势语言。人们常说"眼睛是心灵的窗户"，演讲者可通过丰富巧妙的眼神"眉目传情"，以影响听众的情绪，调节会场的气氛，进而达到理想的演讲效果。眼神训练可按如下步骤做眼部

"体操"。

预备姿势：自然站立，头正直，下颌微收。练习中，头的位置始终不变。

第一节：① 眼睑抬起，瞪大眼睛，正视前方某一物体，努力将其看清；② 眼睑渐渐放松，眼球回缩，虚视前方；③ 重复上述动作。

第二节：① 眼睑抬起，眼光自左向右缓慢扫视，直至看到最侧面的东西，目光所到之处努力看清视线内的物体；② 目光由右向左扫视，方法同上；③ 动作同上，只是速度加快，一拍向左，一拍向右。

第三节：① 眼光由下向上缓慢扫视，眼睑尽量向上抬，直至看见最上方，眼过之处，努力看清视线之内的物体；② 由上向下扫视，直至看见自己的前胸，但应控制眼睑的下落，不使其遮住瞳孔；③ 动作同上，速度加快，一拍向上，一拍向下。

第四节：① 眼光缓慢向左斜上方斜视，左眼睑比右眼睑抬得更高；② 眼光缓慢向右斜下方斜视，右眼比左眼用力稍大；③ 动作同上，速度加快。

第五节：动作与第四节相同，只是改变方向，为右斜上方到左斜下方的动作。

第六节：① 双眼从左侧开始，经由上—右—下方向，按顺时针方向转动一周，环视幅度尽可能大，速度均匀；② 重复一次；③ 方法同上，向相反方向，按逆时针方向转动一周。

眼神的训练，可提高眼球和眼睑运动的幅度、灵活性和控制能力。

4. 手势训练

手势指能够传情达意的手的姿势动作，它也是态势语言的重要组成部分。手势可以抒发感情，指示对象，模拟事物，还能够体现个人风格，在演讲中有着不可低估的作用。从手势在演讲中的活动范围来看，可以分为三个区域：

上区(肩部以上)。手在这一区域活动，多用来表示思想宏大、张扬、向上的内容，如表示坚定的信念、殷切的希望、胜利的喜悦、美好的憧憬等。

中区(肩部至腹部)。手在这一区域活动多表示叙述事物和说明事理，演讲者心情较平静。

下区(腹部以下)。手势在这一区域活动多表示憎恶、鄙夷、不屑、厌烦等内容和感情。

按照这三个区域的手势活动范围，可做以下五种常用手势的训练：

一是号召手势。配合口语"让我们团结一致，为实现'中国梦'这一宏伟的目标而奋斗！"右臂向斜上方推出，掌心向外，以表示实现奋斗目标的决心。

二是象征手势。口中说："请相信我这一颗忠于祖国的赤子之心吧！"右臂抬起，手抚心区，表示忠诚。

三是摹状手势。口中说："生命的意义不在于索取，而在于奉献！"双臂从胸前平伸向外，臂微弯，手心向上，模拟奉献状。

四是情感手势。口中说："贪污、受贿这些社会上的不正之风，必须彻底清除！"右臂先收回胸前，然后迅速向右斜下方劈出，表示痛恨和厌恶。

五是指示手势。口中说："抗战胜利后，在中国人面前摆着两个前途：一个是光明的中国，一个是黑暗的中国。"右手在胸前呈微握状，然后伸出食指，再伸出中指，以引起听众对这两种前途、两种命运的关注。

【案例片段】 +++++++++++++++++

景克宁《诗与诗人》：

诗，应该像普罗米修斯盗取的天火，给人间带来温暖与文明。

诗，应该像爱与美女神维纳斯，给人间带来幸福与花朵。

诗，应该像强力之神阿赫托拉，给人间带来力量与无畏。

诗，应该像一面旗帜，永远指向真理、正义、民主、明天。

美国总统罗斯福 1941 年 12 月 8 日在参众两院呼吁对日宣战时的演讲：

昨天对夏威夷群岛的进攻，给美国海陆军部队造成了严重的损害。我遗憾地告诉各位，很多美国人丧失了性命。此外，据报，美国船只在旧金山和火奴鲁鲁之间的公海也遭到了鱼雷袭击。

昨天，日本政府已发动了对马来西亚的进攻。

昨夜，日本军队进攻了香港。

昨夜，日本军队进攻了菲律宾。

昨夜，日本人进攻了威克岛。

昨夜，日本人进攻了中途岛。

美国黑人领袖马丁·路德·金 1963 年 8 月 28 日《在林肯纪念堂前的演讲》（又翻译为《我有一个梦想》）：

我有一个梦想，这个国家会站立起来，真正实现其信条的真谛："我们认为这些真理是不言而喻的，人人生而平等。"

我有一个梦想，在佐治亚的红山上，昔日奴隶的儿子将能够和昔日奴隶主的儿子坐在一起，共叙兄弟情谊。

我有一个梦想，甚至连密西西比州这个正义匿迹，压迫成风，如同沙漠般的地方，也将变成自由和正义的绿洲。

我有一个梦想，我的四个孩子将在一个不是以他们的肤色，而是以他们的品格优劣来评判他们的国度里生活。

【阅读篇目】+++++++++++++++++

1. 马丁·路德·金《我有一个梦想》。
2. 闻一多《最后一次演讲》。
3. 丘吉尔《没有胜利就无法生存》。
4. 林肯《告别演讲》。
5. 拿破仑《开进米兰》。
6. 陶行知《学做一个人》。

【经典案例】+++++++++++++++++

最后一次演讲

闻一多

这几天，大家晓得，在昆明出现了历史上最卑劣最无耻的事情！李先生(李公朴，1946 年 7 月 11 日在昆明被国民党特务杀害)究竟犯了什么罪，竟遭此毒手？他只不过用笔写写文章，用嘴说说话，而他所写的，所说的，都无非是一个没有失掉良心的中国人的话！大家都有一支笔，有一张嘴，有什么理由拿出来讲啊！有事实拿出来说啊！为什么要打要杀，而且又不敢光明正大地来打来杀，而偷偷摸摸地来暗杀！这成什么话？

今天，这里有没有特务？你站出来！是好汉的站出来！你出来讲！凭什么要杀死李先生？杀死了人，又不敢承认，还要诬蔑人，说什么"桃色事件"，说什么共产党杀共产党，无耻啊！无耻啊！这是某集团(国民党反动派)的无耻，恰是李先生的光荣！李先生在昆明被暗杀，是李先生留给昆明的光荣！也是昆明人的光荣！

去年"一二·一"昆明青年学生为了反对内战，遭受屠杀，那算是青年的一代献出了他们最宝贵的生命！现在李先生为了争取民主和平而遭受了反动派的暗杀，我们骄傲一点说，这算是像我这样大年纪的一代，我们的老战友，献出了最宝贵的生命！这两桩事发生在昆明，这算是昆明无限的光荣！

反动派暗杀李先生的消息传出以后，大家听了都悲愤痛恨。我心里想，这些无耻的东西，不知他们是怎么想法，他们的心理是什么状态，他们的心是怎样长的！其实很简单，他们这样疯狂地来制造恐怖，正是他们自己在慌啊！在害怕啊！所以他们制造恐怖，其实是他们自己在恐怖啊！特务们，你们想想，你们还有几天？你们完了，快完了！你们以为打伤几个，杀死几个，就可以了事，就可以把人民吓倒了吗？其实广大的人民是打不尽的，杀不完的！要是这样可以的话，世界上早没有人了。

你们杀死一个李公朴，会有千百万个李公朴站起来！你们将失去千百万的人民！你们看着我们人少，没有力量？告诉你们，我们的力量大得很，强得很！看今天来的这些人，都是我们的人，都是我们的力量！此外还有广大的市民！我们有这个信心：人民的力量是要胜利的，真理是永远存在的。历史上没有一个反人民的势力不被人民毁灭的！希特勒，墨索里尼，不都在人民面前倒下去了吗？翻开历史看看，你们还站得住几天！你们完了，快完了！我们的光明就要出现了。我们看，光明就在我们眼前，而现在正是黎明之前那个最黑暗的时候。我们有力量打破这个黑暗，争到光明！我们的光明，就是反动派的末日！

李先生的血不会白流的！李先生赔上了这条性命，我们要换来一个代价。"一二·一"四烈士倒下了，年轻的战士们的血换来了政治协商会议的召开；现在李先生倒下了，他的血要换取政协会议的重开！我们有这个信心！

"一二·一"是昆明的光荣，是云南人民的光荣。云南有光荣的历史，远的如护国(指护国战争，1915年12月，北洋军阀袁世凯称帝，激起全国人民的反对。同年12月25日，云南首先宣布独立，以蔡锷等人为领导，组织护国军讨袁)，这不用说了，近的如"一二·一"，都是属于云南人民的。我们要发扬云南光荣的历史！

反动派挑拨离间，卑鄙无耻，你们看见联大走了(西南联合大学的简称。抗日战争期间，清华大学、北京大学和南开大学三校联合组成西南联合大学。1946年7月，西南联大宣布解散)，学生放暑假了，便以为我们没有力量了吗？特务们！你们错了！你们看见今天到会的一千多青年，又握起手来了，我们昆明的青年决不会让你们这样蛮横下去的！

反动派，你看见一个倒下去，可也看得见千百个继起的！

正义是杀不完的，因为真理永远存在！

历史赋予昆明的任务是争取民主和平，我们昆明的青年必须完成这任务！

我们不怕死，我们有牺牲的精神！我们随时像李先生一样，前脚跨出大门，后脚就不准备再跨进大门！

【演讲训练】◆◆◆◆◆◆◆◆◆◆◆◆◆◆◆◆◆◆

以下列物语为出发点，自拟演讲稿：

1. 鸟——笼子即便是金子的，也不如没有的好。

2. 虾——哈哈，你们怎么都倒着走啊？

3. 蚕——埋葬自己的往往就是自己。

4. 冰——是我改变了水柔弱的形象。

5. 锁——在强盗眼里，我是不存在的。

6. 上帝——不是我创造了人类，而是人类创造了我。

7. 彩虹——我七色的光彩，来自那最普通的阳光。

8. 铅笔——错了怕什么？有橡皮呢！

9. 骆驼——炎热的沙漠算什么，重要的是心中要有绿洲。

10. 凸透镜——把力量凝聚在一点，便能获得成功。

第五讲 辩论技巧

辩论也叫论辩，在我国古代被称为"辩"。先秦墨子说："辩，争彼也。辩胜，当也。""辩论"一词最早见于《史记·平津侯主父列传》："每朝会议，开陈其端，令人主自择，不肯面折庭争。于是天子察其行敦厚，辩论有余，习文法吏事，而又缘饰以儒术，上大说之。"辩论是一种实战口才。古代文论家刘勰在《文心雕龙·论说》中以"一人之辩重于九鼎之宝；三寸之舌强于百万之师"来概说论辩口才的功能。在古希腊，辩论被称为"辩证法"，其含义为"互相讨论"，认为辩论就是发现对方言谈中自相矛盾的破绽，通过揭露从而战胜对方。

辩论是指彼此用一定理由来说明自己对事物或问题的见解，揭露对方的矛盾，以便取得最后的认识或共同的意见。

一、辩论三要素

(1) 辩论中存在着持不同意见的双方或多方。有持不同意见的双方或多方存在，才能实现思想交锋。一个人不可能自己同自己辩论，一个人头脑中几种方案或做法的权衡和比较，那是思考或思辨，而不是辩论。

(2) 辩论必须针对同一事物或同一问题，即存在着同一论题。如果各方谈论的论题不同，就不能实现有意义的辩论。例如，一个人说"文学是有阶级性的"，一个人说"复制人类利大于弊"，由于两人所认识的对象不同，因此两个观点不能构成辩论。只有当一个人说"文学是有阶级性的"，另一个人说"文学是没有阶级性的"，这样两个判断才构成辩论。因为这两个判断所认识的对象相同，又是相互对立的思想，而这两个判断至多只能有一个为真，不可能都真。这样就有了谁是谁非的问题，就必然要引起辩论。

(3) 辩论的诸方有或多或少的共同认识或共同承认的前提，如思维的同一律、矛盾律、排中律和充足理由律以及正确推理的方法等，以及如社会公理、科学规律等是非真伪标准和价值取向。没有这些共同承认的东西，辩论只会是一场混战，不可能得出结论。总之，辩论诸方有共同的话题，而又有不同意见。从哲学观点看，辩论的诸方是一种对立统一的关系。

二、辩论的特点

(1) 辩论人员的双边性。辩论是双边活动，最少两人参加，单一方面只能是议论而已。

(2) 辩论观点的对立性。双方观点是对立的，或是或非，这样才有辩论的可能，否则就是谈判。

(3) 论证的严密性。只有合乎思维逻辑的辩论，才可能获胜，否则只能是诡辩。

(4) 追求真理的目的性。辩论的目的是追求真理，取得共识，辩论双方没有对错之分。

三、辩论技巧

下面试以技法理论结合对实际辩例的分析，介绍几种反客为主的技巧。

(一) 借力打力

武侠小说中有一招数，名叫"借力打力"，是说内力深厚的人，可以借对方攻击之力反击对方。这种方法也可以运用到辩论中来。

例如，在关于"知难行易"的辩论中，有这么一个回合：

正方：对啊！那些人正是因为上了刑场死到临头才知道法律的威力、法律的尊严，可谓"知难"哪，对方辩友！

当对方以"知法容易守法难"的实例论证于知易行难时，正方马上转而化之从"知法不易"的角度强化己方观点，给对方以有力的回击，扭转了被动局势。

(二) 移花接木

剔除对方论据中存在缺陷的部分，换上于我方有利的观点或材料，往往可以收到"四两拨千斤"的奇效。这一技法称为"移花接木"。

例如，在"知难行易"的辩论中曾出现过如下一例：

反方：古人说"蜀道之难，难于上青天"，是说蜀道难走，"走"就是"行"嘛！要是行不难，孙行者为什么不叫孙知者？

正方：孙大圣的小名是叫孙行者，可对方辩友知不知道，他的法名叫孙悟空，"悟"是不是"知"？

(三) 顺水推舟

表面上认同对方观点，顺应对方的逻辑进行推导，并在推导中根据我方需要，设置某些符合情理的障碍，使对方观点在所增设的条件下不能成立，或得出与对方观点截然相反的结论。

例如，在"愚公应该移山还是应该搬家"的辩论中：

反方：我们要请教对方辩友，愚公搬家解决了困难，保护了资源，节省了人力、财力，这究竟有什么不应该？

正方：愚公搬家不失为一种解决问题的好办法，可愚公所处的地方连门都难出去，家又怎么搬？……可见，搬家姑且可以考虑，也得在移完山之后再搬呀！

（四）正本清源

所谓正本清源，本文取其比喻义而言，就是指出对方论据与论题的关联不紧或者背道而驰，从根本上矫正对方论据的立足点，把它拉入我方"势力范围"，使其恰好为我方观点服务。较之正向推理的"顺水推舟"法，这种技法恰是反其思路而行之。

例如，在"跳槽是否有利于人才发挥作用"的辩论中，有这样一节辩词：

正方：张勇，全国乒乓球锦标赛的冠军，就是从江苏跳槽到陕西，对方辩友还说他没有为陕西人民作出贡献，真叫人心寒啊！

反方：请问到体工队可能是跳槽去的吗？这恰恰是我们这里提倡的合理流动啊！对方辩友戴着跳槽眼镜看问题，当然天下乌鸦一般黑，所有的流动都是跳槽了。

（五）釜底抽薪

刁钻的选择性提问，是许多辩手惯用的进攻招式之一。通常，这种提问是有预谋的，它能置人于两难境地，无论对方作哪种选择都于己不利。对付这种提问的一个具体技法是，从对方的选择性提问中，抽出一个预设选项进行强有力的反诘，从根本上挫败对方的锐气，这种技法就是釜底抽薪。

例如，在"思想道德应该适应(超越)市场经济"的论辩中，有如下一轮交锋：

反方：……请问雷锋精神到底是无私奉献精神还是等价交换精神？

正方：……对方辩友这里错误地理解了等价交换，等价交换就是说，所有的交换都要等价，但并不是说所有的事情都是在交换，雷锋还没有想到交换，当然雷锋精神谈不上等价了。既然谈不上等价，那么自然不可能是等价精神，反方应该立即指出这一点，并将问题深入展开。

反方：那我还要请问对方辩友，我们的思想道德它的核心是为人民服务的精神，还是求利的精神？

正方：为人民服务难道不是市场经济的要求吗？

正方的回答其实很不恰当，而此时反方的知识储备或者应变能力严重不足，如果反问一句"难道毛泽东同志提出为人民服务是为了顺应市场经济的要求吗"，则立刻将正方推至风口浪尖，迫使其选择回避。

（六）攻其要害

在辩论中常常会出现这样的情况：双方纠缠在一些细枝末节的问题、例子或表达上争论不休，结果看上去辩得很热闹，实际上已离题万里。这是辩论的大忌。一个重要的技巧就是要在对方一辩、二辩陈词后，迅速地判明对方立论中的要害问题，从而抓住这一问题，一攻到底，以便从理论上彻底地击败对方。

如"温饱是谈道德的必要条件"这一辩题的要害是：在不能保证温饱的状况下，能否谈道德？在辩论中只有始终抓住这个要害问题，才能给对方以致命的打击。善于敏锐地抓住对方要害，猛攻下去，务求必胜，乃是辩论的重要技巧。

(七) 利用矛盾

由于辩论双方各由四位队员组成，四位队员在辩论过程中常常会出现矛盾，即使是同一位队员，在自由辩论中，由于出语很快，也有可能出现前后矛盾。一旦出现这样的情况，就应当马上抓住时机，竭力扩大对方的矛盾，使之自顾不暇，无力进攻我方。

比如，在与剑桥队辩论时，剑桥队的三辩认为法律不是道德，二辩则认为法律是基本的道德。这两种见解显然是相互矛盾的，我方乘机扩大对方两位辩手之间的观点裂痕，迫使对方陷入窘境。又如对方一辩起先把"温饱"看作是人类生存的基本状态，后来在我方的凌厉攻势下，又大谈"饥寒"状态，这就与先前的见解发生了矛盾，我方"以子之矛，攻子之盾"，使对方于急切之中，理屈词穷，无言以对。

(八) 引蛇出洞

在辩论中，常常会出现胶着状态：当对方死死守住其立论，不管我方如何进攻，对方只用几句话来应付时，如果仍采用正面进攻的方法，必然收效甚微。在这种情况下，要尽快调整进攻手段，采取迂回的方法，从看来并不重要的问题入手，诱使对方离开阵地，从而打击对方，在评委和听众的心目中造成轰动效应。

在我方和悉尼队辩论"艾滋病是医学问题，不是社会问题"时，对方死守着"艾滋病是由 HIV 病毒引起的，只能是医学问题"的见解，不为所动。于是，我方采取了"引蛇出洞"的战术。我方二辩突然发问："请问对方辩友，今年世界艾滋病日的口号是什么？"对方四位辩手面面相觑，为不至于在场上失分太多，对方一辩站起来乱答一通，我方立即予以纠正，指出今年的口号是"时不我待，行动起来"，这就等于在对方的阵地上打开了一个缺口，从而瓦解了对方坚固的阵线。

(九) 李代桃僵

"李代桃僵"这一战术之意义就在于引入一个新概念与对方周旋，从而确保我方立论中的某些关键概念隐在后面，不直接受到对方的攻击。

比如，"艾滋病是医学问题，不是社会问题"这一辩题是很难辩的，因为艾滋病既是医学问题，又是社会问题，从常识上看，是很难把这两个问题截然分开的。我们在抽签中得到了辩题的反方，即"艾滋病是社会问题，不是医学问题"，在这种情况下，如果我们完全否认艾滋病是医学问题，也会于理太悖。我们在辩论中引入了"医学途径"这一概念，强调要用"社会系统工程"的方法去解决艾滋病，而在这一工程中，"医学途径"则是必要的部分之一。这样一来，我方的周旋余地就大了，对方得花很大力气纠缠在我方提出的新概念上，其攻击力就大大地弱化了。

(十) 缓兵之计

在某些特定的场合，"慢"也是处理问题、解决矛盾的好办法。论辩也是如此，在某些特定的论辩局势下，快攻速战是不利的，缓进慢动反而能制胜。论辩中的"快"与"慢"也是一种对立统一的辩证关系。兵贵神速，"快"当然好。可是，有时"慢"也有"慢"的妙处。"慢"可待机，"慢"可施谋，"慢"可制怒。"慢"是一种韧性的战术，"慢"是一场持久战，"慢"是舌战中的缓兵之计。缓动慢进花的时间虽长，绕的弯子虽大，然而在许多时候，它却往往是取得胜利的捷径。

辩论是一个非常灵活的过程，在这一过程中，可以施展这些比较重要的技巧。经验告诉我们，只有使知识积累和辩论技巧珠联璧合，才可能在辩论赛中取得较好的成绩。

四、大学生辩论赛

现在国际上最知名的辩论赛是国际大学群英辩论会(2007 年前名为"国际大专辩论赛")。该辩论会从 1993 年首届举行至今，每两年举行一届，轮流在新加坡市和北京举行。其前身为自 1986 年开始举办的亚洲大专辩论赛，为华语辩论的最高舞台之一。

国际大学群英辩论会致力于推广、发扬辩论艺术和中华文化。历届以来，大赛赛制也不断发展完善，令比赛更具有观赏性和竞争性。比赛中辩手精彩的辩词、理论功底以及临场应变和团队配合等往往成为人们念念不忘的经典。

【知识链接】 +++++++++++++++++

2005 年国际大专辩论赛赛制

1. 立论(即阐述基本观点)。双方各派出任意一名队员(一般是一辩)阐述论点，时间各有三分钟。

2. 论证辩驳阶段。进行双方各派一名队员论辩，主要针对对方的立论进行反驳和对己方论点进行完善和保护，时间各有三分钟。

3. 盘问阶段。这个阶段分两个环节，第一个环节：正方开始发问(也可以是反方先发问)，发问指明对方某一个或两个队友回答；此阶段发问和回答都各有一分三十秒。每一次盘问共六分钟，问答方各有三分钟。第二个环节相同。

4. 论辩小结。一般是双方的一辩总结对方在辩论中暴露出的问题和自己的观点小结，时间为一分半钟。

5. 自由辩论。此阶段交叉计时，各有四分钟，每方用完为止。

6. 总结陈词。一般由各方的四辩总结，时间是三分钟。

7. 各个阶段在时间仅剩三十秒时有铃声提示，时间结束又有不同的铃声提示。

8. 评委点评。

9. 主席宣布本场比赛的得分情况和最后结果。

【辩论训练】◆◆◆◆◆◆◆◆◆◆◆◆◆◆◆◆

从以下辩论题目中选择五个，分组进行辩论。

1. 人性本善——人性本恶。

2. 女性比男性更需要关怀——男性比女性更需要关怀。

3. 治愚比治贫更重要——治贫比治愚更重要。

4. 社会秩序的维系主要靠法律——社会秩序的维系主要靠道德。

5. 知难行易——知易行难。

6. 复制人类，利多于弊——复制人类，弊多于利。

7. IQ 诚可贵，EQ 价更高——EQ 诚可贵，IQ 价更高。

8. 艺术商品化利大于弊——艺术商品化弊大于利。

9. 真理越辩越明——真理不会越辩越明。

10. 广告有利于大众消费——广告不利于大众消费。

11. 都市化有利于人类发展——都市化不利于人类发展。

12. 美是客观存在——美是主观感受。

13. 青春偶像崇拜利大于弊——青春偶像崇拜弊大于利。

14. 应先成家后立业——应先立业后成家。

15. 网络是虚幻的——网络不是虚幻的。

第六讲　推 销 技 巧

一、推销常识

(一) 区别对待：不要公式化地对待顾客

为客户服务时，你的答话过于公式化或敷衍了事，会令客户觉得你的态度冷淡，没有礼待他们，造成客户不满。所以要注意以下几点：

1. 看着对方说话

无论你使用多么礼貌恭敬的语言，如果只是你一个人说个不停，而忽略你的顾客，则他一定会觉得很不开心。所以说话时要望着对方。你不看着对方说话，会令对方产生不安；如果你一直瞪着对方，对方会觉得有压迫感。你要以柔和的眼光望着顾客，并诚意地回答对方的问题。

2. 经常面带笑容

当别人向你说话，或你向别人说话时，如果你面无表情，很容易引起误会。在交谈时，多向对方示以微笑，你将会明白笑容的力量有多大，不但顾客，你周围的人，甚至你自己也会觉得很快乐。但是如果你的微笑运用不当，或你的笑容与谈话无关，又会令对方感到莫名其妙。

3. 用心聆听对方说话

交谈时，你需要用心聆听对方说话，了解对方要表达的信息。若一个人长时间述说，说的人很累，听的人也容易疲倦，因此，在交谈时，适度地互相对话较好。

4. 说话要有变化

你要随着所说的内容，在语速、声调及声音的高低方面做适度的变化。如果像机器人说话那样没有抑扬顿挫，是没趣味的。与客户商谈或会晤时，如果你的表述模糊不清或不能准确表达自己的意思，很容易引出误会或麻烦来，使顾客对你产生怀疑。为避免此类情况发生，你要学会用适当的言辞来表达自己的意思。

(二) 擒客先擒心，获取顾客的心比完成一单买卖更为重要

不求曾经拥有(顾客)，但求天长地久。曾经拥有只能带来短暂收益，天长地久却

能使你短期及长期利益双丰收。顾客不是你的"摇钱树",顾客是你的好朋友,他将会带给你一个聚宝盆。

每天早上,你应该准备多结交些朋友。

你不应向朋友推销什么,你应替他寻找他想买的东西。

卖一套房给顾客,和替顾客买一套房是有很大分别的。

顾客喜欢选购而不喜欢被推销。

集中注意力了解顾客的需求,帮助顾客选购最佳物品,务求使顾客感到满意。顾客不是只想买一个物品,他更希望买到一份安心,一份满足感。最高的推销境界是协助顾客获得更轻松、更愉快的生活。

(三) 眼脑并用

1. 眼观六路,用脑一方

这是销售人员与客户沟通时应达到的境界。密切关注客户口头语言、身体语言等信号的传递,留意人类的思考方式,并准确作出判断。客户在决定"落定"之前,通常都会找一些借口来推搪,销售人员一定要通过观察去判断真与假,不要相信客户推搪的说法,要抓住客户的心理反应,抓住客户的眼神,要用眼去看,去留意,多用心去听。

2. 留意人类的思考方式

人类的思考方式是通过眼去看,将看到的事物再反映到头脑产生思维。我们可利用这一点加强客人的视觉效应,增强其感觉,加深印象。再理性的客人也愿意购买给他(她)的感观留下深刻印象的商品。例如:恋爱中,男方对女方说"我爱你",女方可能会没有什么很强烈的感觉,若再送鲜花来加强其视觉、嗅觉,则增强了"我爱你"这句话的可信度。

3. 口头语言信号的传递

当顾客产生购买意向后,通常会发出如下的口头语言信号:

顾客的问题转向有关商品的细节,如费用、价格、付款方式等;

详细了解售后服务;

对推销员的介绍表示积极的肯定与赞扬;

询问优惠程度;

对目前正在使用的商品表示不满;

接过推销员的介绍提出反问;

对商品提出某些异议。

4. 身体语言的观察及运用

表情语言信号与姿态语言信号能够反映顾客在购买过程中意愿的转变。

5. 表情语言信号

顾客的面部表情从冷漠、怀疑、深沉变为自然、随和、亲切；

眼睛转动由慢变快、眼神发亮而有神采，从若有所思转向明朗轻松；

嘴唇开始抿紧，似乎在品味、权衡什么。

6. 姿态语言信号

顾客姿态由前倾转为后仰，身体和语言都显得轻松；

出现放松姿态，身体后仰，擦脸拢发，或者做其他放松舒展的动作；

拿起订购书之类细看；

开始仔细观察商品；

转身靠近推销员，对推销员表示友好，进入闲聊；

突然用手轻声敲桌子或身体某部分，以帮助自己集中思路，做出决定。

7. 引发购买动机

每个顾客都有潜在的购买动机，可能连他自己都不知道，销售人员的责任就是发掘这个潜藏的动机。不要被顾客的外貌衣着所欺骗，即使只是买菜经过的路人也可取得推销的机会。销售人员切忌认为客人无意购买商品而采取冷漠或对立的态度；不要等顾客询问，而是要主动招呼，主动引导客人。

(四) 与客户沟通时的注意事项

1. 勿悲观消极，应乐观看世

一个销售人员，每一天都承受着来自公司、客户、家庭三方面的压力；

一个销售人员，每天几乎都是单兵作战，承受着成功与失败的喜怒哀乐；

一个销售人员，每一天都竭尽全力做使客户满意的事情，而自己的诸多观点与看法，不可能全部直接地表达出来。

所有这些都会令销售人员心情欠佳甚至意志消沉，但在与客户沟通时，必须抛开这些负面情绪，不可流露出丝毫的消极态度。否则，别人无法对你产生信心和好感。

2. 知己知彼，配合客人说话的节奏

客人的说话习惯不同，节奏有快有慢，你要配合客人的说话节奏才是上策。事前了解客人的性格也很重要，这要靠多观察和勤思考来实现。

3. 多称呼客人的姓名

交谈中，常说"照×××先生的意见来说"。记住客人的名字，不要出错，尤其是初次会晤的客人。每一个人都喜欢别人记住自己的名字，因为借此可衡量自己在别人

心目中的重要性。

4. 语言简练，表达清晰

交谈中，如果说话啰唆，概念模糊，不能表达清楚意见，会严重影响沟通。所以交谈中要注意措辞，用简练的语言表达自己的意思，令别人能听得明白。

5. 多些微笑，从客人的角度考虑问题

轻松的商谈气氛是很重要的，多微笑，运用幽默的语言，可打破沉默，减少彼此之间的冲突和摩擦。遇有分歧时，不可立即反驳客人的观点，应首先说"你的建议很好，但可不可以考虑一下以下意见"，然后说出自己的想法。这样做，既尊重了对方的建议，又陈述了自己的看法。

6. 产生共鸣

交谈时，如果自己的见解能获得对方的认同，是一件乐事。当双方对某一看法产生共鸣时，便会愉快地继续话题。反之，如果一方的看法不被认同，继续交谈会显得很没趣味，无法进行下去。在交谈中，适时点头表示赞同或站在顾客的立场来考虑问题，可增进彼此的感情，对工作帮助很大。销售人员应用心找出客人的关注点和兴趣点。

7. 别插嘴打断客人的话

交谈时，客人未说完整句话时插话打断客人说话，这是很不礼貌的，会使说话的人不舒服。在听完对方的话后再回答，可以减少误会的发生。

8. 批评与称赞

切勿批评对方的公司或产品，也不要称赞对手的服务或产品。宜称赞对方的长处，适宜的称赞，会令对方难以忘怀；同样，不经意的批评，也可能伤害对方。

9. 勿滥用专业术语

与客人交谈或作介绍时，多用具体形象的语句进行说明，在使用专业术语或作抽象介绍时，可用一些深入浅出的办法，如谈及绿地面积有 10 000 平方米时，可以告诉顾客绿地面积相当于多少个篮球场的大小等。

10. 学会使用成语

交谈时适时使用一些成语，能让对方感觉到你的素养和内涵，同时可增加顾客与你交谈的欲望。

【模拟练习】＋＋＋＋＋＋＋＋＋＋＋＋＋＋＋＋＋

互相扮演销售人员与客户的角色，进行模拟互动式练习，全程体会并掌握与客户沟通的技巧。

二、推销技巧

(一) 销售人员应有的心态

任何一个推销专家都会经历从无知到有知、从生疏到熟练的过程，只要敢于正视暂时的失败与挫折，并善于从中吸取经验教训，那么成功终会向你招手。

1. 方法：克服自卑心态的"百分比定律"

例如会见十名顾客，只在第十名顾客处获得 200 元订单，那么怎样对待前九次的失败与被拒绝呢？请记住，之所以赚到 200 元，是因为你会见了十名顾客。并不是第十名顾客才让你赚到 200 元的，而应看成每个顾客都让你赚了 200/10=20 元，因此每次被拒绝的收入是 20 元。所以应面带微笑，感谢对方让你赚了 20 元，只有这样，你才会辩证地看待失败与成功。

2. 信心的建立

(1) 强记商品资料。熟练掌握商品资料，自然可以对答如流，增强顾客对销售人员的信任，同时销售人员的自信心也得到了相应增强。

(2) 假定每位顾客都会成交。销售人员要假定每一个到来的顾客都会购买商品，使自己形成一种条件反射，积极地去销售，从而增大成功率，建立自信心。

(3) 配合专业形象。人靠衣装，好的形象能拉近人与人之间的距离，便于双方沟通。自我感觉良好，自信心自然会增加，这反过来会促使自己发挥得更好。

3. 正确的心态

1) 衡量得失

销售人员通常会遇到被人拒绝或面子上不好过的事情，例如，派发宣传单遇上拒接的情况。销售人员应正确对待自己的工作，在遭受拒绝时认为自己本身并没有任何损失，反而增长了见识，学会在逆境中调整心态。

2) 正确对待被人拒绝

被拒绝是很普遍的，但销售人员不要被这表面的拒绝所蒙蔽，若顾客只是找借口拒绝，并不是没有回旋的余地，那就表明还有机会，销售人员不要轻易放弃，过一段时间可以再跟进。

3) 面对客户的心态及态度

(1) 从客户的立场出发。

"为什么这位顾客要听我的推销演说？"所有的推销是针对客户的需要而不是你的喜好，销售人员要先了解客人的需求，明确自己的销售目的；结合顾客的情况，介绍客户所需，迎合客户心态，拉近双方的距离。

(2) 大部分人对夸大的说法均会反感。

世界上没有十全十美的东西，销售人员过分夸张的描述，会引起顾客的不相信和不满。若销售人员能够对无关痛痒的不足作及时进行补充和说明，做到自圆其说，并帮助客人作对比，可以让客人有真实感，增加对销售人员的信任感。

4) 讨价还价的心态技巧

主动提供折扣不一定是好的促销方法。因为正规厂家生产的产品一般都是明码实价的，销售人员不放松价格反而可能会促进成交。若客人到最后还是咬紧折扣，可适当给予优惠。

(二) 寻找客户的方法

大千世界，人海茫茫，应如何寻找顾客？

(1) 宣传广告法：广而告之，然后坐等上门，展开推销。

(2) 展销会：集中展示模型、样板、产品实物，介绍情况，联络感情，抓住重点，根据需求意向，有针对性地追踪、推销。

(3) 组织关系网络：善于利用各种关系，争取有效渠道，多方寻找顾客。

(4) 权威介绍法：充分利用人们对各行各业权威的崇拜心理，有针对性地邀请权威人士向相应的人员介绍商品，吸引顾客。

(5) 交叉合作法：不同行业的推销员都具有人脉广、市场信息灵的优势，销售人员可利用这一点加强相互间的信息、情报的交换，互相推荐和介绍顾客。

(6) 重点访问法：对手头上的顾客，有重点地适当选择一部分直接上门拜访或约谈，开展推销"攻势"。

(7) 滚雪球法：利用老客户及其关系，让他现身说法，不断寻找和争取新的顾客，层层扩展，像滚雪球一样，使顾客队伍不断发展扩大。

(三) 销售五步曲

销售并不是一件事，而是一个过程，它不是静止不动的，而是不断进行的。

销售过程的五个步骤是：**建立和谐，引起兴趣，提供解答，引发动机，完成交易**。

大部分的销售都会经过这五个步骤。也许有些业务员并不需要带顾客历经所有的步骤，因为有些广告已经带领顾客走过其中几个步骤了。不过大致上来说，只要你销售的产品比一包香烟或一盒口香糖重要的话，顾客购买时多少都会经历这五个步骤。

这五个步骤相当合理，而且都有心理学的知识作基础，因此相当有效。

第一，为了使顾客乐于接受你的服务，你必须给予他们良好的第一印象，并与之建立和谐的关系。

第二，为了让顾客持续保持注意力，你必须引发他们的兴趣。假如他们相信你的服务会带给他们许多益处，他们就会感兴趣，就会一直注意听你介绍。

第三，之后，你让顾客相信，接受你的服务是聪明的选择，因为他们会从你的服务中找到满足需求的解答。

第四，顾客也许对该商品感兴趣，也相信你的服务对他们有好处，但还是不会购买。因此，在你引发对方兴趣之后，在你说服他相信商品的种种卖点之后，你还得使顾客产生购买欲望，这样才能把商品销售出去。总而言之，你要引起对方购买的动机。

第五，虽然对方相信该商品的确如你所说的那么好，也想拥有，但这仍不能保证你已取得订单。拖延或迟疑不决是一般人的特性，因此，你得协助他们做决定，使他们付诸行动，达成交易。

这些方法富有弹性。你有时可把两个步骤合并成一个步骤，尤其是建立和谐关系与引起兴趣这两个步骤。五个步骤并非每次都要依次进行。比如，有的业务人员很可能在提供解答阶段就成交了。

五个步骤并非缺一不可。比如顾客很可能对你的产品已经相当熟悉，也相信它是优良产品。这时，便可以跳过提供解答的阶段。或是偶尔几次，你们的营销工作做得很好，广告本身就已经完成了前面四个步骤，顾客只需付诸行动购买。此例常会出现在汽车交易当中，据估计，约有65%的汽车不是"被销售"，而是"被购买"。

(四) 促销成交

1. 钓鱼促销法

利用人类需求的心理，通过让顾客得到某些好处，来吸引他们采取购买行动。

2. 感情联络法

通过投顾客之所好，帮顾客实现所需，使双方有了亲和需求的满足感，而促发认同感，建立心理相容的关系，使买与卖双方的心理距离缩小或消除，而达到销售目的。

3. 动之以利法

通过提问、答疑、算账等方式，向顾客提示购买商品给他们带来的好处，从而打动顾客的心，刺激他们的购买欲望。

4. 以攻为守法

当估计到顾客有可能提出反对意见时，抢在他提出之前有针对性地给出阐述，发动攻势，有效地排除成交的潜在障碍。

5. 从众关联法

利用人们从众的心理，制造人气或大量成交的气氛，令顾客有紧迫感，以促进顾客购买。

6. 引而不发法

在推销不起作用的情况下，可找顾客感兴趣的话题展开广泛的交流，并作出适当的引导和暗示，让顾客领悟到购买的好处，从而达成交易。

7. 动之以诚法

抱着真心实意、诚心诚意的心态，让顾客感受到你真诚的服务，从心理上接受你。

8. 助客权衡法

积极介入，帮助顾客将某些比较明显的利弊加以分析比较，让顾客充分权衡利弊后作出购买决定。

9. 失利心理法

利用顾客既害怕物非所值，花费了无谓代价，又担心如不当机立断，就会"过了这个村就没有这个店"的心理，来促使顾客下定决心购买。

10. 时限抑制法

推销员可以利用或制造一些借口或某些客观原因，临时设置一个有效期，让对方降低期望值，只能在我方的方案范围内和所设定的期限内作出选择。

11. 欲擒故纵法

针对买卖双方的戒备心理和对峙现象，在热情的服务中不应向对方表示"志在必得"的成交欲望，而是抓住对方的需求心理，先摆出相应的事实条件，表现出"条件不够，不强求成交"的宽松心态，使对方产生不能成交的惋惜心理，从而主动迎合我方条件成交。

12. 激将促销法

当顾客已出现欲购买信号，但又犹豫不决的时候，推销员不是直接从正面鼓励他购买，而是从反面用某种语言和语气暗示对方缺乏某种成交的主观或客观条件，让对方为了维护自尊而立即下决心拍板成交。

【楼盘推销案例分析】◆◆◆◆◆◆◆◆◆◆◆◆◆◆◆◆

一、推销方法

1. 现场推销方法

结合购房者的实际利益，重点介绍楼盘特色，以满足客户的需要与期望。在介绍楼盘过程中，按照 AIDI 模式进行——引起注意、产生意向、激发欲望、促成行动。介绍时应随机应变，投其所好，一面引导客户，一面配合客户把内心的想法全部挖掘出来，避免用高压的方式来压迫客户采取行动。推销的步骤是：

第一，欢迎客人光临，作自我介绍，向客人发送宣传资料。

第二，向客户介绍楼盘所在地与城市中心商业服务业的距离及交通便捷程度。重点突出交通优势；若区域环境条件不错，还应突出环境优势。

第三，观看户型模型，介绍建筑特色，包括外观、室内设计、房厅数、面积。

第四，观看样品房，介绍房间布局、各种功能、采光、通风、朝向、水电设施工程质量。

第五，详细回答客户提出的各种问题，包括工期、价格、付款方式、售后服务、办证、费税等。

第六，若客户有购房意向，要及时敲定。

第七，礼貌地送别客人，并请客人再次光临。

2. 上门推销方法

在尽可能掌握潜在客户的信息，摸清可能的买主的情况下，派优秀的销售员代表主动上门介绍楼盘情况，促成交易成功。其具体步骤是：

第一，对项目及相关法规、金融政策了如指掌，并携带必不可少的基本文件资料。

第二，明白无误地向对方介绍自己的姓名和推销的楼盘，随后向接待者和其他人员递上名片。

第三，简要而直接地阐明此行的目的。

第四，当被访者乐意交谈时，应聚精会神地听。

第五，请求他们到现场参观楼盘。

第六，如果他们有购房意向，那么要尽力得到他们明确的许诺。

第七，若能幸运地获得某一客户的预购，应向他表示感谢，办好必要的手续，然后告辞离开。

3. 电话推销方法

电话推销与上门推销相似，但因为电话只能传达声音，不具备上门推销时面对面的优势，因此，电话推销更需要有周密的计划。其具体步骤是：

第一，打电话者应调整好音量、音色，使自己的声音听起来柔和动听，以优美的声音给人以好感。

第二，向对方介绍自己的姓名和销售的楼盘，告知想找谁通话，想与客人谈些什么。

第三，陈述打电话的目的，要求简单明了。

第四，悉心倾听对方的意见和要求。

第五，在对方感兴趣时，礼貌地邀约对方在方便时到现场看房。

第六，若客人有预购意向，应趁热打铁，及时予以敲定。

第七，不论客人是否预购，都要向他致谢。

二、客户类型与应对技巧

对销售人员来说，顾客是最重要的；

顾客是楼盘营销推广中最重要的人物；

顾客是销售人员的衣食父母，一切业绩与收入的来源；

顾客是营销推广的一个组成部分，不是局外人；

顾客是销售人员应当给予最高礼遇的人；

因此，顾客至上，顾客永远是对的。

作为销售人员，每天要接待各种各样的顾客，能否使他们高兴而来，满意而归，关键是根据顾客的不同类型采用灵活多样的接待技巧，以满足顾客的个性需求。

不同的消费者，其年龄、性别、职业、民族不同，生活习惯、兴趣、爱好和个人性格不同，各自需求不同，因此在对同一物业的选购过程中往往会表现出不同的心理差异。

销售人员为了向顾客提供优质高效的服务，除了必须掌握顾客在购买商品时的购买动机外，还必须了解这些个性不同、气质各异、形形色色的顾客在购买过程中的心理特征，从而使自己的销售服务更能迎合顾客的需求。结合作者多年的实践经验与影响购买的综合因素，可将消费者划分为如下几类：

1. 理智稳健型

特征：深思熟虑、冷静稳健，不容易被销售人员言辞说服，对于疑点必详细询问。

对策：加强物业品质、公司性质、物业独特优点的说明，说明合理有据，获取顾客理性支持。

2. 感情冲动型

特征：天性激动，易受外界怂恿与刺激，很快就能做决定。

对策：尽量以温和、热情的态度及谈笑风生的语气创造一个轻松愉快的气氛来改变对方的心态与情绪。销售人员开始时即大力强调产品特色与实惠，促使顾客迅速落定；如顾客不欲购买，则须应付得体，以免影响他人。

3. 沉默寡言型

特征：出言谨慎，一问三不知，反应冷漠，外表静肃。

对策：除了介绍产品，必须以亲切、诚恳的态度拉近双方的情感，想办法了解其工作、家庭等信息，以达到了解顾客真正需要的目的。

4. 优柔寡断型

特征：犹豫不决，患得患失。

对策：态度应坚决而自信，边谈边察言观色，不时准备捕捉其内心矛盾之所在，有的放矢，抓住其要害之处晓之以利，诱发购买动机，并步步为营，扩大战果，促成其下决心，达成交易。

5. 喋喋不休型

特征：过分小心，大、小事皆顾虑，甚至跑题甚远。

对策：取得信赖，加强他对产品的信任，从订金到签约"快刀斩乱麻"，以免夜长梦多。

6. 盛气凌人型

特征：趾高气扬，夸夸其谈，自以为是。

对策：稳住立场，态度不卑不亢，心平气和，洗耳恭听其评论，稍加应和，进而因势利导，委婉更正与补充对方。

7. 求神问卜型

特征：决定权操纵于"神意"或风水先生。

对策：以现代观点配合其风水观，提醒其勿受迷惑，强调人的价值。

8. 畏首畏尾型

特征：缺乏购买经验，不易作出决定。

对策：提出具有说服力的业绩、品质、保证，博得其信赖。

9. 神经过敏型

特征：容易往坏处想，任何事都会刺激他。

对策：谨言慎行，多听少说，神态庄重，重点说服。

10. 斤斤计较型

特征：心思细，"大小通吃"，分毫必争。

对策：利用气氛相诱，避开其斤斤计较之想，强调产品优惠，促其快速决定。

11. 借故拖延型

特征：个性迟疑，借故拖延，推三阻四。

对策：追究原因，设法解决。

第二单元　礼仪沟通

第七讲 服 饰 礼 仪

服饰礼仪是人们在交往过程中为了相互表示尊重与友好，以利于和谐交往而体现在服饰上的一种行为规范。服饰是一种文化，它反映着一个民族的文化水平和物质文明发展的程度。服饰具有极强的表现功能，在社交活动中，人们可以通过服饰来判断一个人的身份地位和涵养；服饰可展示个体内心对美的追求，体现自我的审美感受；服饰可以增进一个人的仪表、气质，是人的内在美和外在美的统一。"文质彬彬，然后君子"。要想塑造一个真正完美的自我，首先就要掌握服饰打扮的礼仪规范，让和谐、得体的穿着来展示自己的才华和美学修养，以获得更高的社交地位。

一、服饰打扮的原则

由于个人的喜好不同，打扮方式不同，服饰打扮产生的效果也不同，也因此形成了五彩斑斓的服饰世界。根据人们的审美观及审美心理，服饰打扮还是有一些基本的原则可循的。

(一) 整洁原则

整洁原则是指整齐干净的原则，这是服饰打扮的最基本的原则。一个穿着整洁的人总能给人以积极向上的感觉，并且也表示出对交往对方的尊重和对社交活动的重视。整洁原则并不意味着时髦和高档，只要保持服饰的干净合体、整齐有致即可。

(二) 个性原则

个性原则是指社交场合树立个人形象的要求。不同的人由于在年龄、性格、职业和文化素养等方面的差异，会形成各自不同的气质。我们在选择服装进行服饰打扮时，要符合个人的气质，突显自己的美好。为此，必须深入了解自我，正确认识自我，选择适合的服饰，让服饰尽显自己的风采。要使打扮富有个性，还要注意不要盲目追赶时髦，因为最时髦的东西往往是最没有生命力的。此外，要穿出自己的个性，不要盲目模仿别人。

(三) 和谐原则

和谐原则是指协调得体，即选择服装时不仅要与自身体型相协调，还要与着装者的年龄、肤色相配。服饰打扮本就是一种艺术，合适的服饰能掩盖体型的某些不足。不论高矮胖瘦，年轻年长，只要根据自己的特点，用心去选择适合自己的服饰，总能创造出服饰的神韵。

二、着装的 TPO 原则

TPO 分别是英语 Time、Place、Occasion 三个词的首字母缩写，TPO 原则即着装的时间、地点、场合原则。一件被认为美的、漂亮的服饰，不一定适合所有的时间、地点、场合，我们在着装时应该全面考虑这三方面的因素。

着装的时间原则，即着装应考虑早、中、晚时间(温度等)的变化，春、夏、秋、冬四季的不同以及时代的变化。

着装的地点原则是指不同的环境需要与之相适应的服饰打扮。

着装的场合原则是指着装应当与当时、当地的气氛融洽协调。

服饰 TPO 原则的三要素是相互贯通、相辅相成的。人们在社交活动与工作中，总是会处于一个特定的时间、场合和地点中，考虑着装与时间、工作环境、工作内容相适应，是踏入社会并取得职业成功的开始。

三、着装的配色原则

服饰的美是款式美、质料美和色彩美三者完美统一的体现，形、质、色三者相互衬托、相互依存。在生活中，色彩美是最先引人注目的，因为人对色彩的视觉刺激最敏感、最快速，色彩会给他人留下很深的印象。

服饰色彩的相配应遵循一般的美学常识。服装与服装、服装与饰物、饰物与饰物之间的色彩应色调和谐、层次分明。饰物只能起到"画龙点睛"的作用，而不应喧宾夺主。服饰色彩在统一的基础上应寻求变化，服与服、服与饰、饰与饰之间在变化的基础上应寻求平衡。一般认为，衣服里料的颜色与表料的颜色，衣服中某一色与饰物的颜色均可进行呼应式搭配。

服装色彩搭配有三种方法可供参考：

(1) 同色搭配，即由相近或相同，明度有层次变化的色彩相互搭配造成一种统一和谐的效果。如墨绿配浅绿，咖色配米色等。在同色搭配时，宜上淡下深、上明下暗，这样整体上就有一种稳重踏实之感。

(2) 相似色搭配。色彩学把色环上大约九十度以内的邻近色称为相似色，如蓝与绿、红与橙。相似色搭配时，两个色的明度、纯度要错开，如深一点的蓝色和浅一点的绿色配在一起比较合适。

(3) 主色搭配，指选一种起主导作用的基调和主色，相配于各种颜色，造成一种互相陪衬、相映成趣之效。采用这种配色方法，应首先确定整体服饰的基调，其次选择与基调一致的主色，最后再选出多种辅色。主色调搭配如选色不当，容易造成混乱，有损整体形象，因此使用的时候要慎重。

四、色彩搭配的相关因素

在选择服饰色彩的时候，不仅要考虑色彩之间的相配，还要考虑与着装者的年龄、体型、肤色、性格、职业等相配。

(一) 服色与年龄

不同年龄的人有不同的着装要求。年轻人的穿着可鲜艳、活泼和随意些，这样可以充分体现年轻人朝气蓬勃的青春美；中老年人的着装则要注意庄重、雅致、含蓄，体现其成熟和端庄，充分表现出成熟之美。无论何种年龄段，只要着装与年龄相协调，都可以显示出独特的韵味。

(二) 服色与体型

天下人等，高矮胖瘦各得其所，不同体型的人有不同的着装要求。

身材高大的人，在服装选择与搭配上要注意：服色宜选择深色、单色为好，太亮、太淡、太花的色彩都有一种扩张感，使着装者显得更高更大。

体型较矮的人，服色宜稍淡、明快、柔和，上下色彩一致可以造成修长之感。

体型较胖的人，在服色的选择上应以冷色调为好，过于强烈的色调会使人显得更胖。

体型偏瘦的人，服色选择应以明亮柔和为好，太深太暗的色彩会使人显得瘦弱。

(三) 服色与肤色

肤色影响着服饰配套的效果，也影响着服装及饰物的色彩。但反过来说，服饰的色彩同样作用于人的肤色而使肤色发生变化。一般认为：

肤色发黄或略黑、粗糙的人，在选择服色时应慎重。服色的调子过深，会加深肤色偏黑的感觉，使肤色毫无生气；而服色过浅，会反衬出肤色的黝黑，同样会令人显得暗淡无光。这种肤色的人最适宜选用的是与肤色对比不强的粉色系、蓝绿色，最忌色泽明亮的黄、橙、蓝、紫或色调极暗的褐色、黑紫、黑色等。

肤色略带灰黄，不宜选用米黄色、土黄色、灰色的服色，会显得精神不振。

肤色发红，则应配用稍冷或浅色的服色，但不宜使用浅绿色和蓝绿色，因为这种强烈的色彩对比会使肤色显得发紫。

(四) 服色与性格

不同的性格需要由不同的色彩来表现，只有选择与性格相符的服色才会给人带来舒适与愉快。性格内向的人，一般喜欢选择较为沉着的颜色，如青、灰、蓝、黑等；性格外向的人，一般以选用暖色或色彩纯度高的服色为佳，如红、橙、黄、玫瑰红等。

(五) 服色与职业

不同的职业有不同的着装要求。如法官的服色一般为黑色，以显示出庄重、威严；银行职员的服色一般选用深色，这会给客户以牢靠、信任的感觉。

【知识链接】++++++++++++++++

绅士的礼仪

一说到"绅士"，就容易让人想到加里格兰特，在他的影片中，他举手投足都是绅士范儿。他的服饰总是随意而优雅，他总是朝女士略倾着身子，泰然自若，彬彬有礼。但这些都只是表象上的，一个真正的绅士应该是一个具备时代精神的男人，他能保持自我与时代的平衡。现代社会的男人经常扮演着不同的角色——工作人、家庭人、社会人等，他们面临的挑战使他们必须同时扮演好这些角色。要扮演好这些角色，那么首先从做绅士开始吧！

1. 永远不要贬低自己的国家和民族。一个不爱国的人，是得不到别人的尊重的。
2. 承担自己该承担的责任，不管是对社会的还是对家庭的。
3. 要随时保持衣着整洁。
4. 要保持气味清新。
5. 说话要温文尔雅。
6. 任何时候都要有足够的耐心。
7. 不制造噪声，比如经常把手机调到震动挡。
8. 不以貌取人。
9. 穿西装的时候要配领带、皮鞋。
10. 总是看着别人的眼睛说话。
11. 要有较高的品位和情趣。

12. 关于门：如果写着"推"，你先走；如果写着"拉"，她先走。

13. 拜访别人的时候永远不要两手空空。

14. 不在公共场合吸烟。

15. 永远别让你的老板、你的房东和你的女友成为最后一个知道你要离开的人。

第八讲　餐饮礼仪

一、宴请礼仪

（一）餐桌礼仪

1. 就座和离席

(1) 应等长者坐定后，方可入座。

(2) 席上如有女士，应等女士坐定后，方可入座。如邻座为女士，应招呼并照顾女士。

(3) 用餐后，需等男、女主人离席后，其他宾客方可离席。

(4) 坐姿要端正，与餐桌保持合适的距离。

(5) 在饭店用餐，应由服务生领台入座。

(6) 离席时，应帮助邻座长者或女士拖拉座椅。

2. 餐巾的使用

(1) 餐巾主要用于防止弄脏衣服。

(2) 必须等到大家坐定后，才可使用餐巾。

(3) 餐巾应摊开，平铺大腿上，切勿系作腰带，或挂在西装领口。

(4) 不要用餐巾擦拭餐具。

3. 餐桌上的一般礼仪

(1) 入座后姿势端正，脚踏在本人座位下，不可任意伸直；手肘不得靠桌沿，或将手放在邻座椅背上。

(2) 用餐时须温文尔雅，从容安静，不能急躁。

(3) 在餐桌上不能只顾自己，也要关心别人，尤其要招呼相邻两侧的女宾。

(4) 口内有食物时，应避免说话。

(5) 自用餐具不可伸入公用餐盘夹取菜肴。

(6) 必须小口进食；食物未咽下，不要再塞食物入口。

(7) 取菜舀汤，应使用公筷公匙。

(8) 吃进口的东西，不能吐出来，如是滚烫的食物，可喝水或果汁冲凉。

(9) 送食物入口时，两肘应向内靠，不要向两旁张开，避免碰及邻座。

(10) 自己手上持刀叉，或他人在咀嚼食物时，均应避免跟人说话或敬酒。

(11) 好的吃相是食物就口，不可将口就食物。食物带汁，不能匆忙送入口，尽量避免将汤汁滴在桌布上。

(12) 不要用手指掏牙，应使用牙签并以手或手帕遮掩。

(13) 避免在餐桌上咳嗽、打喷嚏、呕吐。如有不慎，应说"对不起"。

(14) 喝酒宜各自随意，敬酒以礼到为止，忌劝酒、猜拳、吆喝。

(15) 如餐具坠地，可请侍者拾起。

(16) 遇有意外，如不慎将酒、水、汤汁溅到他人衣物上，表示歉意即可，不必恐慌赔罪，反使对方难为情。

(17) 如欲取用摆在同桌其他客人面前之调味品，应请邻座客人帮忙传递，不可伸手横越，长驱取物。

(18) 如是主人亲自烹调食物，记得赞赏主人。

(19) 如吃到不洁物或异味，不可吞入，应将入口食物轻轻用拇指和食指取出，放入盘中；倘发现尚未吃食，宜待侍者走近，轻声告知侍者更换。

(20) 食毕，餐具务必摆放整齐，不可凌乱放置。餐巾亦应折好，放在桌上。

(21) 主食进行中，不宜抽烟，如需抽烟，必须先征得邻座的同意。

(22) 在餐厅进餐，不能抢着付账，推拉争付，颇为不雅。如果是做客，不能抢付账。未征得朋友同意，也不宜代友付账。

(23) 进餐的速度，宜与男女主人同步，不宜太快，也不宜太慢。

(24) 餐桌上不能谈悲戚之事，以免破坏欢愉的气氛。

(二) 宴客礼仪

1. 座位的礼仪

一般的宴会，除自助餐、茶会及酒会外，主人必须安排客人的席次，不能采用随便坐的方式，易引起主客及其他客人的不满。

2. 桌次的顺序

一般的家庭宴会，饭厅置圆桌一台，自无桌次顺序的区分。但如果宴会设在饭店或礼堂，圆桌两桌或两桌以上时，则必须定其大小。定位的原则以背对饭厅或礼堂为正位，以右旁为大，左旁为小。如场地排有三桌，则以中间为大，右旁次之，左旁为小。

3. 席次的安排

宾客邀妥后，必须安排客人的席次。目前我国以中餐圆桌款宴，有中式及西式两种席次安排。两种方式基本原则相同，一般而言必须注意下列原则：

(1) 以右为尊。桌席的安排采用尊右的原则，席次的安排同样也以右为尊，左为卑。因此如男女主人并座，则男左女右，以右为大。如席设两桌，男女主人分开主持，则以右桌为大。宾客席次的安排也是这样，即以男女主人右侧为大，左侧为小。

(2) 职位或地位高者为尊，高者坐上席。

(3) 职位或地位相同，则必须依官职传统习惯定位。

(4) 遵守外交惯例。依各国的惯例，当一国政府的首长，如总统或总理款宴外宾时，则外交部长的排名在其他各部部长之前。

(5) 女士以夫为贵，其排名的次序与其丈夫相同。即在众多宾客中，男主宾排第一位，其夫人排第二位。但如邀请对象是女宾，因她是某部长，而其先生官位不显，譬如是某大公司的董事长，则必须排在所有部长之后，夫不见得与妻同贵。

(6) 与宴宾客中有政府官员、社会团体领袖及社会贤达等，应以政府官员、社会团体领袖、社会贤达为序。

(7) 欧美人士视宴会为社交最佳场合，因此席位采取分座的原则，即男女分座，排位时男女互为间隔，夫妇、父女、母子、兄妹等必须分开。

(8) 遵守社会伦理，长幼有序，师生有别，在非正式的宴会场合，尤应恪守。如某君已经身居要职，而某教授为其恩师，在非正式场合，不能将某教授排在该君之下。

(9) 座位的末座，不能安排女宾。

(10) 在男女主人出面款宴而对座的席次，不论圆桌或长桌，凡是八、十二、十六、二十、二十四人(以此类推)座次的安排，必有两男两女并座的情形，这可能无法规避。因此理想的席次安排，以六、十、十四、十八人(以此类推)为宜。

(11) 如男女主人的宴会邀请了其顶头上司，则男女主人必须谦让尊位，改坐次位。

二、中餐礼仪

中国餐饮礼仪可谓源远流长。据文献记载，在周代，饮食礼仪已形成一套相当完善的制度。现代较为流行的中餐宴请礼仪是在保持传统与借鉴国外礼仪的基础上发展而来的。

(一) 中餐席次和桌次的安排

1. 席次安排

在国际交往场合和商务交际场合，中餐习惯于按职务和身份高低排列席位。如果偕夫人出席，通常将女士排在一起，即主宾坐在男主人右上方，其夫人坐在女主人右上方。

如遇主宾身份高于主人时，为表示对主宾的尊重，可以请主宾坐在主人的位子上，而主人则坐在主宾的位子上(1 号座位)，第二主人坐在主宾的左侧(2 号座位)或按常规排列。

主宾携带夫人，出于礼节，主人的夫人应该陪同出席。如果主人的夫人因故不能出席，可请与主人有联系且身份相当的女士作第二主人；若无适当的女士出席，可把主宾夫妇安排在主人的左右两侧(1 号和 2 号座位)。

2．桌次排列

按照国际惯例，桌次高低以离主桌位置远近而定，右高左低。桌数较多时，要摆桌次牌，既方便宾主，也有利于管理。

中餐宴会上的主桌有两种，一种是长方形横摆桌，主宾面向众席而坐；另一种是大圆桌，圆桌中央设花坛或围桌，主宾围桌而坐。主桌的座位应摆放名签。

一般说来，台下最前列的 1～2 桌是为贵宾和第一主人准备的，一般的赴宴者最好不要贸然入座。

中餐宴会多使用圆桌，如果是多桌中餐，则桌次一般以居中或最前面的桌子为主桌。

(二) 用餐地点

吃是拉近人与人之间距离最好的办法，因此餐厅已不再是一个单纯的用餐空间，用餐地点的选择直接影响着餐宴的效果。中华民族几千年的文化、地大物博的疆域和历代的风流人物，都成了各类餐厅取之不尽的素材，常见的有以下几种：

1．以特定的历史朝代为主题

带有浓厚的历史韵味，在菜肴、装饰和服务等方面，都尽显历史风貌，如大唐酒楼、清宫御膳房等。

2．以特定的地方菜色为主题

很多餐厅都是选择众多菜系中的一种，作为制定菜单、装饰布置和服务的基础，形成了以地方菜系为主题的餐厅，如黔湘阁、苏浙汇、鲁味坊等。

3．以风景名胜为餐厅布置的主题

通过壁画、雕像和具有地域特色的装饰等，突出餐厅的主题。对于既想享受美味佳肴，又想领略名胜风光的人，这是绝好的选择，如长城厅、敦煌宫、西湖轩、梅陇镇等。

4．以花草植物为主题

以盆栽、木刻、壁画等为客人营造出身临其境的氛围，如桃园、梅苑、芙蓉楼等。

5．以历史文学为主题

根据大家耳熟能详的历史素材，进行改编或取其谐音，如三国演义等。

商务宴请，选择用餐地点时主要考虑是否能降低彼此的戒备心，创造无压力的就餐氛围。灯光要暗淡些，并演奏舒缓的音乐。客户的视线应当被一个屏风或一个巨大的绿色植物挡住，这样才能使客人聚精会神，更有可能作出有利于自己的决定。

(三) 上餐顺序

宴会之前，应按照宴请所要达到的目的列出被邀请宾客的名单，确定主宾、副主宾以及陪同客人。宴请时间应以主宾最合适的时间来确定，以多数宾客能来参加宴会为准则。宴会场所的选定，要考虑生活习惯、民族差异及宗教信仰等方面的因素。宴会的菜谱要做到丰俭搭配、主次分明。应特别照顾主宾的饮食习惯。同时，酒水、小食、水果要备齐。

正规的宴席上菜顺序应该是这样的：手碟→冷碟→热炒→大菜(含头菜、二汤、荤素大菜、甜点)→饭点→茶果。

(四) 筷子礼仪

中餐有别于西餐的餐具主要是筷子。在中国几千年的饮食文化中，使用筷子已形成了基本的规则和礼仪。

(1) 采用标准的握筷姿势，过高或过低握筷或者变换指法握筷都是不规范的。

(2) 使用筷子的忌讳：在等待就餐时，不能用筷子敲打桌边、碗盏或杯子。在使用筷子夹菜时不要在菜肴里挑来挑去，上下乱翻；不要用筷子穿刺菜肴；遇到别的宾客也来夹菜，要注意避让，避免"筷子打架"；不要将筷子含在嘴里或把筷子当牙签使用；在进餐过程中进行交谈时，不能把筷子当道具，指点别人；餐毕，筷子应整齐地搁在靠碗右边的桌上。等众人都放下筷子后，在主人示意散席时方可离座，不可自己用餐完毕，便扔下筷子离开。

(五) 进餐礼仪

宴会开始时，一般是主人先致祝酒词，此时应停止谈话，不可吃东西，注意倾听。致词完毕，主人招呼后，即可开始进餐。

进餐时要注意举止文雅，咀嚼食物时，不可发出声响；食物过热时，可稍候再吃，切勿用嘴吹；鱼刺、骨头、菜渣等不可直接外吐，要用餐巾掩嘴，用筷子取出，或轻吐在叉匙上，放在碟中。

用餐前应先将餐巾打开铺在腿上，用餐完毕叠好放在盘子右侧，不可放在椅子上，亦不可叠得方方正正而被误认为未使用过。餐巾只能擦嘴不能擦面、擦汗等。服务员送来的香巾是擦面的，擦毕放回原盛器内。

若遇本人不能吃或不爱吃的菜品，当服务员或主人夹菜时，不可打手势，不可拒绝，可取少量放入盘中，并表示"谢谢，够了"。对不合口味的菜，勿显出难堪的表情。作为主人宴请时，席上不必说过分谦虚的话。对来华时间较长的外宾，不必说这是中国的名酒名菜。在给宾客让菜时，要用公用餐具主动让菜，切不可用自己的餐具让菜。

注意牙签的使用。正式宴会中，不宜当众使用牙签，更不能用手指甲剔牙缝中的食物，如果感觉有必要时，可以直接到洗手间去除掉。在餐桌上必须用牙签时，最好以手掩口轻轻剔牙，而边说话边剔牙或边吃边剔牙都不雅观。

(六) 酒水礼仪

中国是古老的酿酒国家，酒是常用的饮品，常见的有白酒、黄酒、啤酒、保健药酒几大类。

中餐常以开杯酒作为宴请开始的标志。宴席开始时，主人举杯敬所有来宾，这个时候，无论会不会喝酒，都要举杯浅酌，不宜推拒，它代表了对主人的谢意与祝福。

当主人起立敬酒时，所有来宾也应起立回敬，这是基本礼节。

向长辈或上级敬酒时，宜双手捧杯，起立敬酒。

三、西餐礼仪

(一) 餐桌礼仪

在欧洲，所有跟吃饭有关的事，都备受重视，因为它同时提供了两种西餐礼仪中最受赞赏的美学享受——美食与交谈。在享受高雅的环境和精致的美食之外，还要学习用餐时酒、菜的搭配，用餐礼仪，正确使用餐具、酒具的方法。

要注意的是，在西方去饭店吃饭一般都要事先预约。在预约时，有几点要特别注意说清楚：首先要说明人数和时间，其次要表明是否要吸烟区或视野良好的座位；如果是生日或其他特别的日子，可以告知宴会的目的和预算。在预定时间到达是基本的礼貌，有急事时，要提前通知取消预约，并且一定要道歉。

再昂贵的休闲服，也不能随意穿着上高档西餐厅吃饭，穿着得体是欧美人的常识。去高档的西餐厅，男士要穿戴整洁，女士要穿晚礼服或套装和有跟的鞋子，女士化妆要稍重，因为餐厅内的光线较暗。如果指定穿正式服装的话，男士必须打领带。进入餐厅时，男士应先开门，请女士进入，应请女士走在前面。入座、点酒都应请女士来品尝和决定。

一般西餐厅的营业时间为中午11点半至下午，晚上6点半后开始晚餐，如果客人早到了可以先在酒吧喝点酒，然后再进入主餐厅。

就座后可以不急于点菜，有什么问题可以直接问服务生，他们一般都非常乐意回答你提出的任何问题，若他们不是很清楚会问询餐厅经理或主厨。

就餐时间太早，中午11点或下午5点半就到了西餐厅，匆匆吃完就走，在餐桌上大谈生意，衣着不讲究，主菜吃的太慢影响下一道菜，或只点开胃菜不点主菜和甜点，这些都是不礼貌的行为。

高档西餐的开胃菜虽然分量很小，却很精致，值得慢慢品尝。

餐后可以选择甜点或奶酪、咖啡、茶等，另外要注意不同的国家有不同的给小费习惯。此外，一定要表示赞美和感谢。

西餐的就餐环境很讲究，也要求客人有一定的进餐礼仪。

就座时，身体要端正，手肘不要放在桌面上，不可跷足，与餐桌的距离以便于使用餐具为佳。餐台上已摆好的餐具不要随意摆弄。将餐巾对折轻轻放在膝上。

使用刀叉进餐时，从外侧往内侧取用刀叉，要左手持叉，右手持刀。切东西时左手拿叉按住食物，右手执刀将其切成小块，然后用叉子送入口中。使用刀时，刀刃不可向外。进餐中放下刀叉时，应摆成"八"字形，分别放在餐盘边上。刀刃朝向自身，表示还要继续吃。每吃完一道菜，将刀叉并拢放在盘中。如果是谈话，可以拿着刀叉，无需放下。不用刀时，也可以用右手持叉，但若需要做手势时，就应放下刀叉，千万不可手执刀叉在空中挥舞摇晃。不要一手拿刀或叉，而另一只手拿餐巾擦嘴；也不可一手拿酒杯，另一只手拿叉取菜。要记住，任何时候，都不可将刀叉的一端放在盘上，另一端放在桌上。

每次送入口中的食物不宜过多，在咀嚼时不要说话，更不可主动与人谈话。

(二) 上菜顺序

1. 头盘

西餐的第一道菜是头盘，也称为开胃品。开胃品的内容一般有冷头盘或热头盘之分，常见的品种有鱼子酱、鹅肝酱、熏鲑鱼、鸡尾酒、奶油鸡酥盒、焗蜗牛等。因为是开胃品，所以一般都具有特色风味，味道以咸和酸为主，而且数量较少，质量较高。

2. 汤

与中餐有极大不同的是，西餐的第二道菜就是汤。西餐的汤大致可分为清汤、奶油汤、蔬菜汤和冷汤四类，品种有牛尾清汤、各式奶油汤、海鲜汤、美式蛤蜊汤、意式蔬菜汤、俄式罗宋汤、法式焗葱头汤等。冷汤的品种较少，例如德式冷汤、俄式冷汤等。

3. 副菜

鱼类菜肴一般作为西餐的第三道菜，也称为副菜，品种包括各种淡水或海水鱼类、贝类及软体动物类。通常水产类菜肴与蛋类、面包类、酥盒菜肴品均称为副菜。因为鱼类等菜肴的肉质鲜嫩，比较容易消化，所以放在肉类菜肴的前面，叫法上也和肉类主菜有区别。西餐吃鱼类菜肴讲究使用专用的调味汁，品种有荷兰汁、白奶油汁、大主教汁、美国汁和水手鱼汁等。

4. 主菜

肉、禽类菜肴是西餐的第四道菜，也称为主菜。肉类菜肴的原料取自牛、羊、猪等动物各个部位的肉，其中最有代表性的是牛肉或牛排。牛排按其取材的部位又可分为沙朗牛排(也称西冷牛排)、菲利牛排、"T"骨型牛排、薄牛排等。其烹调方法常用烤、煎、铁扒等。肉类菜肴配用的调味汁主要有西班牙汁、浓烧汁、蘑菇汁、白尼斯汁等。

禽类菜肴的原料取自鸡、鸭、鹅，通常将兔肉和鹿肉等野味也归入禽类菜肴。禽类菜肴品种最多的是鸡，有山鸡、火鸡、竹鸡等。其烹调方法可煮、可炸、可烤、可焖，主要的调味汁有黄肉汁、咖喱汁、奶油汁等。

5. 蔬菜类菜肴

蔬菜类菜肴可以安排在肉类菜肴之后，也可以与肉类菜肴同时上桌，所以可以算为一道菜，或称之为一种配菜。蔬菜类菜肴在西餐中称为沙拉。与主菜同时上桌的沙拉，称为生蔬菜沙拉，一般用生菜、西红柿、黄瓜、芦笋等制作。沙拉的主要调味汁有醋油汁、法国汁、千岛汁、奶酪沙拉汁等。

沙拉除了蔬菜之外，还有一类是用鱼、肉、蛋类制作的，这类沙拉一般不加调味汁，在进餐顺序上可以作为头盘食用。

还有一些蔬菜是熟食的，如花椰菜、煮菠菜、炸土豆条。熟食的蔬菜通常是与主菜的肉食类菜肴一同摆放在餐盘中上桌，称之为配菜。

6. 甜品

西餐的甜品是主菜后食用的，可以算作是第六道菜。从真正意义上讲，它包括所有主菜后的食物，如布丁、煎饼、冰淇淋、奶酪、水果等。

7. 咖啡、茶

西餐的最后是上饮料、咖啡或茶。咖啡一般要加糖和淡奶油，茶一般要加香桃片和糖。

(三) 餐具使用

西餐餐具主要有刀、叉、盘子等。通常宴请外国人吃中餐，亦以中餐西吃为多，既摆碗筷，又设刀叉。刀叉的使用是右手持刀，左手持叉，将食物切成小块，然后用叉送入嘴内。欧洲人使用时不换手，即从切割到送食均以左手持叉。美国人会在切割后把刀放下，右手持叉送食入口。就餐时按刀叉顺序由外往里取用。每道菜吃完后，将刀叉并拢放盘内，以示吃完。如未吃完，则摆成"八"字形或交叉摆，刀口应向内。吃鸡、龙虾时，经主人示意，可以用手撕开吃，否则可用刀叉把肉割下，切成小块吃。切带骨头或硬壳的肉食，叉子一定要把肉叉牢，刀紧贴叉边下切，以免滑开。切菜时，注意不要用力过猛撞击盘子而发出声音。不容易叉的食品，或不易上叉的食品，可用刀把它轻轻推上叉。除喝汤外，不用匙进食。汤用深盘或小碗盛放，喝时用汤匙舀起送入嘴，即将喝尽时可将盘略托起。吃带有腥味的食品，如鱼、虾、野味等，均配有柠檬，可用手将柠檬汁挤出滴在食品上，以去腥味。

刀叉的拿法是轻握尾端，食指按在柄上。汤匙用握笔的方式拿即可。如果感觉不方便，可以换右手拿叉。吃体积较大的蔬菜时，可用刀叉来折叠、分切。较软的食物可放在叉子平面上，用刀子整理一下。

宴会进行中，由于不慎发生异常情况，例如用力过猛使刀叉撞击盘子发出声响，或餐具摔落地上，或打翻酒水等，应沉着，不必着急。餐具碰出声音，可轻轻向邻座(或向主人)说一声"对不起"；餐具掉落可由招待员另送一副；酒水打翻溅到邻座身上，应表示歉意，协助擦干；如对方是女士，只要把干净餐巾或手帕递上即可，由她自己擦干。

【知识链接】+++++++++++++++++

茶　礼

我国是茶的故乡，有着悠久的种茶历史，又有着严格的敬茶礼节，还有着奇特的饮茶风俗。茶礼有缘，古已有之。"客来敬茶"，这是我国汉族同胞最早重情好客的传统美德与礼节。直到现在，宾客至家，总要沏上一杯香茗。喜庆活动，也喜用茶点招待。开个茶话会，既简便经济，又典雅庄重。

我国还有种种以茶代礼的风俗。南宋都城杭州，每逢立夏，家家各烹新茶，并配以各色细果，馈送亲友毗邻，叫作"七家茶"。茶礼还是我国古代婚礼中一种隆重的礼节。明代许次纾在《茶疏》中说："茶不移本，植必子生。"古人结婚以茶为识，以为茶树只能从种子萌芽成株，不能移植，否则就会枯死，因此把茶看作是一种至性不移的象征。所以，民间男女订婚以茶为礼，女方接受男方聘礼，叫"下茶"或"茶定"，有的叫"受茶"，并有"一家不吃两家茶"的谚语。同时，还把整个婚姻的礼仪总称为"三茶六礼"。"三茶"，就是订婚时的"下茶"，结婚时的"定茶"，同房时的"合茶"。婚礼时，还要行三道茶仪式。三道茶者，第一杯百果，第二杯莲子、红枣，第三杯方是茶。

健康饮茶还要注意"十二忌"：

一忌空腹饮茶，茶入肺腑会冷脾胃；

二忌饮烫茶，最好56℃以下；

三忌饮冷茶，冷茶寒滞，聚痰；

四忌冲泡过久，防止氧化，受细菌污染；

五忌冲泡次数过多,茶中有害微量元素会在最后泡出;

六忌饭前饮茶,茶水会冲淡胃酸;

七忌饭后马上饮茶,茶中的鞣酸会影响消化;

八忌用茶水服药,茶中鞣酸会影响药效;

九忌饮隔夜茶,茶水时间久会变质;

十忌酒后饮茶,酒后饮茶伤肾;

十一忌饮浓茶,咖啡因使人上瘾中毒;

十二忌饮焦味茶、霉变茶、串味茶。

第九讲 社交礼仪

早在几千年前，孔子就说过"不学礼，无以立"，荀子也曾说过"人无礼则不生，事无礼则不成，国无礼则不宁"。社交礼仪反映人们在交往过程中所具备的基本素质、交际能力等。社交在当今社会人际交往中发挥着重要作用。通过交际，人们可以沟通心灵，建立深厚友谊，取得支持与帮助；通过交际，人们可以互通信息，共享资源，对事业成功大有裨益。

每个人每天不管是在生活中还是在工作中都要同各种人接触，见面时行使正确而优雅的见面礼，会给对方留下良好的第一印象，同时也显示出自己良好的教养。

一、握手礼仪

握手礼是在一切交际场合中最常使用、适用范围最广泛的见面致意礼节，它表示致意、亲近、友好、寒暄、道别、祝贺、感谢、慰问等多种含意。从握手中，往往可以了解一个人的情绪和意向，还可以推断一个人的性格和感情。有时握手比语言更充满情感。

(一) 行握手礼的场合

人们经常在以下场合使用握手礼：迎接客人到来时，当你被介绍与人认识时，久别重逢时，社交场合突遇熟人时，拜访告辞时，送别客人时，别人向自己祝贺、赠礼时，拜托别人时，别人帮助自己时，等等。

(二) 行握手礼的规则

行握手礼有先后次序之分。握手的先后次序主要是根据握手人双方所处的社会地位、身份、性别、年龄等各种条件来确定的。

(1) 两人之间握手的次序是：上级在先，长辈在先，女士在先，主人在先，而下级、晚辈、男士、客人应先问候，见对方伸出手后，再伸手与他相握。在上级、长辈面前不可贸然先伸手。若两人之间身份、年龄、职务都相仿，则先伸手为礼貌。

(2) 如男女初次见面，女方可以不与男方握手，互致点头礼即可；若接待来宾，不论男女，女主人都要主动伸手表示欢迎，男主人也可对女宾先伸手表示欢迎。

(3) 如一人与多人握手时，应是先上级、后下级，先长辈、后晚辈，先主人、后客人，先女士、后男士。

(4) 若一方忽略了握手的先后次序，先伸出了手，对方应立即回握，以免尴尬。

(三) 行握手礼的正确姿势

标准的握手方式是：握手时，两人相距约一步，上身稍前倾，伸出右手，四指并拢拇指张开，两人的手掌与地面垂直相握，上下轻摇，一般二三秒为宜。握手时注视对方，微笑致意或简单地用言语致意、寒暄。

(四) 握手礼的体态语

握手的具体样式是千差万别的。了解一些握手的典型样式，既有助于我们通过握手了解交际对方的性格、情感状况、待人接物的基本态度等，也有助于我们在人际交往中根据不同的场合、不同的对象去自觉地应用各种具体的样式。

(1) 谦恭式握手。又称"乞讨式"握手、顺从型握手，即以掌心向上或向左上的手势与对方握手。用这种方式握手的人往往性格懦弱，处于被动地位，又可能处世比较民主、谦和、平易近人，对对方比较尊重、敬仰甚至有几分畏惧。这种人往往易改变自己的看法，不固执，愿意受对方支配。

(2) 支配式握手。又称"控制式"握手，用掌心向下或向左下的姿势握住对方的手。以这种方式握手的人想表达自己的优势、主动、傲慢或支配地位。一般来说，这种人说话干净利索、办事果断、高度自信，凡事一经决定，就很难改变观点，作风不大民主，在交际双方社会地位差距较大时，社会地位较高的一方易采用这种方式与对方握手。

(3) 无力型握手。又称"死鱼式"握手，握手时伸出一只无力度的手，给人的感觉像是握住一条死鱼。这种人的特点如不是生性懦弱，就是对人冷漠无情，待人接物消极傲慢。

(4) "手套式"握手。握手时用双手握住对方的右手，既可表示对对方更加尊重、亲切，也可表示更加感激、有求于人之意。但这种握手方式最好不要用在初见几次面的人身上，以免引起对方误会。

(5) 抓指尖握手。握手时不是两手的虎口相触对握，而是有意或无意地只捏住对方的几个手指或手指尖部。女性与男性握手时，为了表示自己的矜持与稳重，常采取这种方式。如果是同性别的人之间这样握手，就显得有几分冷淡与生疏。

(6) 施舍型握手。即在行握手礼的时候只伸出四个手指与他人相握，表明此人缺乏修养、傲慢、不平易近人(欧洲中世纪时期的贵妇人与绅士之间的握手除外)。

另外，当对方久久地、强有力地握着你的手，且边握手边摇动，说明他对你的感情是真挚而热烈的。若对方握你手时连手指都不愿弯曲，只例行公事式地敷衍一下，说明对方对你的感情是冷淡的。当你还没把话说完时对方就把手伸出来，说明他对你的话不感兴趣，宜尽快结束谈话。

(五) 握手时的注意事项

行握手礼时要注意力集中，不要左顾右盼，一边在握手一边跟其他人打招呼。

见面与告辞时，不要跨门槛握手。

握手一般总是站着相握，除年老体弱或残疾人以外，坐着握手是很失礼的。

单手相握时左手不能插口袋。

男士勿戴帽、手套与他人相握，穿制服者可不脱帽，但应先行举手礼，再行握手礼。女士可戴装饰性帽子和装饰性手套行握手礼。

忌用左手同他人相握，除非右手有残疾。当自己右手脏时，应亮出手掌向对方示意声明，并表示歉意。

握手用力要均匀，对女性一般象征性握一下即可，但握姿要沉稳、热情和真诚。

握手时不要抢握，不要交叉相握，应待别人握完后再伸手相握。交叉相握在通常情况下是一种失礼的行为。

二、鞠躬礼仪

鞠躬礼是一种人们用来表示对别人的恭敬而普遍使用的致意礼节。

(一) 行鞠躬礼的场合

鞠躬礼既可以应用在庄严肃穆或喜庆欢乐的仪式中，也可以应用于一般的社交场合；既可应用于社会，也可应用于家庭。如下级向上级、学生向老师、晚辈向长辈行鞠躬礼表示敬意，上台演讲及演员谢幕等也会行鞠躬礼表示对听众、观众的感谢，各大商业大厦和饭店宾馆应用鞠躬礼向宾客表示欢迎和敬意。

(二) 鞠躬礼的方式

一鞠躬礼，适用于社交场合、演讲、谢幕等。行礼时身体上部向前倾斜约 15 度～20 度，随即恢复原态，只做一次。

三鞠躬礼，又称最敬礼。行礼时身体上部向前下弯约 90 度，然后恢复原样，如此连续三次。比如，参加追悼会，向遗体告别时要三鞠躬。

(三) 鞠躬礼的正确姿势

行礼时不可戴帽，如需脱帽，脱帽所用之手应与行礼之边相反，即向左边的人行礼时应用右手脱帽，向右边的人行礼时应用左手脱帽；行礼者在距受礼者两米左右行鞠躬礼；行礼时，以腰部为轴，头、肩、上身顺势向前倾斜约 20 度至 90 度，具体的前倾幅度还可视行礼者对受礼者的尊重程度而定；双手应在上身前倾时自然下垂放两侧，也可两手交叉相握放在体前，面带微笑，目光下垂，嘴里还可附带问候语，如"你好""早上好"等。施完礼后恢复立正姿势。

通常，受礼者应以与行礼者的上身前倾幅度大致相同的鞠躬还礼。但是，上级或长者还礼时，可以欠身点头或在欠身点头的同时伸出右手以握手礼答之，不必以鞠躬还礼。

(四) 鞠躬时应注意的问题

一般情况下，鞠躬要脱帽，戴帽子鞠躬是不礼貌的。

鞠躬时，目光应该向下看，表示一种谦恭的态度。不可以一面鞠躬，一面翻起眼看对方，这样做既不雅观，也不礼貌。

鞠躬礼毕起身时，双目还应该有礼貌地注视对方。如果视线转移到别处，即使行了鞠躬礼，也不会让人感到是诚心诚意的。

鞠躬时，嘴里不能吃东西或叼着香烟。

上台领奖时，要先向授奖者鞠躬，以示谢意，再接奖品，最后转身面向全体与会者鞠躬行礼，以示敬意。

三、介绍礼仪

介绍是指从中沟通，使双方建立关系的意思。介绍是社交场合中各方相互了解的基本方法。通过介绍，可以缩短人们之间的距离，使大家更好地交谈、更多地沟通和更深入地了解。在日常生活与工作中，常用的介绍有以下几种：自我介绍、为他人介绍和集体介绍。

(一) 自我介绍

在自我介绍的时候，原则上应注意时间、态度与内容等要点。

(1) 时间。这里所说的时间具有双重含义。一方面要考虑自我介绍应在何时进行。一般认为，把自己介绍给他人的最佳时机应是对方有空闲的时候，对方心情好的时候，对方有认识你的兴趣的时候，对方主动提出认识你的请求的时候，等等。另一方面要考虑自我介绍大致需要多少时间。一般认为，用半分钟左右的时间来介绍就足够了，至多不超过 1 分钟。有时，适当使用三言两语一句话，用上不到十秒钟的时间，也不为错。

(2) 态度。作自我介绍时，态度一定要亲切、自然、友好、自信。介绍者应当表情自然，眼睛看着对方或大家，要善于用眼神、微笑和自然亲切的面部表情来表达友好之情。不要显得不知所措，面红耳赤，更不能一副随随便便、满不在乎的样子。介绍时可将右手放在自己的左胸上，不要慌慌张张，毛手毛脚，不要用手指指着自己。

(3) 内容。介绍时，被介绍者姓名全称、供职单位、担负的具体工作被称作构成介绍主体内容的三大要素。作自我介绍时，介绍主体内容根据应用场合和目的不同可以分为四种形式。

第一种为应酬型，适用于一般性的人际接触，只需简单地介绍一下自己，如"您好！我的名字叫×××。"

第二种为沟通型，也适用于普通的人际交往，但是意在寻求与对方交流或沟通。内容上可以包括本人姓名、单位、籍贯、兴趣等，如"您好！我叫×××，山东人。现在在一家汽车销售公司工作，您喜欢下棋吧，有空切磋一下。"

第三种为工作型，以工作为介绍的中心，因工作而会友。其内容应重点集中于本人的姓名、单位以及工作的具体性质，如"女士们，先生们，各位好！很高兴有机会把我介绍给大家。我叫×××，是太阳公司的业务经理，专门营销纸张，有可能的话，我随时都愿意为在场的各位效劳。"

第四种为礼仪型，适用于正式而隆重的场合，属于一种出于礼貌而作的自我介绍。其内容除了必不可少的三大要素以外，还应附加一些友好、谦恭的语句，如"大家好！在今天这样一个难得的机会中，请允许我做一下自我介绍。我叫×××，来自北京××公司，是公关部经理。今天，是我第一次来到美丽神秘的西双版纳，这旖旎的风光深深地吸引了我，很愿意在这儿多待几天，更愿意结识在座的各位朋友，谢谢！"

(二) 为他人介绍

为他人介绍，首先要了解双方是否有结识的愿望；其次要遵循介绍的规则；再次是在介绍彼此的姓名、工作单位时，要为双方找一些共同的谈话材料，如双方的共同爱好、共同经历或相互感兴趣的话题。

1. 介绍的规则

将男士先介绍给女士，如"张小姐，我为您介绍一下，这位是李先生。"

将年轻者先介绍给年长者。在同性别的两人中，将年轻者先介绍给年长者，以示对前辈、长者的尊敬。

将地位低者先介绍给地位高者。遵从社会地位高者有了解对方的优先权的原则，一般都是将社会地位低者介绍给社会地位高者。

将未婚的先介绍给已婚的。如果两个女子之间，未婚的女子明显年长，则将已婚的先介绍给未婚的。

将客人先介绍给主人。

将后到者先介绍给先到者。

2. 介绍的礼节

(1) 介绍人的做法：介绍时要有开场白，如"请允许我为你们介绍一下，张小姐，这位是赵先生""请允许我介绍一下，李先生，这位是刘女士"。为他人做介绍时，手势动作要文雅，无论介绍哪一方，都应手心朝上，手背朝下，四指并拢，拇指张开，指向被介绍的一方，并向另一方点头微笑。必要时，可以说明被介绍的一方与自己的关系，以便新结识的朋友之间相互了解和信任。介绍时要分清先后主次顺序，语言要清晰明了，不含糊其辞，以使双方记清对方姓名。介绍某人优点时要恰到好处，不宜过分称颂。

(2) 被介绍人的做法：作为被介绍的双方，都应当表现出结识对方的热情，双方都要正视着对方。介绍时除了女士和长者外，一般都应该站起来，但是若在会谈进行中，或在宴会等场合，就不必起身，只略微欠身致意就可以了。如方便的话，等介绍人介绍完毕后，被介绍人双方应握手致意，面带微笑并寒暄，如"你好""见到你很高兴""认识你很荣幸""请多指教""请多关照"等。如需要，还可以互换名片。

(三) 集体介绍

如果被介绍的双方，其中一方是个人，一方是集体，应根据具体情况采取不同的办法。

(1) 将一个人介绍给大家。这种方法主要适用于在重大的活动中对于身份高者、年长者和特邀嘉宾的介绍。介绍后，可让所有的来宾自己去结识这位被介绍者。

(2) 将大家介绍给一个人。这种方法适用于在非正式的社交活动中，使那些想结识更多的、自己所尊敬的人物的年轻者或身份较低者满足自己交往的需要，由他人将那些身份高者、年长者介绍给自己；也适用于正式的社交场合，如领导者对劳动模范和有突出贡献的人进行接见；还适用于两个处于平等地位的交往集体的相互介绍，开大会时主席台就座人员的介绍。将大家介绍给一个人的基本顺序有两种：一是按照座次或队次介绍；二是按照身份的高低顺序进行介绍。千万不要随意介绍，以免使大家产生厚此薄彼的感觉，影响情绪。

四、名片礼仪

在人际交往中，名片不但能用于推销自己，也能帮助你尽快地与对方熟悉。要很好地珍惜名片，而且要懂得怎样去使用它。现代名片是一种经过设计、能表示自己身份、便于交往和开展工作的卡片。名片不仅可以用作自我介绍，而且还可用作祝贺、答谢、拜访、慰问、赠礼附言、备忘、访客留话等。

(一) 名片的内容与分类

名片的基本内容一般有姓名、工作单位、职务、职称、通信地址等，也有把爱好、特长等情况写在上面的。选择哪些内容，根据需要而定，但无论繁简，都要求信息完整、形式新颖、形象定位独树一帜。一般情况下，名片可分两类。

(1) 交际类名片：除基本内容之外，还可以印上单位或组织的徽标；可在中文下面附英文，或在背面附英文，便于与外国人交往。

(2) 公关类名片：公关类名片可在正面介绍自己，背面介绍单位组织，或宣传经营范围。公关类名片有广告效应。

(二) 名片的设计

名片的语言一般应简明清晰、实事求是，传递个人的基本情况，从而达到彼此交际的目的。在现实生活中，我们可以看到有些名片语言幽默、设计新颖，别具一格。如：

"您忠实的朋友——×××"，然后是联系地址、邮编、电话，名片上没有任何官衔，语言简洁，亲切诚实。

某人的名片上写着："家中称老二，社会算老九，身高一七六，自幼好旅游，敬业精神在，虽贫亦富有，好结四方友，以诚来相求。"

著名剧作家沙叶新的名片上有一幅自己的漫画像，自我介绍的文字很幽默，使人对其了解更加深刻："我，沙叶新，上海人民剧作家——暂时的；上海人民艺术剧院剧作家——永久的；××委员、××理事、××顾问、××教授——都是挂名的。"

在设计上，除了文字外，还可借助有特色或象征性的图画符号等非语言信息辅助传情，增强名片的表现力，但不能有烦琐的装饰，以免喧宾夺主。

(三) 名片的放置

一般说来，把自己的名片放于容易拿出的地方，不要将它与杂物混在一起，以免用时手忙脚乱，甚至拿不出来。若穿西装，宜将名片置于左上方口袋；若有手提包，可放于包内伸手可得的位置。不要把名片放在皮夹内、工作证内甚至裤袋内，这是一种很失礼、不雅的行为。另外，不要把别人的名片与自己的名片放在一起，否则，一旦慌乱中误将他人的名片当作自己的名片送给对方，是非常尴尬的。

(四) 出示名片的礼节

(1) 出示名片的顺序。名片的递送先后没有太严格的礼仪讲究，但也有一定的顺序。一般是地位低的人先向地位高的人递名片，男性先向女性递名片。当对方不止一人时，应先将名片递给职务较高或年龄较大者；或者由近处至远处递，依次进行，切勿跳跃式地进行，以免对方误解有厚此薄彼之感。

(2) 出示名片的礼节。向对方递送名片时，应面带微笑，稍欠身，注视对方，将名片正对着对方，用双手的拇指和食指分别持握名片上端的两角送给对方。如果是坐着的，应当起立或欠身递送。递送时可以说："我是××，这是我的名片，请笑纳。""我的名片，请您收下。""这是我的名片，请多关照。"在递名片时，切忌目光游移或漫不经心。出示名片还应把握好时机。初次见面自我介绍或别人为你介绍时可出示名片；当双方谈得较融洽，表示愿意建立联系时应出示名片；当告辞时，可顺手取出自己的名片递给对方，以示愿意结识对方并希望能再次相见，通过名片可加深对方对你的印象。

(五) 递接名片的礼节

接受他人递过来的名片时，应尽快起身或欠身，面带微笑，用双手的拇指和食指接住名片的下方两角，态度也要毕恭毕敬，使对方感到你的诚意。接到名片时要认真地看一下，可以说"谢谢！""能得到您的名片，真是十分荣幸"等，然后郑重地放入自己的口袋、名片夹或其他稳妥的地方。切忌接过对方的名片一眼不看就随手放在一边，也不要在手中随意玩弄，不要随便捏在手上，不要拿在手中搓来搓去，这样会伤害对方的自尊心，影响彼此的交往。

(六) 交换名片的礼节

(1) 与西方、中东、印度等外国人交换名片只用右手就可以了，与日本人交换名片用双手。

(2) 当对方递给你名片之后，如果自己没有名片或没带名片，应当首先表示歉意，再如实说明理由，如"很抱歉，我没有名片""对不起，今天我带的名片用完了，过几天我会亲自寄一张给您"。

(3) 向他人索要名片最好不要直来直去，可委婉索要。

方法之一是"积极进取"，可主动提议："某先生，我们交换一下名片吧"，而不是单要别人的。

方法之二是"投石问路"，即先将自己的名片递给对方，以求得其予以"呼应"。

方法之三是虚心请教，比如说"今后怎样向您求教"，以暗示对方拿出自己的名片来交换。

方法之四是呼吁"合作"，例如可以说"以后如何与您联系？"，希望对方留下名片。

(4) 如对方向你索要名片，而你实在不想满足对方的要求，也不应直言相告，为让对方不失面子，你可以表达得委婉一点，通常可以这样说："对不起，我忘了带名片"或是"不好意思，我的名片刚刚才用完"。

【情境训练】 ++++++++++++++++++

(1) 某公司成立 30 周年庆典，模拟进行介绍、握手、鞠躬、递接名片等综合礼仪练习。(来宾的身份、年龄、性别、官职、社会关系等可以设计得复杂一些，以利于更全面地掌握礼仪，同时烘托规范、典雅、庄重、热烈的气氛。)

(2) 春节到，四世同堂的家宴礼仪练习。(家庭人员性别、年龄、职业、官职、社会地位等可以设计得复杂一些，以利于更全面地掌握礼仪，同时营造温馨和睦、父慈子孝、其乐融融的家庭氛围。)

【案例分析】 +++++++++++++++

[案例一] 一位投资商到我国北方某省与一位县长讨论投资建设制药厂的可行性。在签订协议之前，投资商提出参观一下制药车间。就在进入厂房的瞬间，县长将一口痰"啪嗒"一声吐在了厂门口，引起了投资商的恶心与反感，于是收回了投资的承诺。在归途中，投资商给县长写了一封语重心长的信，信中说："你作为一县之长都这么没有修养，很难想象你的老百姓会是什么样子。建药厂是为了治病救人，而不讲卫生，则可能造成'谋财害命'的后果。"

[案例二] 日本一家公司，由于扩大经营，需要买一块居民区的地皮。通过做工作，其他住户全搬走了，只有一位老太太表示不愿意离开自己居住多年的老屋，她要在这里度完余生。对此，公司毫无办法。当老太太决定到公司表明态度时，公司一位小姐的接待使她改变了初衷。小姐见到她，立即向她鞠躬表示欢迎。老太太表明来意后，小姐领老太太去总经理办公室。在日本，进房间通常是要脱鞋的。当老太太把鞋子脱下时，小姐连忙把自己的鞋子让给她穿；因为当时天气很冷，小姐便搀扶着老太太上楼。正是这位小姐良好的礼仪修养改变了固执的老人，使其同意搬出老屋。

[案例三] 周恩来总理的外交智慧与魅力

1. "派克"的来历

19 世纪 50 年代，有一次，周恩来和一位美国记者谈话时，记者看到总理办公室里有一支派克钢笔，便带着几分讽刺，得意地发问："总理阁下也迷信我国的钢笔吗？"周恩来听了风趣地说："这是一位朝鲜朋友送给我的。他说这是美军在板门店投降签字仪式上用过的，送给我做个纪念。我觉得这支钢笔的来历很有意义，就留下了贵国的这支钢笔。"听后，美国记者的脸一直红到了耳根。

2. 一句话的电影说明书

1954 年，周恩来参加日内瓦会议，通知工作人员给与会者放一部《梁山伯与祝英台》的彩色越剧片。工作人员为了使外国人能看懂中国的戏剧片，写了 15 页的说明书呈给周总理审阅。周恩来批评工作人员："不看对象，对牛弹琴。"工作人员不服气地说："给洋人看这种电影，那才是对牛弹琴呢！""那就看你怎么个弹法了，"周恩来说，"你要用十几页的说明书去弹，那是乱弹，我给你换个弹法吧。你只要在请柬上写一句话：'请您欣赏一部彩色歌剧电影——中国的《罗密欧与朱丽叶》'就行了。"电影放映后，观众们看得如痴如醉，不时爆发出阵阵掌声。

3. "月土"换"木炭"

1971 年，基辛格博士为恢复中美外交关系秘密访华。在一次正式谈判尚未开始之前，基辛格突然向周恩来总理提出一个要求："尊敬的总理阁下，贵国马王堆一号汉墓的发掘成果震惊世界，那具女尸确实是世界上少有的珍宝啊！本人受我国科学界知名人士的委托，想用一种地球上没有的物质来换取一些女尸周围的木炭，不知贵国愿意否？"

周恩来总理听后，随口问道："国务卿阁下，不知贵国政府将用什么来交换？"基辛格说："月土，就是我国宇宙飞船从月球上带回的泥土，这应算是地球上没有的东西吧！"

周总理哈哈一笑："我道是什么，原来是我们祖宗脚下的东西。"基辛格一惊，疑惑地问道："怎么？你们早有人上了月球，什么时候？为什么不公布？"

周恩来总理笑了笑，用手指着茶几上的一尊嫦娥奔月的牙雕，认真地对基辛格说："我们怎么没公布？早在 5000 多年前，我们就有一位嫦娥飞上了月亮，在月亮上建起了广寒官住下了，不信，我们还要派人去看她呢！怎么，这些我国妇孺皆知的事情，你这个中国通还不知道？"周恩来总理机智而又幽默的回答，让博学多识的基辛格博士笑了。

4. 巧妙回答美国记者

一次，周恩来接见的美国记者不怀好意地问："总理阁下，你们中国人为什么把人走的路叫作马路？"周总理妙趣横生地说："我们走的是马克思主义之路，简称马路。"

这个美国记者仍不死心，继续出难题："总理阁下，在我们美国，人们都是仰着头走路而你们中国人为什么低头走路，这又怎么解释呢？"周总理笑着说："这不奇怪，问题很简单嘛，你们美国人走的是下坡路，当然要仰着头走路了，而我们中国人走的是上坡路，当然是低着头走了。"

记者又问："中国现在有四亿人，需要修多少厕所？"这纯属无稽之谈，可是，在这样的外交场合，又不便回绝，周总理轻轻一笑回答道："两个！一个男厕所，一个女厕所。"

学生思考

(1) 分析周恩来总理的外交语言技巧。

(2) 查阅资料，举例说明周恩来总理的语言风格、外交智慧和人格魅力。

分组讨论：

学习周恩来总理的外交智慧、人格魅力以及爱国情怀，体会该如何培养提高自身的社交能力。

【知识链接】+++++++++++++++++

白领提升自身气质的方法

(1) 首先要对自己充满自信，但是不能张狂。

(2) 要提高自己的文化修养，多看书，但是注意不要陷入知识的困局。

(3) 要百折不挠，用自己最好的心态去迎接各种挑战。

(4) 要善良但不要懦弱，温柔、谦虚、善良是中国传统美德。

(5) 遇事冷静，处事稳重，会让你显得成熟，在职场中赢取更多的机会。

(6) 装扮要得体。

(7) 提高审美情趣，提高生活品位。

(8) 注重职场礼仪，培养自己高雅独特的品位。

(9) 不要感情用事。

第十讲　求职礼仪

一、面试仪容礼仪

1. 仪容整洁

要保持面部的清洁。面试前要注意面部、头发、手部的清洁，选择合适的发型，并要保持口腔清洁和口气清新。男生应养成每天修面剃须的良好习惯，注意修剪鼻毛，不可胡子拉碴，邋里邋遢。作为女生，最好化淡妆，简单的化妆可以使自己增添信心，而且也是一种对自己和对他人的尊重。将面部稍做修饰，做到清新、淡雅，使人显得精神、干练即可。

面试时最好不要使用香水，特别是过浓的香水，还要注意身体异味的问题，勤洗澡，不抽烟，面试前不吃大蒜等有强烈异味的东西，以免口气有异味。面试时，发型要端庄、典雅、大方，避免太另类，还应与所要申请的职位要求相宜，比如，秘书要端庄、文雅，营销人员要干练。女生最好把头发扎起来或盘起来，不要留披肩发，头发切忌遮住脸庞。男生的发型以短发为主，做到前不覆额，侧不遮耳，后不及领。

2. 着装得体

面试时服装的选择在求职中起着举足轻重的作用，恰当的服饰搭配会给人留下良好的印象。

服装要整洁大方。把衣服洗干净、熨烫平整即可。女生一般以样式简洁的套装套裙、连衣裙等为主。女生穿套裙时尤其要注意袜子的搭配。穿长筒袜时，袜边不能露在裙边下面；最好选择肉色或灰色的袜子，尽量不穿黑色及带花纹的长袜；不要穿脱丝的袜子，可在包里准备一双长袜备用。男生则以衬衣、西服为主。西装可根据所求职位的要求选择不同的色系。

注意饰物的佩戴。尽量不要戴太贵重的和一走动就发出响声的饰物，佩戴的首饰，如项链、戒指、手链、胸针等，数量不要超过三件，款式越简单越好，色彩、款式尽量统一。

二、面试举止礼仪

1．准时赴约

守时是职业道德的一个基本要求，提前 10～15 分钟到达面试地点效果最佳，可熟悉一下环境，稳定一下心神。如果面试迟到，那么不管有什么理由，也会被视为缺乏自我管理和约束能力，同时也是一种不礼貌的行为，会给面试官留下非常不好的印象。

2．等待面试从容不迫

到了办公区，不要四处张望。走进公司之前，将口香糖和香烟都收起来，手机要关机。到达面试地点后应在等候室耐心等候，并保持安静及正确的坐姿。不要来回走动，显得浮躁不安。要坚决制止以下行为：在接待室恰巧遇到朋友或熟人，就旁若无人地大声说话或笑闹；吃口香糖；抽烟；接打手机。

3．表情的运用

进入面试房间时，要先敲门，得到允许后再进入，注意保持优美的站姿与坐姿。正确的站姿要求做到头正目平，面带微笑，微收下颌，挺胸收腹，两手自然下垂或叠放在身体前面，两腿立直并拢，脚跟相靠，脚尖张开约 60 度，给人以挺拔、优雅的印象。入座时动作要轻而缓，坐椅子时最好只坐 2/3，背部不靠椅背，女生必须两腿并拢，男生可稍微分开，双手叠放或平放在大腿上，身体保持挺直并可稍稍前倾，自然放松，面带微笑，给人端庄、大方的感觉。

入座后要注意：

(1) 面带微笑。面带微笑会提升你的外部形象，改善你与面试官的关系。赏心悦目的面部表情会使应聘的成功率远高于那些目不斜视、笑不露齿的人。不要板着面孔，更不要苦着一张脸。

(2) 眼神的交流。"眼睛是心灵的窗户。"求职面试时，面试者与主试者的关系往往有两种情况：一是"一对一"的关系，即面对一个主试者；二是"一对多"的关系，即一个面试者面对多位主试者。这两种情况下，面试者的目语运用是不一样的。面试时，面试者应注视考官的鼻眼三角区，目光平和而有神，专注而不呆板；如果有几位面试官在场，说话的时候要适当用目光扫视一下其他人，以示尊重。

(3) 恰当的手势。说话时可以做些手势，加大对某个问题的形容力度，可手势太多也会分散人的注意力，需要适度配合表达。有些求职者由于紧张，双手不知道该放哪儿，而有些人过于兴奋，在侃侃而谈时舞动双手，这些都不可取。不要有太多小动作，这是不成熟的表现，更忌抓耳挠腮，用手捂嘴说话。当考官有意结束面试时，要适时起身告辞，面带微笑地表示谢意，与考官等人道别，离开房间时轻轻带上门。出场时，别忘了向接待人员道谢、告辞。

三、面试中谈话礼仪

在面试活动中，语言在很大程度上关系到面试的成败，所以必须遵守语言的规范，讲究说话的艺术性，做到语言美。注意用语的礼貌，切忌出现不文明的语句。称对方公司时要用第二人称的尊称"贵"，比如"贵公司"。"请""谢谢"等礼貌用语要常挂在口边，少说或不说口头禅，更不能出言不逊，贬低他人。注意把握谈话的重点，不要离题，不要啰嗦。

一般的应聘应该用普通话对答，发音清晰，咬字准确；语调得体、自然，可适度压低音调，这样感觉更加亲切、优雅；音量适中，以保持听者能听清为宜，过小显得缺乏自信，过大则影响他人，显得缺乏教养；语速适中，要根据谈话内容调节速度与节奏，适宜地减缓说话节奏更容易使人接受。说话时态度诚恳、谦逊，不要咄咄逼人，如果自己要提一些要求，也尽量使用商量的语气。当考官在说话的时候，一定要用心倾听，不能东张西望，毫不在意。切忌任意打断考官的谈话，喧宾夺主，随意插话，这是极不礼貌的行为。如果你在进入面试房间前，有秘书或接待员接待你或招待你，在离去时一并向他或她致谢告辞。

总之，求职面试时，单是具备应聘岗位所需的专业技能是不够的，还需要在面试等交际场合懂礼仪、守礼仪，这样才能在众多的竞争者当中脱颖而出。

【知识链接】★★★★★★★★★★★★★★★★★

关注 26 个细节帮你赢得好人缘

(1) 长相不令人讨厌。如果长得不漂亮，就让自己有才气；如果才气也没有，那就总是微笑。

(2) 气质是关键。如果时尚学不好，宁愿纯朴。

(3) 与人握手时，可多握一会儿。真诚是宝。

(4) 不必什么都用"我"做主语。

(5) 不要向朋友借钱。

(6) 不要"逼"客人看你的家庭相册。

(7) 和别人一起打车时，请抢先坐在司机旁。

(8) 坚持在背后说别人好话，别担心这好话传不到当事人耳朵里。

(9) 有人在你面前说某人坏话时，你只微笑。

(10) 自己开小车，不要特地停下来和一个骑自行车的同事打招呼，人家会以为你在炫耀。

(11) 同事生病时去探望他，很自然地坐在他的病床上，回家再认真洗手。

(12) 不要把过去的事全让人知道。

(13) 尊敬不喜欢你的人。

(14) 对事不对人；对事无情，对人要有情；做人第一，做事其次。

(15) 自我批评总能让人相信，自我表扬则不然。

(16) 没有什么比围观者们更能提高你的保龄球的成绩了，不要吝惜你的喝彩声。

(17) 不要把别人对你的好视为理所当然，要知道感恩。

(18) 榕树上的八哥在讲，只讲不听，结果乱成一团。要学会聆听。

(19) 尊重传达室里的师傅及搞卫生的阿姨。

(20) 说话的时候记得常用"我们"开头。

(21) 为每一位上台唱歌的人鼓掌。

(22) 有时，要明知故问，比如："你的钻戒很贵吧！"而有时，有些问题即使想问也不能问，比如："你多大了？"

(23) 言多必失，人多的场合少说话。

(24) 把未出口的"不"换成"这需要时间""我尽力""我不确定""当我决定后，会给你打电话"等不那么尖锐的表达。

(25) 不要期望所有人都喜欢你，那是不可能的，让大多数人喜欢就是成功的表现。

(26) 当然，自己要喜欢自己。

第十一讲 信息礼仪

一、电话礼仪

(一) 拨打电话礼仪

1. 通话时间

拨打电话前，首先要考虑在什么时间最合适，如果不是特别熟悉或者有特殊情况，一般不要在早7点以前、晚10点以后打电话，也不要在用餐时间和午休时打电话，否则有失礼貌，也影响通话效果。

2. 亲切礼貌

打电话时要保持良好的心情，这样即使对方看不见你，也能被你欢快的语调感染，从而对你留下极佳的印象。由于面部表情会影响声音的变化，所以即使在电话中，也要抱着"对方看着"的心态去应对。换位思考一下，假如打电话给某单位，若一接通，就能听到对方亲切、优美的招呼声，你的心里一定会很愉快，对话也能够顺利展开，你也会对该单位留下较好的印象。在电话中只要稍微注意一下自己的行为就会给对方留下完全不同的印象。同样说"你好，这里是××公司"，声音清晰、悦耳、吐字清脆，会给对方留下良好的印象，爱屋及乌，你所在的单位也会给对方留下好印象。因此要记住，接电话时，应有"代表单位形象"的意识。

3. 端正姿势

打电话过程中绝对不能吸烟、喝茶、吃零食，即使是懒散的姿势对方也能够"听"得出来。如果你打电话的时候躺在椅子上，对方听你的声音就是懒散的、无精打采的；若坐姿端正，所发出的声音也会亲切悦耳，充满活力。因此打电话时，即使看不见对方，也要当做对方就在眼前，尽可能注意自己的姿势。

4. 3分钟原则

在正常的情况下，一次打电话的全部时间应当不超过3分钟。除非有重要问题必须字斟句酌地反复解释、强调，一般在通话时都要有意识地简化内容，尽量简明扼要。通话不超过3分钟的做法又称"打电话的3分钟原则"，它是所有商务人员都要遵守的。一般来讲，在打电话时要贯彻3分钟原则，主要的决定权在发话人手里。在通话时，切忌没话找话、不谈正题、东拉西扯，更不要在电话里跟别人玩"捉迷藏"，说什么"你猜猜我是谁""你知道我在哪儿""想知道我在干什么吗""不想问一问还有谁跟我在一起吗"等。为了节省通话时间，不但通话时要长话短说，而且在拨电话时，也要少出或不出差错。需要总机接转时，应主动告知分机号码，不要等人家询问。若不知分机号码，则应提供受话人的部门和姓名。若对此不清楚，则最好不要去麻烦话务员。

(二) 接听电话礼仪

接听电话不可太随便，需讲究必要的礼仪和一定的技巧，以免横生误会。无论是打电话还是接电话，我们都应做到语调热情、大方自然、声量适中、表达清楚、简明扼要、文明礼貌。

1. 迅速接听

现代工作人员业务繁忙，桌上往往会有两三部电话，听到电话铃声，应准确迅速地拿起听筒，最好在铃响三声之内接听。电话铃声响一声大约 3 秒，长时间无人接电话或让对方久等是很不礼貌的。即便电话离自己很远，听到电话铃声后，若附近没有其他人，应该用最快的速度拿起听筒，这样的态度是每个人都应该拥有的，这样的习惯是每个办公室工作人员都应该养成的。如果电话铃响了五声才拿起话筒，应该先向对方道歉。若电话铃声响了许久，接起电话只是"喂"了一声，则会给对方留下很不好的印象。

2. 确认对方

对方打来电话，一般会主动介绍自己。如果没有介绍或者你没有听清楚，就应该主动问"请问您是哪位？我能为您做什么？您找哪位？"但是，人们习惯的做法是，拿起电话听筒盘问一句"喂！哪位？"这在对方听来，显得陌生而疏远，缺少人情味。接到对方打来的电话，拿起听筒应首先自我介绍："你好！我是某某某。"如果对方找的人在旁边，应说："请稍等。"然后用手掩住话筒，轻声招呼你的同事接电话。如果对方找的人不在，应该告诉对方，并且问："需要留言吗？我一定转告！"

3. 了解目的

上班时间打来的电话几乎都与工作有关，公司的每个电话都十分重要，不可敷衍，即使对方要找的人不在，切忌只说"不在"就把电话挂了。接电话时要尽可能问清事由，避免误事。应了解对方来电的目的，如自己无法处理，也应认真记录下来。委婉地探求对方的来电目的，可以避免误事而且赢得对方的好感。

4. 讲究艺术

接听电话时，应注意使嘴和话筒保持 4 厘米左右的距离；要把耳朵贴近话筒，仔细倾听对方的讲话；最后，应让对方自己结束电话，然后轻轻把话筒放好。不可"啪"地一下扔回原处，这极不礼貌。接听电话时一般用左手拿话筒，便于右手随时记录有用信息。

5. 准确记录

随时牢记 5W1H 技巧：① When 何时；② Who 何人；③ Where 何地；④ What 何事；⑤ Why 为什么；⑥ How 如何进行。在工作中这些信息都是十分重要的，应注意记录下来。电话记录既要简洁又要完备，应学习并重视 5W1H 技巧。

(三) 注意事项

1. 遵循几点原则

(1) 不要在医院或在飞机上使用手机，以免影响医院及飞机上的电子设备。

(2) 注意有些地方是不允许使用手机的，如加油站，某些餐馆、酒吧、剧院、电影院等。

(3) 当不使用手机时，请锁住手机按钮，以防意外拨打 119、110、120 等特殊的电话号码。

2. 常用礼貌用语

您好!这里是×××公司×××部(室)，请问您找谁?

我就是，请问您是哪一位?……请讲。

请问您有什么事? (有什么能帮您?)

您放心，我会尽力办好这件事。

不用谢，这是我们应该做的。

×××同志不在，我可以替您转告吗? (请您稍后再来电话好吗?)

对不起，这类业务请您向×××部(室)咨询，他们的号码是……[×××同志不是这个电话号码，他(她)的电话号码是……]

您打错号码了，我是×××公司×××部(室)……没关系。

再见! (与以下各项通用)

您好!请问您是×××单位吗?

我是×××公司×××部(室)×××，请问怎样称呼您?

请帮我找×××同志。

对不起，我打错电话了。

对不起，这个问题……请留下您的联系电话，我们会尽快给您答复。

3. 拨打电话小技巧

第一，迟到、请假由自己打电话；

第二，外出办事，随时与单位联系；

第三，外出办事应告知同事、领导你的去向及电话；

第四，延误拜访时间应事先与对方联络；

第五，借用他人单位电话应注意一般不要超过 10 分钟，如遇特殊情况需要长时间接打电话，应先征求对方的同意和谅解；

第六，同事家中电话不要轻易告诉别人；

第七，用传真机传送文件后，以电话联络。

二、邮件礼仪

(一) 主题

主题要提纲挈领。添加邮件主题是电子邮件和信笺的主要不同之处，在主题栏里用短短的几个字概括出整个邮件的内容，便于收件人权衡邮件的轻重缓急，分别处理。

(1) 一定不要使用空白标题，这是最失礼的。

(2) 标题要简短，不宜冗长。

(3) 最好写上来自某某公司的邮件，以便对方一目了然又便于留存，时间可以不用注明，因为一般的邮箱会自动生成，写了反而累赘。

(4) 标题要能够反映文章的内容和重要性，切忌使用含义不清的标题，如"王先生收"。也不要用胡乱无实际内容的主题，例如"嘿！"或是"收着！"

(5) 一封信尽可能只针对一个主题，不在一封信内谈及多件事情，以便于日后整理。

(6) 可适当使用大写字母或特殊字符(如"＊！"等)来突出标题，引起收件人注意，但应适度，特别是不要随便就用"紧急"之类的字眼。

(7) 回复对方邮件时，应当根据回复内容需要更改标题，不要"RE：RE"一大串。

(8) 最最重要的一点，主题千万不可出现错别字和不通顺之处，切莫只顾检查正文却在发出前忘记检查主题，一定要慎之又慎。

(二) 称呼与问候

1. 恰当地称呼收件者，把握好尺度

邮件的开头要称呼收件人，这既显得礼貌，也明确提醒某收件人，此邮件是发给他的，要求其给出必要的回应；在多个收件人的情况下可以称呼大家、ALL。

如果对方有职务，应按职务尊称对方，如"×经理"；如果不清楚职务，则应按通常的"×先生""×小姐"称呼，但要把性别先搞清楚。

不熟悉的人不宜直接称呼英文名，对级别高于自己的人也不宜称呼英文名。称呼全名也是不礼貌的，不要跟所有人都用"Dear ×××"。

关于格式，称呼在第一行顶格写。

2. 邮件开头、结尾最好要有问候语

最简单的开头写一个"Hi"，中文写"你好"或者"您好"，开头问候语在称呼下面另起一行空两格写。结尾常见写"Best Regards"，中文写"祝您顺利"之类的就可以了，若是尊长应使用"此致敬礼"。注意，在非常正式的场合应完全使用信件标准格式，"祝"和"此致"为紧接上一行结尾或换行开头空两格，而"顺利"和"敬礼"为再换行顶格写。

"礼多人不怪"，礼貌一些，总是好的，即便邮件中有些地方不妥，对方也能平静地看待。

(三) 正文

1. 简明扼要

若对方不认识你，首先应当说明自己的身份，你的姓名或你代表的企业名称是必须通报的，以示对对方的尊重。表明身份应当简洁扼要，最好是和本邮件以及对方有关，主要功能是为了使收件人能够顺利地理解邮件来意，不可没头没脑就说正事，别人不知道你是谁还得拉到最后看。再次需要注意的是身份介绍以简洁明了为宜，有些联系方式之类与正文无关的信息应在签名档中表明。

正文应简明扼要地说清楚事情，如果具体内容确实很多，正文应只作摘要介绍，然后通过附件进行详细描述。

正文行文应通顺，多用简单词汇和短句，准确清晰地表达，不要出现晦涩难懂的语句。最好不要让对方拉滚动条才能看完你的邮件。

2. 语气恰当

根据收件人与自己的熟悉程度、等级关系以及邮件是对内还是对外等的不同，选择恰当的语气进行论述，以免引起对方不适。

尊重对方，"请""谢谢"之类的语句要经常出现。

电子邮件可轻易地转给他人，因此对别人意见的评论必须谨慎而客观。

3. 层次清晰

如果事情复杂，最好列几个段落进行清晰明确的说明。保持每个段落简短不冗长，没人有时间仔细看没分段的长篇大论。

4. 信息完整

最好在一次邮件中把相关信息全部说清楚，说准确。不要过两分钟之后再发一封"补充"或者"更正"之类的邮件，这会让人很反感。

5. 正确书写

正确书写是对别人的尊重，也是自己态度的体现。如果是英文邮件，最好把拼写检查功能打开；如果是中文电子邮件，注意拼音输入法带来的同音别字。

在邮件发送之前，务必自己仔细阅读一遍，检查行文是否通顺，拼写是否有错误。

6. 提示信息

不要动不动就用大写字母、粗体斜体、颜色字体、加大字号等手段对一些信息进行提示。合理的提示是必要的，但过多的提示会让人抓不住重点，影响阅读。

7. 巧用图片

对于很多带有技术介绍或讨论性质的邮件，单纯以文字形式很难描述清楚，如果配合图表加以阐述，收件人一定会感受到你的体贴。

8. 慎用符号

在商务信函里面使用表情符号显得比较轻佻。商务邮件内容多涉及正式、严肃的业务，表情符号最好慎用，要用也只用在某些你确实需要表现轻松状态的场合。

(四) 附件

(1) 如果邮件带有附件，应在正文里面提示收件人查看附件。

(2) 附件文件应按有意义的名字命名，最好能够概括附件的内容，方便收件人下载后管理。

(3) 正文中应对附件内容做简要说明，特别是带有多个附件时。

(4) 附件数目不宜超过 4 个，数目较多时应打包压缩成一个文件。

(5) 如果附件是特殊格式文件，应在正文中说明打开方式，以免影响使用。

(6) 附件不宜过大，如果附件过大(超过 2 MB)，应分割成几个小文件分别发送。

三、网络礼仪

网络礼仪(网络礼节)是指在网上的交往活动中形成的被普遍赞同的礼节和仪式，即人们在互联网上交往所需要遵循的礼节。只有使用互联网的人们懂得并遵守这些规则，互联网的效率才能得到更充分、更有效的发挥。

下面罗列的 10 条核心规则可以当做网络行为的基本规范。

礼节一，记住别人的存在。互联网给来自世界各地的人们提供了一个聚集的场所，这是高科技的优势，但往往也使得我们在面对着电脑显示器的同时忘了我们是在跟其他人打交道，我们的行为也因此容易变得粗劣和无礼。所以要记住，那些在现实中你不会当着别人的面去说的话，也不要放到网上去说。

礼节二，网上网下行为一致。在现实生活中大多数人都是遵纪守法的，在网上也应如此。网上的道德和法律与现实生活是相同的，不要以为在网上就可以降低道德标准。

礼节三，入乡随俗。同样是论坛，不同的论坛有不同的规则，在一个论坛可以做的事情在另一个论坛可能不能做。比方说在聊天室打哈哈发布传言和在一个新闻论坛散布传言是不同的。最好的建议：先观察一会儿再发言，这样你可以知道论坛的气氛和可以接受的行为。

礼节四，尊重别人的时间和资源。在提问题之前，先自己花些时间去搜索和研究，很有可能同样的问题之前有人已经问过多次，现成的答案随处可见。不要以自我为中心，别人为你寻找答案需要消耗时间和资源。

礼节五，给别人留下好印象。因为网络的匿名性质，别人无法从你的外观来评判你，因此你的一言一语成为别人对你的唯一评判依据。发帖以前仔细检查语法和用词，不要故意挑衅和使用脏话等，都有助于形成个人的良好形象。

礼节六，分享你的知识。所谓分享，除了回答别人提出的问题以外，还包括当你提了一个有意思的问题而得到很多回答，特别是通过电子邮件得到回答以后，你应该写份总结与大家分享。

礼节七，平心静气地争论。争论与论战是正常的现象，要以理服人，不要进行人身攻击。

礼节八，尊重他人的隐私。别人与你用电子邮件或私聊软件(微信/QQ)聊天的记录应该是隐私的一部分。如果不小心看到别人打开电脑上的电子邮件或秘密，不应该到处广播。

礼节九，不要滥用权力。管理员和版主比其他用户有更多权力，应该珍惜使用这些权力。

礼节十，宽容。我们都曾经是新手，都会有犯错误的时候。当看到别人写错字、用错词，问一个低级问题或者写篇没必要的长篇大论时，请不要在意。如果你真的想给他建议，最好用电子邮件私下提议。

第三单元　文字沟通

第十二讲　汉字之美

一、汉字形体演变

　　汉字是世界上最古老的文字之一。埃及圣书字、苏美尔楔形文字、古印度梵文以及美洲的玛雅文等其他几种古老文字都先后进了博物馆,唯独汉字以它旺盛的生命力,世世代代记载传承着中华民族的文化,至今仍然活跃在亚洲的东方,演绎着一曲曲绚丽的凯歌,描绘着一幅幅动人的彩图。

　　汉字有三千多年可考的历史,作为中华民族大家庭共同的文字,汉字记录汉语,传承思想文化于后世,为历代社会经济文化服务。汉字是方块字,汉字的本质特点是它的规范体的每一个字是等长的。汉字是表意兼表音的文字。东汉许慎在《说文解字》里说"盖文字者,经义之本,王政之始,前人所以垂后,后人所以识古。"文字是经典的根基,是帝王业绩的开端,可以说汉字是黄河之水,源远流长;汉字是秦兵马俑,八面威风;汉字是青砖灰瓦,方方正正;汉字是崇山峻岭,纵横捭阖,汉字就是一部雄浑苍劲的史诗。关于汉字起源,有结绳记事说、八卦说、起"一"成文说、仓颉造字说、"文字画"说等。汉字形体的演变为:甲骨文→金文→小篆→隶书→楷书→行书→草书。以上七种字体称为"汉字七体"(参见图 3.1)。

甲骨文	日	D	𩾃	𩡱
金文	日	月	車	馬
小篆	日	月	車	馬
隶书	日	月	車	馬
楷书	日	月	車	馬
行书	日	月	車	馬
草书	日	月	车	马

图 3.1　汉字七体

汉字历来是我国各民族的通用文字，2000年10月31日中华人民共和国第九届全国人民代表大会常务委员会第十八次会议通过了《中华人民共和国国家通用语言文字法》，规定国家推行规范汉字，对在什么情况下可以保留或使用繁体字、异体字也做了规定。

瑞典汉学家高本汉说过："中国人果真不愿意废弃这种特别的文字，以采用西洋的字母，那绝不是由于顽固的保守主义所致。中国的文字和中国的语言的情形，非常适合，所以它是必不可少的。""中国人一旦把这种文字废弃了，就是把中国文化实质的基础降服于他人了。"

二、中国书法

(一) 书法的内涵

书法，又称"中国书法"，是中国特有的一种传统艺术。从狭义讲，书法是指用毛笔书写汉字的方法和规律，包括执笔、运笔、点画、结构、布局(分布、行次、章法)等内容。从广义讲，书法是指语言符号的书写法则。换言之，书法是指按照文字特点及其含义，以其书体笔法、结构和章法写字，使之成为富有美感的艺术作品。

书法主要分为"软笔书法"和"硬笔书法"，是中国特有的一种传统艺术及文化。

(二) 书法起源

书法是汉字的书写艺术。它不仅是中华民族的文化瑰宝，而且在世界文化艺术宝库中独放异彩。汉字在漫长的演变发展的历史长河中，一方面起着思想交流、文化继承等重要的社会作用，另一方面它本身又形成了一种独特的造型艺术。近代经过考证，关于汉字起源，一般认为在距今约5000~6000年前黄河中游的"仰韶文化"时期，已经创造了文字。仰韶文化因1921年首先在河南渑池仰韶村被发现而得名，近些年又陆续有许多发现。

世界上各民族的文字，概括起来有三大类型，即表形文字、表意文字、表音文字。汉字是典型的在表形文字基础上发展起来的表意文字。象形的造字方法是把实物画出来，不过画图趋于简单化、抽象化，成为突出实物特点的一种符号，代表一定的意义，有一定的读音。我们的汉字，从图画、符号到创造、定型，由古文大篆到小篆，由篆而隶、楷、行、草，各种形体逐渐形成。在书写应用汉字的过程中，逐渐产生了世界各民族文字中唯一的，可以独立门类的书法艺术。

中国书法是一门古老的艺术，从甲骨文、金文演变而为大篆、小篆、隶书，至定型于东汉、魏、晋的草书、楷书、行书诸体，书法一直散发着艺术的魅力。

中国书法历史悠久，以不同的风貌反映出时代的精神，艺术青春常在。浏览历代书法，"晋人尚韵，唐人尚法，宋人尚意，元、明尚态"。追寻三千年书法发展的轨迹，我们清晰地看到它与中国社会的发展同步，强烈地反映出每个时代的精神风貌。书法艺术是世界上独一无二的瑰宝，是中华文化的灿烂之花。书法艺术最典型地体现了东方艺术之美和东方文化的优秀，它具有世界上任何艺术都无法比拟的深厚群众基础和艺术特征，愈加受到大家的青睐。

(三) 书法的艺术语言

书法是以汉字为基础，通过点画运动来表现一定情感、意韵的艺术。它的艺术语言包括用笔、用墨、结构、章法等。

(1) 用笔：指行笔的方式、方法，如用笔中的刚柔、急缓、轻重、藏露、提按等。历代书法家都重视用笔，因为用笔直接涉及情感、意蕴如何转化为点画形式。许多书法家主张用笔要"逆入、涩行、紧收"，也就是落笔要藏，运笔要涩，收笔要回。这是指以中锋为主、侧锋为辅的用笔方法，中锋取劲，侧锋取妍，可使点画达到刚柔相济的效果。

(2) 用墨：指用墨的着色程度及变化，如浓淡、枯润等。墨色对于烘托书法的神采、意境和情趣有着重要作用。所谓"润含春雨，干裂秋风""润取妍，燥取险""带燥方润，将浓遂枯"，都是描述用墨的审美特性。墨色处理得当，可以产生血润骨坚的艺术效果。

用笔和用墨相结合，"以笔取气，以墨取韵"，可以使书法更加气韵生动。

(3) 结构：是指字的分间布白、经营位置。用笔体现书法的时间特征，结构体现书法的空间特征，如大小、宽窄、齐正等。用笔赋予线条的美是在字的结构中表现出来的，字的结构有如建筑。结构对于表现情感也很重要，王羲之和颜真卿写同样的字，由于结构的差异，会产生不同的艺术效果。

(4) 章法：是指书法作品的整体布局，也称作布白，体现作品的整体效果。欣赏一幅字首先感受到的是通篇的黑白大效果。考虑布白，重要的是处理好虚实的关系，书法中点画的运动是一个连续的过程，积画成字，积字成行，积行成篇，全篇是一个有生命的整体，在创作过程中一气呵成。书法创作中的"计白当黑"，就是把空白作为一种表现因素，它和点画的实体具有同样的审美价值。布白体现了艺术家的空间意识，是深层的审美追求。

(四) 书法价值功用

1. 实用性

学书法最基本的活动是写字，而写字首要的目的是记事和交流感情，起码的要求是把字写得规范、整洁、清楚，使人看了乐于接受；如果把字写得杂乱无章，甚至随心所欲，胡乱造字，读者如视"天书"，无法辨认，就失去了它的实用价值。商标、广告、标语、对联、字画条幅等都离不开书法。不可否认，使用钢笔、圆珠笔及其他工具写字是方便快捷，但不管用什么工具写字，其法则基本与使用毛笔相同，所以无论用何种方式写字都应该学习书法。书法的神韵可征，形象可表，技法可取，章法可达，升堂入室，望而可及。

2. 艺术性

中国文字的点画、结构和形体与外文不同。它变化微妙，形态不一，意趣迥异。通过点画线条的强弱、浓淡、粗细等丰富变化，以书写的内容和思想感情的起伏变化，以字形字距和行间的分布，构成优美的章法布局，有的似玉龙琢雕，有的似奇峰突起，有的俊秀俏丽，有的气势豪放，这些都使书写文字带上了强烈的艺术色彩。人们可从书法作品中领略作者的精神风度、心灵意境、生活情趣、审美追求、时代气息。

3. 有益健康

"作书能养气，也能助气。"练书时，须绝虑凝神，全躯启动，力送毫端，注于纸上，抒胸中气，散心中郁，这对人的心理和生理方面都有一定的调节和锻炼作用，久而久之，可使人身心畅快，健康长寿。只要持之以恒，锲而不舍，便可变"书法"为美妙的"养生之道"。

4. 陶冶情操

情操是感情和思维的综合，书法的美感来源于大自然，来源于生活，来源于社会实践，与其他事物有着密切的互为表里的联系。书法的特点、技巧、理论、表达意境极其广泛。"胸中有书，下笔不俗。"学习书法，对文学、哲学、美学、天文、地理、历史等知识无所不及，不能把书法简单地理解为就是写字。书法家吴善茂先生说得好："书法是写字，但写字不都是书法。"书法的内在规律决定了习书的严肃性。这就要求习书者必须具备良好的心理状态，以高度的学习热情、旺盛的进取精神、科学的思维活动、诚恳的态度来对待。

三、书法欣赏

（一）书法的艺术特征

（1）书为心画。书法是一种心灵的艺术，是人类精神美的表现。古人把书法称为"心画""心迹"。书法善于直接地表现情感，欢快时写出的字像开放的"心花"，恬静时写出的字像流淌的"心泉"，激越时写出的字像澎湃的"心潮"。书法不仅可以抒情，还可以移情和交流感情。书法的极致与人的精神相通。

（2）书肇自然。书法体现自然的节奏变化。唐朝张怀瓘论述书法与自然的关系是"囊括万殊，裁成一相。"它包含两层含义：一是说书法艺术的表现形式源于客观万物，是对自然万物的高度概括；二是指书法在反映现实的时候，把"万殊"裁成"一相"，化作"点""线"。师法自然的古代书法家有许多，比如怀素夜闻嘉陵江水声而草书益佳等。

(3) 多样统一。经典的书法作品都是有生命的整体，美在整体的和谐。书法艺术是在点画的运动中达到统一，体现造型运动的美。

(二) 书法欣赏要旨

(1) 观神采。"神采"是指书法作品显现的一种精神气韵。唐朝张怀瑾曾说："深识书者，唯观神采，不见字形。"沈括曾说："书画之妙，当以神会，难可以形器求也。"观神采是欣赏者对作品的精神内涵的感悟，书法作品的精神气韵直接给欣赏者以强烈的感染。

(2) 审法度。书法神采的表现离不开一定的法度，都是凭借布白、结构、用笔来表现的，神采必须寓于形质之中。欧阳询曾说："书法者，书而有法之谓也，故落笔纸上即入法中。"各种不同的书体均有各自的法度。

(3) 识独创。优秀的书法作品都有自己独特的个性，即"书如其人"。王羲之妍美潇洒，颜真卿雄浑刚健，张旭狂放激越，赵孟頫秀媚温润，书法作品无不体现书法家的个性、人格。书法作品还体现出鲜明的时代性、书法艺术风格的演变，体现了各个不同时代的审美理想和审美情趣，比如王羲之书法的潇洒体现了晋人的风度，颜真卿的书法作品显示了大唐盛象。

(4) 欣赏者再创作。书法本身的表现形式具有一定的抽象性，点画所表现的精神内涵，往往带有含蓄朦胧的特点，仁者见仁，智者见智，欣赏者可以由点画产生出各种联想、想象。

【同步训练】◆◆◆◆◆◆◆◆◆◆◆◆◆◆◆◆◆

用毛笔抄写毛泽东的《沁园春·雪》。

第十三讲 写作主体

一、写作主体定义

写作是指运用语言文字符号反映客观事物、表达思想感情、传递知识信息的创造性脑力劳动过程。写作活动具有如下一些显著特征：目的性、创新性、综合性和实践性。

写作作为一种富有创造性的脑力劳动过程，不仅仅存在于文学创作领域，还广泛出现于应用写作领域。随着时代发展与进步，"写作"的概念已越来越多地指向应用写作这一遍及社会生活各个角落的实践活动。美国未来学家约翰·奈斯比特在其著作《大趋势》中曾断言："在这个文字愈来愈密集的社会，我们比以往任何时候都更需要读写技巧。"这里的"写"主要是指应用写作而非文学创作。有学者称："当今中国已经进入了全民写作时代。"

所谓写作主体，就是进入写作思维和写作行为中的人。在写作活动中，主体始终起着主导作用。提高写作能力的根本途径是加强写作主体的素质。素质通常指一个人通过综合的精神状态和行为方式所表现出的素养。写作素质就是作者在围绕文章所进行的集材、运思、表达等活动中表现出来的素养，它是写作主体思想意识、文化水平、价值观念、思维方式、生活积累的综合反映。

写作主体的素质主要包括生活素养、学识修养、人格品位和审美理想四个方面。

二、写作主体的生活素养

1. 生活素养的源泉

生活素养是人们从事一切文化创造活动的"根须"，它来自丰富的经历、广阔的视野，也来自主体对生活的钟情与投入。心理学研究证明，人的高级神经活动具有一定接纳条件刺激物的总和规律，这一规律来自条件刺激物的有效信息，随着刺激信息的不断传入，信息总量在积累，表现为算术和式的递增。扩大视野，丰富阅历，多见世面，广开视听，感性认识和理性认识得以积累和提高，信息储存和材料积累得越丰厚，写起文章来自然就会越得心应手、游刃有余。这里的道理并不复杂。古人说："见得真，方道得出。"

2. 生活素养的升华

生活素养，还来自作者对生活投入的热情，对生活的感受、体验，对生活的独特发现。生活素养，固然包括了见多识广，但更为本质的是认识深刻，感受真切。茅盾在论创造时，特别强调广度、深度和密度的三位一体化。他说，广博与深入，并不对立，而是相辅相成的。很难想象，一个埋头在生活的一角，而对一角以外的生活全无所知的作者，怎么能够写出典型环境中的典型人物，使作品所反映的生活具有普遍性。我们所要表现的，必须是具有普遍意义的社会生活，能使广大读者感到身入其境，发生强烈的共鸣；我们所虚构的故事和人物不可能不是具体环境中的故事和人物。之所以能达到这样的效果，就在于作者既有广博的生活知识，又有深入的生活经验。

在强调广度和深度相辅相成的基础上，茅盾在论所谓"生活的三度"时，进一步说明密度问题："一个生活有密度的人，也许他见世面亦不怎么多，也许经历的世故亦不怎么深，然而无碍于他的生活之密度；如果说'世界上更不会存在没有广度和深度的密度生活'，那么，二十岁左右的青年学生难道就不会有能'贴近人民'的么？自然，见世面大(广度)，阅历深(深度)，能增加一个人对别人的体察——愈近人情(密度)，但是密度之初不有待于广度深度而得，也是无可怀疑的事。"我们要形成良好的生活素养，就要关注生活，热爱生活，潜心探究生活，做生活的有心人。

三、写作主体的学识修养

1. 学识修养的内涵

所谓学识，就是写作活动所需要的知识、学问、见识等。它既包括客观世界逻辑结构和运行规律方面的知识，也包括主体思维所使用的语言概念及其思维程序、规则方面的知识。学识是通过后天学习得到的。一个人，从小学到中学、到大学，集中地学习着各种知识。在生活与工作中，同样有机会学习各种知识。文章写作同作者的学识修养密不可分。写作的过程，实质上就是学识的组合和应用的过程。

2. 学识修养的构成

写作以文字符号和语言体系为媒体和工具。学习写作必然开始于文字知识和语言知识的学习。从认字到组词，从造句到谋篇，都是在学习和运用语言文字知识。语音知识、语法知识、修辞知识、逻辑知识等，都属于语言文字知识的范畴。人们可以把语言文字看作是工具性的知识。在文学作品中，除了广泛地使用各种修辞手段外，还经常使用各种表现技法，以增强其艺术感染力。我们看下面李其祥的微型小说《乡间小路》：

有一小轿车与一独轮车相遇。

司机令老汉让路，老汉道：为何？

司机道：我开的是小车。

老汉道：我的也是小车。

司机道：小车是首长的车。

老汉道：我的也是手掌车。

司机道：首长的车是小轿车。

老汉道：我的也是小叫车，不信你听。

说毕，驾起车，果然吱吱作响，像蝈蝈唱，蹒跚而去……

这篇作品文字十分简练，使用了谐音的修辞手法，运用了反常的构思，还使用了铺垫和对比的技巧，表现了一个劳动者的机智，造成了诙谐幽默的艺术效果。没有相应的学识，难以写出这样的作品。

同时，知识也是文章内容的组成部分，知识的贫乏必然造成文章内容的贫乏。在写作实践中，一方面，随着写作对象和文体的差异，需要相应的、特殊的、专业的知识；另一方面，一般性的、综合性的知识，对于任何写作对象和专业来说，都是必要的，有益无害的。

在写作中作出成就的人，一般都是博览群书的人，会涉猎方方面面的知识。马克思写《资本论》，阅读了数以千计的各类科目的书籍。美国记者威·劳伦斯为了报道日本长崎原子弹爆炸事件，对原子弹理论知识的了解达到了"令人吃惊"的地步，他的报道因此而获得了普利策新闻奖。我国现代作家徐迟，为了写数学家陈景润的事迹，刻苦钻研了有关高等数学理论，《哥德巴赫猜想》这篇报告文学一问世，就在社会上引起强烈的反响。

鲁迅在谈创造时说过："先前的文学青年，往往厌恶数学、理化、史地、生物学，以为这些都无足轻重，后来变成连常识也没有，研究文学固然不明白，自己做起文章来也糊涂，所以我希望你们不要放开科学，一味钻在文学里。"当今，文理合流已成趋势，这对我们涉猎综合的知识提出了新的要求。

四、写作主体的人格品位

1. 人品与文品

优秀的人格品位是人们从事一切文化活动的动力源泉。写作是一种富有个性化的精神劳动，作者的精神气质和人格品位必然对写作成品产生巨大影响。我国古代的文论，十分重视探讨作者人格和文章之间的关系。曹丕在《典论·论文》中提出了"文以气为主"的命题，并使用"以人论文"的方法探讨人与文的关系。他列举了当时文坛上一些著名作家，说明他们个人的气质决定了各自的文风。法国散文大师蒙田在他的《蒙田随笔集》卷首就告诉读者：我本人就是这部书的全部材料，书中描绘的都是我的生平事迹。而郁达夫在《中国新文学大系·散文二集》中就说："只要把现代作家的散文集一翻，这个作家的身世、性格、嗜好、思想、信仰以及生活习惯等等无不活泼地显现在我们眼前。"其实不仅仅是散文这种文体明显地通过文章展示作者自身，作家的作品几乎都是作家自我思想的一种体现，所以文品与人品很大程度上是相互对应一致的。

2. 人格品位与选材立意

人格品位影响文章的选材、立意。我们知道，文章的产生，要经历由物到意，由意到文的"双重转换"，这中间有选择，有组合，有创造。选取什么样的题材，形成什么样的立意，背后的决定因素就在于作者是什么样的人。法捷耶夫在《和初学写作者谈谈我的创作经验》一文中说："毋庸争辩，个人品质——作家的才力、修养、智力的发展的趋向、气质、意志以及其他的个人特征，在选择材料的时候都起着重大作用。"实践证明，即使同一材料，不同的人也会从不同的角度选择。不同的角度，不同的视线，自然会形成不同的主题。进一步说，文章立意的深刻与否、正确与否、新颖与否，也取决于作者的思想品位。

3. 人格品位与文章格调

人格品位决定文章的格调、价值。文章的格调有高有低，文章的价值有大有小。就一般情况而言，文章的格调取决于作者的人格境界，文章的价值来源于作者的思想水平。格调不指风格，而指品位。风格没有优劣之分，格调却有高低之别。风格源于作者的精神气质，格调源于作者的思想观念。《西游记》和《三国演义》的风格不同，但二者都是优秀作品。而《红楼梦》和《金瓶梅》之间，《水浒传》和《荡寇志》之间，就不止是风格的差异了，它们之间的差异还在于前者的格调比后者高。有高尚的人格品位才能有高尚的文章格调。叶燮说："诗之基，是人之胸襟是也。有胸襟，然后能载其性情、智慧、聪明、才辨以出，随境发生，随生即盛。"屈原有"哀民生之多艰"的高尚情怀，才写出了不朽的诗篇。李白以傲岸不屈的风骨，铸造成凌厉奔放的诗调。杜甫若无关心民间疾苦的思想意识，何来一代"诗圣"？文天祥若是贪生怕死之徒，哪能写出气壮山河的《正气歌》？因此，提高文章的格调，就是提高文章的思想价值与审美价值。

五、写作主体的审美理想

（一）审美理想的作用

审美活动是人类特有的一种心理功能，一种美的欣赏和情感体验的活动，是人掌握世界、创造文化的一种特殊方式。尤·鲍列夫在他的《美学》中甚至认为："审美活动——这是在全人类意义上的人的所有活动。"在他看来，只要是真正的"人的"活动，那就或多或少含有审美因素。由此可见，人们的审美理想既可以体现为对美的追求和选择，又可以转化为净化情感的力量和文化创造的动力。

(二) 审美理想的创造

1. 按美的规律创造美

文章是作者"按美的规律"创造出的结果。从写作内容看，文章总是直接或间接地体现着作者美的意图。论说文对真理的弘扬，对正义的呼唤，实质上是对美的传播。说明文虽然是客观地反映有关事物，但其间往往包含着美的属性和美的价值。新闻中的人物和事件，同样能够体现美的成分和内涵。科普小品中凝聚着美的情趣与风味。随笔、杂感等文体，融情理于一体，能给人美的感染和美的享受。至于文学文体中的诗歌、散文、小说、戏剧等，则直接是形象美、情感美、意境美的反映，以审美为其本位价值。从写作的形式看，文章是人类艺术地把握对象世界的结果。符号化的文本形式，是美的规律的体现。可见，文章的审美属性是通过内容和形式两个方面体现出来的。

2. 美的创造需要激情

美的创造需要一种激情。在作者的主体意识中，只有充满生命的激情、愿望、追求，才会有旺盛的创造热情和创造动力，才会敢于探知未来的发展，才会孜孜不倦地潜心于自己爱好的精神财富，从而也就生活在冲动、鼓舞和力量之中。别林斯基把激情看作是永远在人的灵魂里被观念燃烧，并总是向观念突进的一种情欲。黑格尔认为，艺术家一方面要求助于常醒的理解力，另一方面也要求助于浓厚的灌注生气的情感。

3. 审美创造与知识

除了激情诱发和情感体验，学写作的人还应当学习和掌握必要的美学常识和美学理论。有了丰富的美学常识和美学理论，无论是创造作品还是分析作品，都容易进入艺术的境界，也容易透过现象抓住美的本质所在。例如，理解下面这首诗，就需要有关的常识：

你，是悬崖上的红杜鹃，

对着我莞尔一笑，

却使我心惊胆战，

我唯恐你掉下来，

在峡谷里粉身碎骨——

美，从来都面临着灾难。

这是徐刚《红杜鹃》中的句子。如果缺乏中国传统的美学常识，这几句新诗似乎不好理解。古代诗论讲究空灵、含蓄，"含之不尽之意，见于言外"。这首诗中"红"是美的象征，但在封建专制摧残下，"红"又是那么不幸。《红楼梦》就描绘了一幅"千红一哭""万艳同悲"的画卷。唐人羊士谔有写秋日荷花的诗："红衣落尽暗香残，叶上秋光白露寒。越女含情已无限，莫教长袖倚阑干。"明人谢榛有咏牡丹的诗："花神默默殿春残，京洛名家识面难。国色从来有人妒，莫教红袖倚阑干。"这几首诗可以互相印证：为什么那么美的"红颜"，往往出现"命薄"的结局呢？显然，是有恶势力的存在。以上作品给人们的启示就是：我们要维护美，对抗恶。

【知识链接】◆◆◆◆◆◆◆◆◆◆◆◆◆◆◆◆

徐志摩婚礼上旷古绝今的证婚训词

　　在很多人看来，证婚人在新人婚礼上的证婚词，都应该是美言善词。但在中国现代史上，却有一份堪称旷古绝今的证婚词，不仅在中国文坛上留下了一则佳话，也为今人的婚恋生活敲响了一记警钟。

　　这份证婚词，便是梁启超在其爱徒、中国近代著名诗人徐志摩的婚礼上当众讲说的。

　　梁启超"八岁学为文，九岁能缀千言"，十六岁中举，十八岁拜康有为为师并参与"百日维新"，二十三岁发起"公车上书"，后任清华国学研究院导师兼京师图书馆馆长。身为新月诗派代表的徐志摩对梁启超极为崇敬，便拜梁启超为师。

　　梁启超虽爱才如命，但却性格刚耿，率真诚挚，他喜欢爱徒徐志摩，但却看不惯徐志摩的私人生活。徐志摩留学英伦期间，结识了好友林长民的女儿林徽因。徐对林一见钟情，便向发妻张幼仪递交了离婚通知书。

　　梁启超闻讯后，写信对徐志摩的草率行为进行了严厉批评。但徐志摩离意笃定，一句"我将于茫茫人海中访我唯一灵魂之伴侣：得之，我幸，不得，我命，如此而已"，便将恩师的规劝置之脑后。

　　后来，因林长民父女均对徐志摩的人品"表示疑虑"，林徽因便嫁给了梁启超的儿子梁思成。徐志摩随即转而追求京城有名的交际花、北京大学教授王庚的妻子陆小曼。

　　徐志摩经常陪陆小曼出入灯红酒绿的场合或游山玩水，一来二去，两人便产生了感情。陆为了徐而同王庚离了婚。不久，陆小曼便同徐志摩举行了婚礼。徐志摩的父亲徐申如坚决不同意儿子娶陆小曼。一是他不喜欢陆小曼，认为这样的女人品行轻薄；二是觉得儿子离婚已属大逆不道，再娶一个有夫之妇更是有辱门风。

　　后经胡适、刘海粟等人斡旋，徐父才勉强同意儿子再婚。但他提出：婚礼必须由胡适做介绍人，梁启超证婚，否则不予承认。

　　1926 年农历七月初七，中国的"情人节"，徐志摩与陆小曼在北京北海公园举行了盛大的婚礼。

　　婚礼上，梁启超霍然站起，宣讲了有史以来"最坦诚""最直率""最另类"的证婚词：

　　"我来是为了讲几句不中听的话，好让社会上知道这样的恶例不足取法，更不值得鼓励——

　　"徐志摩，你这个人性情浮躁，以至于学无所成，做学问不成，做人更是失败，你离婚再娶就是用情不专的证明！

　　"陆小曼，你和徐志摩都是过来人，我希望从今以后你能恪遵妇道，检讨自己的个性和行为，离婚再婚都是你们性格的过失所造成的，希望你们不要一错再错自误误人。

　　"不要以自私自利作为行事的准则，不要以荒唐和享乐作为人生追求的目的，不要再把婚姻当做是儿戏，以为高兴可以结婚，不高兴可以离婚，让父母汗颜，让朋友不齿，让社会看笑话！

　　"总之，我希望这是你们两个人这一辈子最后一次结婚！这就是我对你们的祝贺！——我说完了！"

　　这番证婚词字字千钧，掷地有声，令"新人及满堂宴客无一不失色！"证婚词评人论事可谓入木三分，不仅体现了梁启超刚耿的为人和直率的性格，也表明了梁启超这位近代大儒对婚姻生活的态度。

第十四讲　应用写作

现代应用文是指在今天的社会现实中，党政机关、社会团体、企事业单位以及个人，在政治生活、经济建设、科学文化事业以及管理社会生活中所使用的各类文体的总称。总之，应用文在今天已是社会中机关、团体、单位、个人所必备的交流工具。

现代应用文主要包括：党政机关应用文、机关事务应用文、经济应用文、法律应用文、公关礼仪应用文、科技文卫应用文等。

一、应用文写作的特点

1. 实用性

应用文的主要任务是解决实际问题，不是供人审美、供人欣赏玩味，更不是供文人骚客比试高下的文体，而是供人实践运用、达成一定目的的文体。

2. 真实性

应用文要求作者严格按照客观事物的本来面目进行写作，决不允许虚构和凭空想象。真实性是应用文体写作的生命之所在。只有真实地向社会各方面传递各种信息，上情下达，下情上传，它的文体价值才会有效实现，否则会失真，会给社会带来不利影响甚至造成危害。

3. 针对性

应用文有着明确的目的性，它是为处理和解决社会生活中的实际问题而进行的。因此，它有着明确的特定接受对象，有强烈的针对色彩。从文种选择、格式安排到词语的运用，都要针对写作目的与读者对象而有所选择与取舍。

4. 时效性

时效性包括应用文的时代性、及时性、作用时间的有限性三层含义。

5. 工具性

应用文本身不是人们追求的目标，其仅仅是为能动地实现特定目标而采取的手段。它以语言文字为中介，传递各种信息，在社会政治、经济、文化、科技乃至日常生活各个方面发挥工具作用。

6. 规范性

应用文的体式是固定的,严格讲究格式准确。其文本形式和制发程序都有特定要求,讲究规范。

二、应用文的种类

任何文体的分类都是一个大致的分类,因为文体不是一成不变的,并且文体之间在内容和功用方面往往有交叉,不能严格区分。应用文的分类也只是大致的分类,主要从社会功能和应用范围来分。

(一) 行政公文类

行政公文类应用文是指《党政机关公文处理工作条例》(中办发〔2012〕14 号)中所规定的文种。公文是国家机关、社会组织和团体行使职权、办理公务的法定文书,包括决议、决定、命令(令)、公报、公告、通告、意见、通知、通报、报告、请示、批复、议案、函、纪要 15 类。

(二) 通用事务类

通用事务文书包括计划、总结、调查报告、述职报告、简报、规章制度、会议材料以及礼仪文书等。

(三) 专用类

专用类应用文是指专业性较强的文书,一般有以下几种:

(1) 科技类,如毕业论文、毕业设计、科普说明文等。

(2) 财经类,如市场预测报告、市场调查报告、经济活动分析报告以及经济合同等。

(3) 司法类,如诉状、答辩状和公证书等。

(4) 传播类,如消息、通知、解说词和广告等。

另外还有一些特殊部门使用的办公文书,如军事、外交类公文,此处不再赘述。

三、应用文的作用

应用文是随着时代应运而生并与时俱进的。早在甲骨文时期就形成了占卜纪事的应用文雏形——甲骨卜辞。《尚书》里的政事文,分为典、谟、训、诰、誓、命六种,是比较早的应用文体。随着历史的发展、时代的变迁、科学的进步,应用文的种类越来越多,应用范围越来越广泛,作用也越来越重要,其主要作用有以下几种。

(一) 指导作用

应用文里的一些公务文书、会议文书、法规文书等,用于公布、宣传国家、政府、企事业单位的方针政策、管理制度，用以指导工作、规范行为，所以具有权威性和指导性。

(二) 交际作用

应用文在行文过程中，担负着交流信息、促进了解、协调关系的任务。现代社会人际交往中，各种活动愈加复杂，应用文的交际作用愈显突出。

(三) 传播作用

人们在工作和生活中，对一些问题的了解往往要阅读应用文。应用文中的一些文种，在宣传党和国家的方针政策、社会新闻，传播科技知识和商品信息，服务社会等方面起了非常重要的作用。

四、语言特点

应用文写作的语言特点包括语言的信实性、针对性、规范化和专门化。

作者运用语言的能力，主要体现在对各种文体语言的敏感和自觉把握及开拓上。应用文因其具有交流业务、传递信息、宣传政策、探讨问题甚至录存凭证等实用要求，其语言必然有一些自身的特点。

1. 信实性

要使各种信息得到读者的信任，其语言就应信实可靠、去伪存真、弃浮留实，不言过其实。要做到语言的信实必须注意以下几点：

(1) 要掌握表述的分寸。在当用与不当用、偏高与偏低、偏大与偏小之间加以区分，事物的范围、性质要描述和归纳得恰如其分。要求表述清楚，词语的内涵、外延明确，一切会导致歧义、多义的概念、语句和似是而非的象征、隐喻等都不应出现在应用文中，以免引起误解而导致错误。如应注意"成绩"与"成就"之分，"错误"与"缺点"之分，"大多数"与"绝大多数"的不同，"部分"与"大部分"的界限。

(2) 表现要诚达。"诚"，就是要求有实实在在的内容，不能空话连篇、言之无物，不能装腔作势、哗众取宠；"达"，就是要求语言能原原本本地把内容表达清楚，忌浮言、假话。如介绍商品，性质、功能、售后服务、价格等都须实事求是，不吹嘘、不护短，才能在情感上取得顾客的信任。那些"王婆卖瓜，自卖自夸"的花言巧语，那种动辄"领导世界新潮流""誉满全球"的陈词滥调只会失信于顾客，最终削弱商品的竞争力。

(3) 数字要精确，字词运用要恰当。借助极富科学性和说服力的数字，发现问题、分析问题、解决问题。数字使用应慎重，如数字发生变化时表达要清楚，"增加了多少"与"增加到多少"并不一样；有关数字的词语要概念明确，比如"以上""以下"

"不足""超过""小于""大于"等一定要表述准确，不要在"100 公斤以上的""100 公斤以下的"之后给读者留下"100 公斤的"该怎么办的问题。

2. 针对性

应用文的语言受客观环境和政策法规的制约，针对具体的表述对象，其表述形式、语言文字各不相同。给领导看的，要求语言庄重，文字简约；给群众看的，则要求深入浅出，语言通俗；介绍一件商品，要注意具体的对象、环境、内容和要求。针对性强，就能使文章有的放矢，有助于解决具体的问题。

3. 规范化和专门化

应用文写作的语言以书面语言为主。在某些应用文(如命令)中，只能用书面语言而不能掺杂其他语言，并要求大量使用规范化、专业化的词语，体现出以下特点：

(1) 词语的稳定性与选择性的统一。所谓词语的稳定性，是指某些固定的词语相对稳定地使用于某些应用文。如介绍信的开头总以"兹有"开启下文，许多公文的结尾都以"特此"收束全文。所谓词语的选择性，是指大多数的应用文都有一套比较固定的规范性习惯用语，供人们在写作时选用。这些习惯用语多用于应用文的标题、开头、引文、过渡与结尾处。例如：开头用语有"鉴于""为""为了""由于""遵照""按照""根据""随着""兹有""奉""近来"等，结尾用语中有"本""为荷""为要""为盼""此令""此复""希即遵照执行""希酌情办理""现予公布""特此函达""以上报告，请审核""当否，请批示""以上妥否，请指示"等。

(2) 句法的稳定性和灵活性的统一。所谓句法的稳定性，是指某些类型的句子在应用文中占有很大的分量。如总结中要汇报情况，请示时要阐述原因，求职信中要做自我介绍等，主要使用陈述句。应用文在陈述的基础上，往往还要提出要求，无论是上级对下级还是下级对上级，如"以上通知，请遵照执行""以上请求，望领导批准为荷"等。所谓句法的灵活性，是指在稳定性的基础上，适当地求新、求变。灵活恰当地选用句式，可使行文变化多姿，从而增强文章语言的表达效果，增强文章的外在美。例如，对事物下定义时宜用长单句和判断句，叙述事物时宜用短句，发号施令时宜用短句、单句、主动句。总之，选用什么样的句式，要根据表述内容灵活掌握。

(3) 力求简洁，具有庄重感。应用文中，经常使用一些文言词语，如常用的有经、业经、业已、兹、兹有、兹将、特、者、荷、取、于、而、则、为、为此、与之、依、逾、至、其、亦、以、尚、须、未、予、示、之等，这些词语既可使文章简洁，又可增强文章的庄重感。

(4) 用图示替代语言文字。图示包括图、画、符号、照片、表格、公式等。图示在应用文特别是科技应用文中大量使用，是一种常见的辅助书面语言，由此也形成了应用文语言的又一大特色。

五、语言运用要求

掌握应用文语言运用的基本要求，即：语言要准确清晰、简洁明了、平实自然、得体妥帖、生动具体。

（一）准确清晰

准确，即用最恰当的词语和句子如实反映客观事物，表达作者思想；清晰，是指表达时要条理清楚，意思明白。具体应做到：

(1) 用词造句要准确。用词准确是指能把握词语遣用的分寸感和合适度。应精选中心词，用准修饰语。能仔细辨析同义词、近义词的用法，对词义轻重、范围宽窄、程度深浅、感情褒贬、语体雅俗、词性差别等都能烂熟于心。如"分散"和"涣散"都有"不集中"的意思，"涣散"是具有贬义性质的形容词，"分散"是中性词。"士气涣散"就准确，"士气分散"就不准确。另外，应用文常用数字说明问题，揭示事物之间的数量关系，所以数字运用要准确无误。

(2) 用词造句要通顺。通顺指合乎语法，合乎逻辑。通顺也是实现语言准确的保证。

(3) 要注意语意鲜明。有时由于特殊需要，还必须使用一些模糊语言，即用一些在外延上不确定、表意比较含糊以及在运用上具有弹性的词语，如"近年来""各地""时有""大多数""有关部门""条件许可时"等。该类词语使用恰当，不仅能增加行文的灵活性，而且有助于准确地表达意思，但应谨慎使用。

（二）简洁明了

(1) 简洁。所谓简洁，就是用较少的文字清楚表达较多、较丰富的内容。要抓住问题的关键，把话说到点子上。语言简洁应做好以下四点：

一要善于观察事物，深刻理解事物，明确认识写作对象，把握住问题的关键。

二要反复锤炼，提高概括能力，杜绝堆砌修饰语现象；适当使用缩略语，如"五讲四美"等。

三要删除一切套话、空话、意思重复的话，向繁冗开刀。不使用烦琐冗长的语句是语言简洁的前提。

四要适当地采用文言词语及短语。文言词语(包括成语、典故)行文简练，富有表现力，写作时适当采用，言简意赅。然而，"简"要得当，"简"得让人不明白或产生歧义也不行。绝不能为简而生造词语，乱缩略，滥用文言。

(2) 明了。所谓明了，就是指明明白白、清清楚楚，一是一，二是二。要做到明了，一是要考虑周到，言尽意止；二是要注意用词通俗，不用生僻晦涩的字句；三是在运用数字的时候，只写出计算的结果，而不需表述具体的计算过程。

(三) 平实自然

应用文用语应平实通俗，浅显流畅。说明事实、讲清道理即可，不歪曲事实，不做夸饰，不堆砌辞藻，不追求华丽，不矫揉造作，不用生僻词语，以明白、实在、自然为上。

(四) 得体妥帖

(1) 得体。应用文实用性强，得体的语言表述主要应做到以下三点：

一是要适合特定的文体。按文体要求遣词造句，用词、语气、语体风格应符合特定的要求，保持该文体的语言特色和语言风格。如公文宜庄重，调查报告要平实，学术论文应严谨，祝谢哀问需较浓的感情色彩；广告常用模糊的语言，使用说明书则需具体实在；商业交际文书语言要委婉，合同书的语言则要精确；颁布政策法令应庄重严肃，报喜祝捷要热烈欢快；提出申请该委婉平和，分析问题要有理有据。

二是要适合所写的应用文体的需要，做到需要文雅时，决不粗俗；需要委婉时，决不直露；需要明确时，决不含糊；需要模糊时，决不精确。

三是要考虑作者自己的身份、阅读的对象、约稿的单位、写作的目的，甚至还要考虑到与客观环境的和谐一致、恰到好处。比如需要登报或张贴的，语言要通俗易懂；需要宣读或广播的，语言应简明流畅，便于朗读；书信的写作，要根据远近亲疏、尊卑长幼的关系使用相应的语言；公文的写作要根据不同的文种和行文关系而使用相应的语言。

(2) 妥帖。语言的妥帖是指语言要合乎语法的一般规范。

(五) 生动具体

生动，即言词形象、逼真、有活力，能吸引人。应用文中有些文种的语言也是要求生动的，如讲话稿、调查报告、总结等。选择词语(尤其是动词的运用)时要精心、恰当、传神地运用一些修辞手法，如引用、比喻、拟人、排比等。如某篇调查报告中写当今择偶观时说"婚姻的含金量增大了"就十分传神。语言具体，可使文章内容有血有肉，说理深刻有力。做到这一点的关键在于应对事物进行仔细观察和深入了解。

第十五讲 公文写作

一、通知

通知是应用广泛的知照性公文，用来发布法规、规章，转发上级机关、同级机关和不相隶属机关的公文，批转下级机关的公文，要求下级机关办理某项事务等。

(一) 通知的用途和分类

按照通知的用途可以将其分为四类。

(1) 批示性通知。这类通知又包括三类：① 发布性通知，主要用于发布各种行政法规和规章，以通知的形式发给有关单位；② 批转性通知，上级机关将下级机关的重要公文批转给有关单位，让其执行或参照执行；③ 转发性通知，主要用于将上级机关或不相隶属机关的重要公文转发给下级单位，让其执行或参照执行。

(2) 传达事项的通知。这类通知主要用于向下级机关布置一些不适于用命令作出指示的工作，传达一些要求下级机关办理或周知的事项，包括会议通知。

(3) 任免通知。这类通知主要用于任免或聘任干部。

(4) 指示性通知。这类通知主要用于对下级机关指导工作或布置任务。

(二) 通知的写作格式

1. 标题

标题有完全式和省略式两种。

(1) 完全式：包括发文机关、事由、文种。

(2) 省略式：可省略发文机关，例如《关于做好 2020 年春季开学工作的通知》。内容简单的，只写"通知"两字，这也是省略式的一种。

2. 正文

(1) 通知前言。写出发通知的理由、目的、依据，例如"为了解决×××的问题，经×××批准，现将×××具体规定通知如下。"

(2) 通知主体。写出通知事项，分条列项，条目分明。有的正文比较简单，只讲明为什么发布或批转这一文件，有哪些原则要求，主要的具体内容应看所附文件。有的正文会多写几句，补充强调有关要求，或作出指示，布置相应的工作。

3. 结尾

结尾有三种写法：一是事项结束，全文就自然结尾；二是在前言和主体之间，如未用"特做如下通知"作为过渡语，结尾可用"特此通知"结尾；三是再次明确主体内容。

【通知范例】+++++++++++++++++

■ 指示性通知

山东省教育厅关于服务"八大发展战略"做好高职院校扩招工作的通知

各高职院校：

党中央、国务院2019年启动高职百万扩招以来，全省高职院校主动担当、积极作为，我省连续两年超额完成国家下达的任务，有效缓解了就业压力，有力促进了劳动力整体素质的提升。为高质量完成2021年高职扩招任务，进一步提高职业教育服务经济社会的贡献度，推动实现"六保""六稳"，现就有关事项通知如下：

一、要切实提高政治站位。要充分认识通过高职扩招服务"八大发展战略""九项改革攻坚任务"和"十强产业集群"建设的重大意义，切实提高政治站位，加强集中招生的统筹谋划、推进实施，为更多劳动者的成长成才和实现人生价值搭建平台，努力推动各行各业人才荟萃、繁星璀璨，为经济社会发展培养输送更多急需的各类技术技能人才。

二、要广泛开展政策宣讲。要根据疫情防控要求，积极争取相关部门支持，到社区、企业、工地、厂房车间等开展政策集中宣讲活动，让广大考生熟悉高考补报名、资格审核、志愿填报、考试录取等重要信息，以及学习方式、管理方式和学生收费资助等政策。

三、要认真做好招生工作。要聚焦"八大发展战略""九项改革攻坚任务"和"十强产业集群"建设需求，积极主动与市县两级人民政府、各大企事业单位对接，着力促进不同行业劳动者学历和技术技能提升。鼓励支持具备条件的高职院校对接市县政府、产业园区、企事业单位集中招收符合条件、有学历和技术技能提升需求的退役军人、下岗失业人员、农民工、农民和职业经理人、企业在岗职工、村两委班子成员、城乡社区医生及基层干部、乡村幼儿教师、建筑工人、基层农技人员等。集中招生使用的计划，我厅将给予倾斜支持。

山东省教育厅

2021年2月23日

■ 会议通知

关于召开"开启新征程：解读落地新专业"会议的通知

职教学会秘〔2021〕10 号

各职业院校、行业(企业)、研究院，各省、自治区、直辖市职教学(协)会、行业(企业)教育学(协)会，学会分支机构、研究中心(院)、联络处，学会会员：

为全面贯彻落实十九届五中全会精神，深入解读职业教育新专业目录的"新定位、新名称、新内涵、新结构、新体系"，扎实推进新专业建设对接时代发展，对接数字经济，对接科技进步，对接市场需求，对接新职业岗位，大力培养生产服务一线的高端技术技能人才。推动构建纵向贯通、横向融通的现代职业教育体系，在新发展格局下不断增强职业技术教育适应性，为职业教育"十四五"发展开好局、起好步。经研究，决定于 2021 年 4 月召开"开启新征程：解读落地新专业"会议。现将相关事宜通知如下：

一、会议主题

开启新征程：解读落地新专业

二、组织机构

主办单位：中国职业技术教育学会

承办单位：中国职业技术教育学会高职分会

浙江机电职业技术学院

三、主要内容

(一) 中国职业技术教育学会会长鲁昕做主旨报告；

(二) 教育部职业教育与成人教育司领导致辞；

(三) 院士/专家谈产业发展与专业建设；

(四) 院校代表交流汇报落地方案。

四、参会人员

(一) 中国职业技术教育学会领导；

(二) 教育部职业教育与成人教育司领导；

(三) 专业目录修订牵头专家组成员；

(四) 全国职业院校领导/教务处/二级学院专业负责人/实践基地负责人、行业/企业/研究院所负责人等。

五、时间地点

时间：2021 年 4 月 9 日—11 日(4 月 9 日报到，4 月 11 日离会)

地点：浙江省杭州市××饭店(×××路××××号)

六、会议方式及规模

(一) 会议方式：线上、线下相结合；

(二) 会议规模：预计线上参会 10 000 人，线下参会 500 人。(具体参会方式，会务组将于会前以短信方式发送参会人员。)

七、报名事宜

(一) 收费标准

本次会议收取会务费：院校代表线上参会 300 元/人，线下参会 1000 元/人；企业代表线上参会 600 元/人，线下参会 1900 元/人(交通、食宿自理)。

(二) 报名方式

(1) 会议采用线上报名方式，报名时间至 2021 年 3 月 31 日止，因会议场地及住宿条件限制，报名先报先得，额满截止。为确保会议秩序，本次会议不接受现场报名，敬请谅解。

(2) 扫描下方二维码，进入"会议报名页面"—点击"报名入口"—填写基本信息和开票信息(多人可退出登录再次注册)。

(3) 本次会议由杭州宝仑会议服务有限公司收取并统一开具会务费发票(电子发票)。请在报名成功后以单位名义通过银行转账缴纳会务费，并在备注处注明"中国职教学会新专业解读会议"及学校全称，同时注明是否财政支付。缴费截止时间为 4 月 2 日 16:00。

账户名：杭州宝仑会议服务有限公司

账　号：×××××××××

开户行：建设银行××××支行

八、其他事项

请各地方职教协(学)会、行业教育协(学)会、学会分支机构、研究中心(院)、联络处等单位将本次会议通知转发到本机构所属成员及中高等职业院校，组织有关单位参加会议。

九、联系方式

(一) 中国职业技术教育学会高职分会秘书处

(浙江机电职业技术学院)

胡××　0571-×××××××

阎　×　0571-×××××××

(二) 中国职业技术教育学会秘书处

李　×　010-×××××××

杨××　010-×××××××

附件：会议日程表

中国职业技术教育学会秘书处

2021 年 3 月 16 日

附件列表：

会议日程表.doc

20210316-新专业目录解读会通【2021 年 10 号】.pdf

二、通报

(一) 通报的用途和分类

通报适用于表彰先进，批评错误，传达重要精神和告知重要情况。通报属下行文，也兼作平行文。

依通报作用可将通报分为三类：

(1) 表彰性通报，用于表彰先进人物或先进单位的先进事迹，以此来教育他人或其他部门。

(2) 批评性通报，用于批评一些不良倾向或错误行为，引起注意，使其他部门或他人引以为戒。

(3) 情况通报，传达重要精神或情况，以引起有关方面的重视，采取相应的措施，做好下一步的工作。

(二) 通报的写作格式

通报由标题、主送单位、正文、发文机关和日期等组成。

1. 标题

标题由发文机关、事由、文种或事由、文种构成，也可以只有文种。如果内容有所专指，要写明主送机关；普发性的通报则可不写主送机关，或在正文的发至范围中注明。

2. 正文

正文包括原因、事项、处理意见、经验教训、要求及希望、号召等内容。

表彰性通报和批评性通报一般分为三部分：

(1) 主要事实。表彰性通报突出主要的先进事迹，批评性通报要抓住主要错误事实。

(2) 分析指出事例的教育意义。表彰性通报要在阐述先进事迹的基础上，提炼出主要经验、意义和值得学习与发扬的精神。批评性通报要分析错误的性质、危害、产生的根源和责任，指出应吸取的主要教训等。

(3) 提出要求。情况通报有两种形式：一种只对有关事实作客观叙述，另一种还对有关情况加以分析说明，有时还针对具体问题提出应采取何种对策的指导性意见。

3. 尾部

尾部由落款(发文机关)、发文日期、附件等组成。

【通报范例】✦✦✦✦✦✦✦✦✦✦✦✦✦✦✦

山东省教育厅关于第五届学生"学宪法 讲宪法"活动开展情况的通报

鲁教法字〔2021〕1号

各市教育(教体)局,各高等学校:

第五届全国学生"学宪法 讲宪法"活动开展以来,全省教育系统高度重视,层层部署,广泛动员,精心组织,广大学生积极参与,踊跃学法用法守法普法,讲述宪法故事,弘扬法治精神,取得明显成效。参加全国总决赛,在4个组别的演讲比赛中,我省夺得高校组冠军、一等奖,高中组一等奖,小学组、初中组两个季军,总体成绩居全国第一。知识竞赛获团体一等奖。积极组织学生参加"宪法小卫士"活动,宪法小卫士达到866万人,在线学习达7.1亿人次,参与人数与参与率均居全国前列。现将比赛中获奖选手和活动优秀组织奖名单及"宪法小卫士"参与情况予以公布。

希望各地各校深入学习贯彻习近平法治思想,互相学习,再接再厉,扎实工作,推进青少年宪法法治教育工作再上新台阶。

附件:

1. 第五届全国学生"学宪法 讲宪法"活动总决赛获奖名单.doc
2. 第五届全国学生"学宪法 讲宪法"活动山东省赛区演讲比赛获奖名单.doc
3. 第五届全国学生"学宪法 讲宪法"活动山东省赛区知识竞赛获奖名单.doc

山东省教育厅

2021年1月16日

【同步训练】✦✦✦✦✦✦✦✦✦✦✦✦✦✦✦

1. 写一份表彰性通报,分组讨论,教师抽查、点评。
2. 写一份社团活动会议通知,分组讨论、点评。

第十六讲　通 用 文 书

一、计划

(一) 计划的概念

广义的计划是某一个单位、部门或个人对预计在一定时期内所要做的工作或所要完成的其他任务加以书面化、条理化的一种文书。本书中计划指工作计划。工作计划是党政机关、企事业单位、社会团体根据党和国家的方针政策以及上级的指示精神，结合本地区、本单位、本部门的实际情况，对未来一段时期内的工作作出预想，拟定目标、任务、措施、步骤和完成时限的一种事务文书。换句话说，把对未来一定时期内要做的事情(工作、生产和学习等)所进行的部署和安排用书面形式写下来就是计划。

计划是一个统称，常见的规划、纲要、设想、安排、打算、意见、要点、方案等都属于计划，它们在所涉及的范围大小、时间长短、内容详略等方面是有区别的。

规划是一种具有全局性、方向性、远见性、概括性和指导性的计划。

设想是对长远工作的初步的、非正式的、尚未成熟的、可以补充和修订的计划。

要点是上级对下级布置工作时对主要方面作出的概括的、简明扼要的计划。

安排是对短期内要做的工作内容写出的较为具体的计划。

打算是准备在近期内要做的工作的计划，但对其中的指标或方法措施讲得不很周全，只能做初步的和原则性的要求。

方案是指针对近期内要做的具体工作，经过深思熟虑，对工作的目标、要求及具体的措施步骤、方法，作出周密、全面部署的计划。

一般来说，规划、纲要使用的时间较长，范围较广。计划从时间段上讲不长不短。安排、要点、方案、打算的时间较短，范围较小，内容较具体，如本周工作安排、本周工作要点、某单位基建工作方案、某项工作任务的实施方案、开展某活动的打算等。至于设想，它是一种初步的、尚未成熟的、仅供参考的非正式计划。

要点、方案、意见往往在上级对下级布置一定时期的工作，交代政策，提出具体要求，提供工作方法等情况下使用。

工作计划具有指导、统一和协调作用，是检查和督促工作的依据。

(二) 计划的特点

1. 明确的目的性

制订工作计划首先要考虑的是如何在将来一定时期内高效、及时地完成某项工作任务，并围绕任务确定相应的方法、措施和步骤，以促进目标任务的实现。因此，工作计划不是盲目制订的，它具有明确的目的性。

2. 较强的预测性

工作计划是对未来工作的预想和策划，制订计划时应以事实为基础，结合本地区、本单位、本部门的实际情况，预测实现的工作目标、工作进程和可能出现的情况，从而运用多种方法合理地安排各项要素，以保证工作目标的实现。由此可看出计划在时态上表现为"未来式"，写作时多用预测、要求、期望的语气行文。

3. 实施的可行性

工作计划既然对工作具有指导作用，那么它就必须符合实际、具有可行性，即工作目标应是通过努力可付诸实现的。计划中的工作方法、措施和步骤应该是具体、可操作的，否则目标将不可能实现，工作计划也就成为一种空想。

4. 一定的约束力

工作计划一经批准或决定，在一定范围内就具有规定性和权威性，具有约束作用，相应范围内的单位或个人必须依据计划的内容开展工作活动，而不能随意违背对抗，但计划还是应当具有一定的灵活性。

(三) 计划的种类

计划有以下几种类别：

(1) 按内容可分为综合计划和单项计划。

(2) 按应用范围可分为国家计划、地区计划、单位计划、部门计划、个人某项工作计划等。

(3) 按时间期限可分为长期计划、中期计划、短期计划，年度计划、季度计划、月计划、周计划等。

(4) 按性质可分为生产计划、工作计划、学习计划、科研计划、会议计划等。

(5) 按内容的成熟程度可分为正式计划、初步计划。

(6) 按形式可分为条文式计划、表格式计划、条文表格结合式计划。

(7) 按写法可分为普通计划、文件计划。

(8) 按作用可分为指令性计划、指导性计划。

(四) 计划的内容和结构

1. 计划的内容

计划一般是围绕着指导思想和基本情况、目标和任务、方法和措施、步骤和时序等内容(即"为什么做""做什么""怎么做""什么时间完成")来撰写的,而且是按计划的目标和具体事项来展开的。具体说,计划包括以下内容:

(1) 制订计划的指导思想、依据和基本情况。这一部分回答"为什么"制订计划这一问题,起着总领全文的作用,应该简明扼要,一般应写清以下内容:简单概述制订计划的意义和依据,本单位的基本情况(包括过去的状况和目前的状况),已有的经验教训和总的目标要求。

(2) 具体目标和任务。这一部分回答"做什么"这一问题,即明确计划所要达到的具体目标、指标和要求,要做哪些事、数量和质量如何等均应予以明确表述。目标和任务是计划的核心内容,这一部分应实事求是地陈述,即目标和任务既要有一定的高度,同时又要是经过努力可以完成和实现的。

(3) 计划的具体实施。这一部分回答"怎么做"和"什么时间完成"等问题。计划的措施和步骤是完成计划的保证。措施是为了实现计划目标、任务而采取的工作方式、方法、手段和途径及人力、物力的安排。步骤是指开展工作的程序,即每一段时间做什么,先做什么,后做什么,每一阶段该完成什么任务等。写作这一部分内容要注意各阶段的顺序应合理,时间应适当,应体现出极强的科学性、实践性、可行性。

除这些内容外,有的计划还会提出号召、希望、注意事项与要求。

2. 计划的结构

计划的结构一般包括标题、前言、主体、结尾、落款等几部分内容。

(1) 标题。完整的计划标题由四部分构成,即计划单位名称、计划期限、计划内容和文种。有的标题可省去单位名称或计划期限,但如果是上报计划,单位名称一般不能省略。如果是不成熟的非正式的计划或还没有正式通过的计划,则应在标题后或下方用括号标明"初稿""讨论稿""征求意见稿"等字样。

(2) 前言。前言也叫开头,一般用简明扼要的语言概括介绍制订计划的指导思想、依据、计划的总任务、制订单位的基本情况或内部条件等,再用承启语"为此,特制订计划如下""为此,具体要抓好以下工作"等导入主体部分。

(3) 主体。主体部分一般交代计划的目标和任务、方法步骤和时序,即"做什么""怎么做""什么时候完成"等,计划的主要内容应在这一部分表述出来。计划主体部分的结构形式有多种,可以按时间顺序进行写作,即将计划任务分成若干部分,每项任务构成一个层次,分别写明任务、要求、方法和措施、步骤和时序;也可以集中地写出任务和目标，再集中地写出方法和措施、步骤和时序。在具体的写作中，"做什么""怎么做""什么时候完成"这三部分内容并非截然分开，而是相互联系、有机结合在一起的。不论运用哪种形式，主体部分都应条理清楚、简洁明了。

(4) 结尾。有的结尾提出希望和号召，有的结尾做补充说明，有的结尾表示完成的决心或提出监督、检查的事项，有的计划没有结尾部分。

(5) 落款。在结尾之后署明单位名称和制订计划的具体日期，如果以公文的形式下发还应加盖公章。

(五) 计划的写作要求

计划的写作要求有以下几方面：

(1) 要有正确的指导思想，这是制订好计划的思想保证。

(2) 要有明确的任务和目标，从实际出发，实事求是，这是制订和实施计划的基础与前提。

(3) 方法、措施、步骤和时序等应具体可行，这是完成计划的必要条件。

(4) 要有一定的灵活性，这是客观现实对计划制订的必然要求。

【计划范例 1】++++++++++++++++++

2021 年工作计划（党委通用）

2020 年以来，在上级党组织的正确领导下，××局党委认真贯彻年初工作会议精神，以新思想为指导，以提高党的建设质量为目标，继续用好"抓补强"方法，落实从严动真要求，坚持和加强党的全面领导，为企业改革发展提供了坚强的政治保证。2021 年将扬帆启航，计划做好以下工作：

(一) 抓好全面从严治党和党风廉政建设责任落实。压紧压实全面从严治党和党风廉政建设责任，增强支部书记抓党建党廉工作的主业主责意识，全面推行"清单制"，将管党治党责任传递到每一个党支部、每一名党员；扎实做好每季度党建党廉交叉检查迎检工作，对排名后 8 位的党支部进行严厉问责；加强廉洁风险防控，深化党建党廉各专题教育成果，继续开展内部巡察、明察暗访等工作，准确把握和运用好监督执纪"四种形态"，特别是"第一种形态"，将廉洁约谈拓宽到全体员工，让红脸出汗成为常态。

(二) 抓好党员干部思想政治教育。坚持党委中心组、党支部"三会一课""一月一主题党日"等制度，指导党员干部制订个人自学计划，强化党员理想信念教育、宗旨意识教育和党规党纪教育；优化党组织生活方式，进一步丰富党内政治生活的内容和形式，提高学习教育的质量和实效；继续组织党员干部学习党章党规和习近平总书记重要讲话精神，在"学"和"做"上深化拓展，定期开展主题党日活动和"党性体检"，推动"三个计划、三个平台"落实落地，推进"两学一做"学习教育常态化、制度化，引导党员干部按照"四讲四有"标准，做到"四个合格"；以"立足新时代、做合格党员""永远跟党走""一个党员一面旗帜"等为主题，开展系列党性锤炼和主题实践活动。

（三）抓好典型选树和责任文化建设工作。推进责任文化建设，深入挖掘并报道我局基层单位中守土有责、守土负责、守土尽责的先进典型人物和事迹；开展先锋团队创建工作和党员"三亮三比三评"，激励党员立足本职发挥先锋模范作用；推进党支部标准化建设，争取年内各个党支部全面实现达标；开展标杆党支部和星级党支部创建活动，将××单位党支部打造为标杆党支部，以点带面提高我局党建工作整体水平。

（四）抓好党建精品打造和亮点提炼工作。继续实施"1+1+1"党支部内外联建工作，丰富联建活动内容，提高联建工作实效；组织党员干部开展"三同"蹲点调研活动，发现并协助解决基层单位存在问题；结合"一支部一品牌""一单位一特色"工作，组织各党支部认真落实行动计划、基层党建"书记项目"实施工作，争取做出特色、做出成效；认真做好党建思想政治课题研究工作，研究制定具体实施方案，加强过程管控和效果评价，确保取得实实在在的成果。

（五）抓好企业文化和群团工作指导。把群团工作纳入党建总体部署，定期研究和听取工会、共青团等工作情况，全面推进从严治团和"一学一做"主题教育实践，加强青工思想教育、政治引领和实践锻炼，深化员工关爱和民主管理，策划组织形式多样的文体活动，努力构建"大党建"体系；全力做好精准扶贫工作，加强与政府相关部门的沟通协调，认真落实各项帮扶举措，帮助更多贫困户稳定脱贫；持续学习宣贯社会主义核心价值观，加强企业文化建设，推动企业理念与员工岗位行为深度融合，提高企业的凝聚力和向心力。

【计划范例 2】✦✦✦✦✦✦✦✦✦✦✦✦✦✦✦

2021 年工作计划(区委)

2021 年，是统筹推进经济、政治、文化、社会、生态全方位改革的重要之年。全区工作的总体要求是认真贯彻落实党的十九大和十九届二中、三中全会精神，坚持以科学发展观为指导，统筹推进"五位一体"全方位改革，深入实施"工业立区、服务业强区、开放活区、城建美区、文化兴区"五大战略，加快推进"产业集约化、城市现代化、乡村城镇化、农民市民化"四化进程，扎实开展党的群众路线教育实践活动，不断提升党的建设科学化水平，奋力开创提前全面建成小康社会新局面。

（一）经济建设要以项目攻坚为突破，好中求快。紧紧围绕深化经济体制改革这一中心任务，以项目建设为突破，实现区域经济提挡升级。全力做好钛产业这篇文章，借助中信金属、××钛业、宝钛华神等骨干龙头企业扩大业内影响力，发展壮大钛及特种金属产业集群，不断延伸产业链条，全力打造中国"钛都"。狠抓产业区建设，着力完善发展规划，加强基础管网配套、道路、排污、绿化等基础设施和公共服务建设，稳步推进产业区、××乡、××街道一体化体制改革，着力搭建优质服务平台，切实增强产业区的服务水平和核心竞争力。全面加快项目建设进程，大力开展项目招引活动，重点推进××新能源技术、××印刷包装、××钢化玻璃等项目尽快开工投产，使项目真正转变成现实的生产力。继续繁荣发展现代服务业，不断加快××、××等城市商业综合体建设进程，重点抓好"××城"、水产蔬菜水果批发市场等项目，使之成为××西部的新地标。着力培育和繁荣特色街区，进一步加大××、××和××三条商业街建设力度。充分利用好、建设好××景观带等特色旅游资源，助推现代服务业发展步入快车道。要按照城市发展十年规划，努力打造文化深厚、品质精致、功能完善的现代城区。高效率加快城市综合开发，重点加大城市拆迁力度，组织相关部门集中开展几次影响力较强和规模较大的拆迁行动，确保拆迁工作实现重大突破，积极推进××、××、××新城、××家园等项目建设进度，为实现全域城市化注入新动力。

（二）政治建设要以党的领导为核心，统筹兼顾。要加强和改善党的领导，发挥全区各级党组织的领导核心作用，集中精力抓大事，支持各方独立负责、步调一致地开展工作。同时要充分发扬党内民主，通过发展党内民主带动人民民主的发展，充分实现决策的科学化、民主化。要科学规范党委和人民代表大会的关系，全力支持人大及人大常委会充分发挥作用，加强对"一府两院"的监督，依法行使立法、监督、决定、任免等职权。要完善协商民主制度和工作机制，推进协商民主广泛、多层、制度化发展。要深化行政体制改革，深入推进政企分开、政资分开、政事分开、政社分开，建设职能科学、结构优化、廉洁高效、人民满意的服务型政府。紧紧抓住市下放管理权限的重大机遇，建立权责明晰、规范有序的管理机制。深化行政审批制度改革，推动政府职能向创造良好发展环境、提供优质公共服务、维护社会公平正义转变。推进事业单位分类改革，提高事业单位公益服务水平。要完善基层民主制度，健全基层党组织领导的充满活力的基层群众自治机制，加强村(社区)自治制度建设，扩大基层群众政治选择的范围。推动城乡在发展基层民主上的相互促进和共同进步，实现政府行政管理与基层群众自治的有效衔接和良性互动。

（三）文化建设要以×××精神为引领，凝聚共识。充分发挥"尊重创业、敢于争先"的××精神引领风尚、教育人民、服务社会、推动发展的重要作用。不断强化文化阵地建设，唱响主旋律，延续引导和激励广大干部群众共同参与经济社会发展的精神财富，努力形成守法、诚信、敬业、包容的社会环境。高度重视公共文化服务体系建设，深入实施"文化惠民"工程。加大对文化设施建设的投入力度，把文化设施建设同城乡基础设施建设结合起来，增加和完善村级文化广场、文体设施、农家书屋等文化基础设施建设，将文化资源更多地配送到农村和社区去。要着力推进文化产业发展。依托农民艺术节、社区艺术节、全民健身体育节、广场文化等活动载体，整合民间特色文艺团队资源，打造群众性文化活动品牌。继续加大对××高跷、××武术、××太平鼓、××土陶等非物质文化遗产项目的传承和保护力度，形成一批有影响的公共文化服务项目。立足区情实际，注重产业结构的特色化、产业布局的集约化和产业主体的多样化，加快构建和培育印刷包装、工艺美术、玉器加工等特色文化产业和重点文化项目，打造××特有的文化骨干企业和特色品牌，不断增强我区文化产业的整体实力和市场竞争力。积极完善和推广"一部、一场、一园、一区"(即一个现代化村部、一个乡村文化广场、一个工业园区、一个居民社区)的乡村城市化主导发展模式，为推进城乡一体化注入文化元素。

(四)社会建设要以平安××为根本，协同共建。要实现××全面改革发展、提前全面建成小康社会，必须把平安××建设作为根本，把加强和创新社会管理纳入经济社会发展全局整体谋划，努力让人民过上更好的生活。要坚持实施教育优先工程，统筹城乡教育资源，提高义务教育服务水平，增加就业培训教育机会，办好让人民满意的教育。高质量推进社会保障提升工程，继续推进失地农民转参"城保"试点工作，健全和完善社会保障、住房保障、社会救助和社会养老等城乡一体的服务体系，不断扩大居民医疗保险、新型农村和城镇居民社会养老保险覆盖面。进一步拓宽就业、创业、投资渠道，加强创业孵化基地和创业实训基地建设，保持"零就业家庭"动态为零，实现充分就业。建立完善城乡居民的公共卫生和基本医疗服务体系，提升医疗技术水平和服务质量，不断推进医药卫生综合改革，全力开展食品生产加工环节专项整治行动，保证群众的医药、食品安全。要加强和创新社会管理，积极推进社区管理创新，进一步推行以××社区为代表的村改社区试点工作。深入开展社会矛盾排查化解活动，加强重点时段、重点地段、重点人群的信访隐患排查工作，确保不发生恶性有影响的信访事件。深化社会稳定和自然灾害风险评估体系建设，深刻吸取青岛"11·22"输油管道爆炸事故教训，健全应急管理体系，完善对自然灾害、突发事件的预警机制，提高社会动员和应急处置能力，严格落实安全生产责任制，确保无重大安全生产责任事故发生。扎实开展"平安区"创建活动，重点加强平安建设、法治建设、过硬队伍建设，确保社会大局和谐稳定。

(五)生态建设要以美丽×××为目标，健康发展。牢固树立"绿色发展、生态优先"的理念，坚持把生态文明建设融入经济、政治、文化、社会建设各方面和全过程，建设美丽××，实现永续发展。加快完善保护自然、发展生态文明的机制，采取过硬措施，推进资源节约型、环境友好型社会建设。要把实施"城建美区"战略与推进生态文明建设有机结合起来，大力发展循环经济，引导区内企业开展清洁生产，推广废弃物综合利用，严把项目审批关，加强重点行业污染治理监管，鼓励发展绿色低碳产业。积极发展园区经济，完善产业区、工业园区环保设施建设，加快污染治理工程升级改造。要大力发展生态农业，积极调整优化产业结构，实施园区带动、产业引领、龙头示范、项目拉动和政策鼓励，大力扶持以××、×××为代表的现代农业企业，推进产业化、标准化、品牌化，促进现代农业快速发展和农民多元增收。抢抓我市××水库建设和××、××生态治理的机遇，加速规划和建设治库、治河生态旅游产业带。进一步加大生态宜居城乡建设力度，注重城乡环境综合整治，全力打造最佳人居环境和创业环境。要做精、做细城市绿化，大力开展植树造林工程，切实提高绿化覆盖率。要加大环保监管和执法力度，以市容市貌的治理为抓手，围绕城区管理的"常见病""多发病"，开展几次大规模的整治行动，着力消除好占道经营、违章搭建等现象，切实解决危害人民群众身心健康的环境问题。要着力提升全民生态意识，共同建设人与自然和谐相处的美好家园，努力打造蓝天、绿地、碧水相互辉映，城市、人、自然和谐统一的美丽××。

在开展"不忘初心、牢记使命"主题教育中强化发展保障。

形势的发展、事业的开拓、群众的期待要求我们把握时代脉搏，顺应群众共同愿望，在实践中全面加强党的建设。2021年，全区重点围绕保持党的先进性和纯洁性，深入开展"不忘初心、牢记使命"主题教育活动。通过活动实现党员干部学习方式、工作理念、工作手段和工作机制的不断创新，最终达到工作成效的不断提高，为××经济社会的发展提供坚强保障。

（一）要切实解放思想、与时俱进，在发展创新上下功夫。认真贯彻落实党的十九大和十九届二中、三中全会精神，坚持解放思想，转变观念，紧密结合"不忘初心、牢记使命"主题教育活动，在大胆探索中奋进，在把握规律中创新。要坚持站在"跳出××看××"的高度，增强不进则退、慢进也是退的责任感和紧迫感。要保持敢想敢闯敢干的劲头，勇于创新创造，打破影响和制约社会发展的思维惯性，为××稳定、健康、快速的发展提供坚强有力的思想保证。

（二）要切实强化学习、勇于实践，在提升能力上下功夫。当今时代新知识新事物层出不穷，领导干部只有坚持学习，才能做到勇于接受新思想、善于接受新事物；才能做到眼界宽阔、思路宽阔、胸襟宽阔；才能做到信念过硬、本领过硬、担当过硬、正气过硬，从而履行好自己肩负的责任和使命。因此，要牢固树立终身学习理念，持续武装自我，加快知识更新，防止本领恐慌。要坚持把提高党务干部的履职能力摆在重要位置，更加注重实践，各级干部要身体力行、靠前指挥，做到带头干、具体干、亲自干，不做"甩手领导者"；要创造条件继续选派优秀干部到基层一线、项目指挥部、信访部门挂职锻炼，让干部在实践中增长才干。

（三）要切实想着群众、力戒空谈，在锤炼作风上下功夫。县区党员干部直接面对和服务群众，是改进作风的排头兵。要把改进作风作为推动党建工作理念创新的有力抓手，树立"党建工作是生产力"的新理念，引导各级党组织和党员干部严格执行中央八项规定、狠刹"四风"的要求，立足服务发展、服务群众，提高工作效率和服务水平。全区广大党员，特别是领导干部，要严格按照"照镜子、正衣冠、洗洗澡、治治病"的总要求，在党的群众路线教育实践活动中，切实解决好自身存在的突出问题，永葆党的先进性和纯洁性。

（四）要切实严于律己、清正廉洁，在党性修养上下功夫。党的群众路线为深入推进党风廉政建设提供了新方向。要进一步坚持和完善反腐领导体制和工作机制，全面发挥基层群众在反腐倡廉建设中的主体作用，赢得群众的信任和支持。按照总书记"讲诚信、懂规矩、守纪律"的要求，加强理想信念和政治纪律教育，引导各级干部做到自重、自省、自警、自励。始终保持惩治腐败的高压态势，加大查办违纪违法案件工作力度，把维护群众利益落实到反腐倡廉工作的各个方面，确保各项利民惠民政策有效落实。深入推进惩治和预防腐败体系建设，以优良的党风营造文明的政风、行风和民风，切实推进××经济和社会的健康发展。

二、总结

（一）总结的概念

这里所说的总结是就工作总结而言的。工作总结是单位或部门对近一段时间所做的工作进行全面系统的回顾、分析、研究和评价，从中找出成绩、问题、经验和教训，揭示出规律性的东西，从而指导以后的工作实践这样一种事务文书。

（二）总结的特点

1. 政策性

无论总结的目的或内容是什么，总结经验，必须站在政策的高度，用政策作为尺度来检查工作，品评好坏，充分体现鲜明的政策性。只有这样，才能发现新事物，才能抓住工作的本质和主流，才能写出对今后工作有指导意义的总结。

2. 实践性

总结是对本单位、本部门前一段时期工作活动的反映。总结的写作对象、材料、观点都必须来自本单位、本部门的实践，绝不允许主观臆测、凭空捏造。总结不仅要反映实践，而且要指导实践，具有很强的实践性。

3. 理论性

总结通过对大量的材料进行分析、研究，从中找出正反两方面的经验，得出规律性的认识，实现从感性认识到理性认识的飞跃，用理论来指导今后的工作。

(三) 总结的种类

(1) 按内容可分为工作总结、生产总结、科研总结、学习总结、思想总结等。

(2) 按内容的含量可分为全面总结和专题总结。

(3) 按性质可分为经验总结、成绩总结、问题总结等。

(4) 按范围可分为地区总结、行业总结、单位总结、部门总结、班组总结、个人总结等。

(5) 按时间可分为月份总结、季度总结、半年总结、年度总结、一年以上的阶段总结等。

以上的分类是相对的，是可以相容和交叉的，应灵活掌握，不必过于刻板。

(四) 总结的结构和内容

一般来说，总结的结构包括标题、前言、主体、结尾和落款几个部分。每部分都有相应的具体内容。

1. 标题

工作总结的标题有公文式标题、文章式标题和双行标题三种形式。

(1) 公文式标题，一般由单位名称、时限、内容摘要、文种构成。

(2) 文章式标题，概括了总结的基本内容、范围，提示观点，表明经验。

(3) 双行标题，又称新闻标题，由正题和副题构成。正题点名主旨，副题具体说明总结的单位名称、时限、内容和文种，或只说明内容和文种。

2. 前言

前言主要概述基本情况。有的交代有关情况，有的揭示总结的主要精神和主要内容，有的概括主要经验，有的介绍成绩或成效等。这部分要写得提纲挈领，以便读者对总结先有一个概括性的了解，为下面具体介绍经验打好基础。

3. 主体

主体包括成绩和经验、问题和教训两个方面。

(1) 成绩和经验(或做法和体会)。这是总结最核心的一部分内容。成绩是指在实践活动中所取得的物质成果和精神成果，经验是取得优良成绩的原因和条件，如正确的指导思想、积极的工作态度、科学的工作方法、坚强的意志等，这一部分是总结的主要内容。

(2) 问题和教训。存在问题是实践活动中深切感觉到应当解决而暂时没有条件解决或没有办法解决的问题。关于存在问题，这一部分在总结中可以单列一项、单独阐述，也可以在总结成绩和经验时附带说明或加以指点，也可以和努力的方向合在一起。教训是由于思想不对头、方法不得当或由于其他原因犯了错误，造成损失而得出的反面经验。有些专门总结成功经验的总结，也可以不涉及存在的问题。这部分可根据实践活动的具体情况和总结的目的要求灵活掌握。这部分要写得简略、中肯、有针对性。

主体部分的表现形式有小标题式、条目式和全文贯通式。常见的结构形式有以下三种：

① 纵式结构，即按照事物发展和实践活动的先后顺序来组织材料，按时间顺序分别叙述每个阶段的成绩、经验、问题和教训。

② 横式结构，即按事物的内在逻辑联系来组织材料，展开内容，各部分之间或是并列关系，或是因果关系，或是递进关系，或是条件关系。这种写法可使各层次的内容鲜明集中。

③ 纵横式结构，即综合运用上述两种结构形式，既考虑时间的先后次序，体现事物的发展过程，又注意事物的内在逻辑联系，即纵中有横或横中有纵。

4. 结尾

结尾一般写出今后努力的方向和开展工作的改进意见，即在总结经验教训的基础上，分析形势，明确方向，确定任务，提出措施，展望前景。这部分可长可短，但必须起到鼓舞斗志、增强信心的积极作用。

【总结范例】+++++++++++++++++

2020 年工作总结（学校）

一年来，我校在××镇党委、政府和县教体局的正确领导下，学校领导班子团结全体教职工发扬"崇德尚礼、向善至美，笃行明礼、求实创新"的工作作风，深入践行"博文约礼、立德树人，知书达礼、博学广才"的核心育人观，在"让学校成为师生共同求知和成长的家园"的办学理念指引下，科学推进实施"尚礼教育"，使我校的办学品质得到了有效提升。2020 年我校获得××县教育教学工作先进单位、少先队管理工作先进单位、安全教育管理工作先进单位等荣誉称号。现就我校一年的教育教学工作汇报如下：

一、加强党建工作，提高政治修养

一年来，学校党支部以提高党组织的凝聚力和党员教师队伍的战斗力为目标，抓学习，促规范，创先进，充分发挥党支部的战斗堡垒作用和党员先锋模范作用，以建党 97 周年为契机，积极开展了"坚定理想信念，增强宗旨意识教育""纪律作风学习"

"大学习、大调研、大整改""争先创优""三会一课""创建书香校园"等主题活动。在"××党建在线"党员知识竞赛中，我校党员的参与度达到××%，在县直工委考核中，名列全县前列；今年×月份我校党支部被县教体局机关党委评为"先进党支部"。我校××老师在团县委组织的全县学习十九大精神演讲比赛中荣获全县第×名的成绩。

二、加强内涵管理，提升办学品质

（一）完善机制，科学管理。我们以全面提高教育教学质量为根本出发点和落脚点，全面修订和完善了《××镇中心小学教职工千分综合量化评价方案》《××镇中心小学评优树先实施方案》《××镇中心小学校级荣誉评选实施方案》《××镇中心小学教师职称晋升实施方案》等学校管理核心制度，实现了管理的科学性、先进性和民主性。

（二）优化监控，常态管理。一是常规活动求实效。严格把好备课、上课、作业和质量检测等常规教学关。我们每月组织一次教学常规检评活动，及时进行指导评价和整改提高。二是主题活动求高效。按照教学计划认真组织和开展了语文主题实验、课堂教学评比、生本课堂研讨、集体备课、现场备课、推门听评课、教学问题研讨、寒假作业展评、教学质量诊断、科技制作、录像课、学生综合素质抽测、一日常规素养展示活动等系列主题活动，教师专业得到发展，学生素养得到提高。在寒假作业展评活动中，我校成绩获得全县第×名；在全县考务工作管理中获得全县第×名；在全县优质课评比中，我校×人参赛，×人获得一等奖，×人获得二等奖；在全县教学活动月报中，我校成绩位于前列。三是成果初现求长效。今年，我校在县教体局组织的抽考中获全县第×名，六年级考试获全县第×名的好成绩。在庆祝六一国际儿童节活动中，得到了县、镇两级领导的高度赞扬和社会各界好评；在全县小学生足球比赛中获得男子团体总成绩第×名；在全县学生大合唱比赛中获得总成绩第×名；在全县学生戏剧表演中获得总成绩第×名；在全县运动会比赛中，获得啦啦操表演第×名。如今，我校的教学艺体活动长效机制已初步形成，学生个性特长得到充分发展。

三、加强教育投入，改善办学条件

我校努力改善办学条件，不断优化育人环境，激发了师生们的工作和学习热情，促进了教育均衡快速发展。一是学校投入×万余元对中心小学教学楼、××联小教学楼进行了粉刷，对中心小学家属院进行了整修；二是投入×万余元对各学校劳动实践园地进行了美化绿化；三是投入××万元，为全校教室、功能室安装了空调，实现师生取暖全覆盖；四是投入×万元，购买教师用机×台，实现教师用机人手一台，解决了电子办公难题。

四、加强安全教育，筑牢安全屏障

建立健全安全工作机制，强化"三防"建设，抓实校车管理，抓牢安全演练工作。制定各种安全预案，积极开展了防震、防火、防楼道踩踏、预防校园暴力、防溺水等安全演练活动，锻炼了学生的自救自护避险能力。积极参加县教体局安全指导科组织的各项评比活动。在全县中小学幼儿园安全教育优质课评选活动中，我校××老师荣获一等奖；在全县中小学幼儿园"安全校本教材"评比中荣获一等奖。我校安全办主任××老师在全县安全工作会上做典型发言。

在新的一年里，我们斗志昂扬。在镇委镇政府的领导下，我们团结奋斗、锐意进取，相信明天的××小学会更加美好。

【同步训练】 ◆◆◆◆◆◆◆◆◆◆◆◆◆◆◆◆◆◆

1. 写一份班级活动计划，教师抽查，分组讨论分析。
2. 写一份个人学习总结，教师抽查，分组讨论分析。

三、书信

书信是相隔较远、暂时见不到面的人们相互交流情感与思想的工具。书信拥有悠久的历史且世界各国的人们都有使用。书信在人类交流与沟通的历史上占有重要地位。在电话与电脑这些简单快捷的交流工具遍布全球的今天，仍有一部分人情愿使用书信来互通信息。

我国历史文化悠久，是有名的礼仪之邦，人们的社会交往和思想感情交流，大多通过一定的礼仪形式和一定的文化活动方式来进行。在实际生活中，每个人都经常使用到一系列的应用文，如传统的书信、名片、柬帖、启事、题诗题词、对联等，现代的如电报、传真、特快专递、电子邮件等。这些应用写作包含着丰富的礼仪内容，具有中华民族浓厚的文化色彩。

书信是一种向特定对象传递信息，交流思想感情的应用文书。使用书信要具备三个基本条件：一是有运用文字述说事情原委和表达自己思想感情的能力；二是具备相应的书写工具；三是有人进行传递。亲笔给亲戚朋友写信，不仅可以传达自己的思想感情，而且能给收信人以"见字如面"的亲切感。随着科技不断进步，又相继出现了电话、电报、录音带、录像带和电子邮件等交流信息的手段，其中电子邮件已经取代了传统书信，广泛应用于人们日常工作、生活的方方面面。随着社会的发展，人与社会的关系也在进行重新建构，书信的运用除传统用法，即公函、私函之外，一个新的发展动向便是原先私函类中因为个人需要而向政府机构、企事业单位、知名学者等个人所发的事务性的信件，这一类信件的数量逐渐增多，我们将其称为个人公文。

另外，在古代，书信作为主要的通信载体，它不仅仅传递着国与国的文化交流，同时也传递着人们对亲朋好友的思念之情，起到了报平安的深层含义。

书信分为一般书信和专用书信两大类。一般书信主要有家庭成员之间的家书类书信，朋友和同事之间的问候类书信、请托类书信、规劝类书信、借贷类书信、庆贺类书信等。这类书信多用于个人和个人之间。专用书信主要有表扬信、感谢信、邀请信等。这类书信多用于单位与个人、单位与单位之间。

(一) 书写格式

(1) 称呼。顶格书写，有的还可以加上一定的限定和修饰词，如"亲爱的"等。

(2) 问候语。如写"你好""近来身体是否安康"等。问候语一般单占行，可以接正文，但是这种情况很少见。

(3) 正文。这是信的主体，可以分为若干段来书写。

(4) 祝颂语。以最一般的"此致""敬礼"为例。"此致"有两种正确的书写位置：一是紧接着主体正文之后，不另起段，不加标点；二是在正文之下另起一行空两格书写。"敬礼"写在"此致"的下一行，顶格书写，后面应该加上一个惊叹号，以表示祝颂的诚意和强度。

称呼和祝颂语后半部分的顶格，是对收信人的一种尊重，是古代书信"抬头"传统的延续。古人书信为竖写，行文涉及对方收信人姓名或称呼，为了表示尊重，不论书写到何处，都要把对方的姓名或称呼提到下一行的顶头书写。这种做法，为现代书信所吸收。

(5) 署名和日期。写信人的姓名或名字，写在祝颂语下方空一至二行的右侧。最好还要在写信人姓名之前写上与收信人的关系，如儿×××、父×××、你的朋友×××等。在下一行写日期。

如果忘了写某事，则可以在日期下空一行、再空两格写上"又附"，再另起一行书写未尽事宜。

(二) 主要部分

书信历史悠久，其格式也几经变化。今天，按通行的习惯，书信格式主要包括五个部分：称呼、正文、结尾、署名和日期。

1. 称呼

称呼也称"起首语"，是对收信人的称呼。称呼要在信纸第一行顶格写起，后加"："，冒号后不再写字。称呼和署名要对应，明确自己和收信人的关系。称呼可用姓名、称谓，还可加修饰语或直接用修饰语作称呼。这里简要说明几条细则：

(1) 给长辈的信。若是近亲，就只写称谓，不写名字，如"爸""妈""哥""嫂"等；是亲戚关系的，就写关系的称谓，如"姨妈""姑妈"等。对非近亲的长辈，可在称谓前加名或姓，如"赵阿姨""黄叔叔"等。

(2) 给平辈的信。夫妻或恋爱关系，可直接用对方名字、爱称加修饰语或直接用修饰语，如"丽""敏华""亲爱的"等；同学、同乡、同事、朋友的信，可直接用名字、昵称或加上"同学""同志"，如"瑞生""老纪""小邹""三毛"等。

(3) 给晚辈的信。一般直接写名字，如"乐毅""君平""阿明"等；也可在名字后加上辈分称谓，如"李花侄女"等；亦可直接用称谓作称呼，如"孙女""儿子"等。

(4) 给师长的信，通常只写其姓或其名，再加"老师"二字，如"段老师""周师傅""宏海老师"等。对于十分熟悉的师长，也可单称"老师""师傅"。假如连名带姓，在信首直称"孙松平老师""王达夫师傅"，就显得不大自然且欠恭敬。对于学有专长、德高望重的师长，往往在姓后加"老"字，以示尊重，如"戴老""周老"，亦可在姓名后加"先生"二字。为郑重起见，也有以职务相称的，如"董教授""陈大夫""佟工程师"等。

(5) 给一个单位或几个人的信，又不指定姓名的，可写"同志们""诸位先生""××等同志"等。给机关团体的信，可直接写机关团体名称。如"××委员会""××公司"。致机关团体领导人的信，可直接用姓名，加上"同志""先生"或职务作称呼，亦可直接在机关团体称呼之后加上"领导同志""负责同志""总经理""厂长"等。

如果信是同时写给两个人的，两个称呼应上下并排在一起，也可一前一后，尊长者在前。

上述五种场合，有时还可按特殊对象，视情况加上"尊敬的""敬爱的""亲爱的"等形容词，以示敬重或亲密。当然，这要用得适宜，如对好友称"尊敬的"，反而显得见外；对无特殊关系的年轻女性贸然称呼"亲爱的"，那就有失检点了。

2. 正文

正文通常以问候语开头。问候是一种文明礼貌行为，也是对收信人的一种礼节，体现写信人对收信人的关心。问候语最常见的是"您好！""近好！"。依时令节气不同，也常有所变化，如"新年好！""春节愉快！"等。问候语写在称呼下一行，前面空两格，常自成一段。

问候语之后，常有几句起始语。如"久未见面，别来无恙。""近来一切可好？""久未通信，甚念！"之类。问候语要注意简洁、得体。

接下来便是正文的主要部分——主体文，即写信人要说的话。它可以是禀启、复答、劝谕、抒怀、辞谢、致贺、请托、慰唁，也可以是叙情说理、辩驳论证等。这一部分，动笔之前就应该成竹在胸，明白写信的主旨，做到有条有理、层次分明。若是信中同时要谈几件事，更要注意主次分明、有头有尾、详略得当，最好是一件事一段落，不要混为一谈。

3. 结尾

正文写完后，都要写上表示敬意、祝愿或勉励的话，作为书信的结尾。习惯上，它被称作祝颂语或致敬语，这是对收信人的一种礼貌。祝愿的话可因人、因具体情况选用适当的词，不要乱用。

结尾的习惯写法有两种：

(1) 在正文写完之后，转一行空两格写"此致"，再换一行写"敬礼"。

(2) 不写"此致"二字，只另起一行空两格写"敬礼""安好""健康""平安"等词。

4. 署名

在书信最后一行，署上写信人的姓名。署名应写在正文结尾后的右方空半行的地方。如果是写给亲属、朋友，可加上自己的称呼，如儿、弟、兄、侄等，后边写名字，不必写姓；如果是写给组织的信，一定要把姓与名全部写上。而在署名之后，有时还视情况加上"恭呈""谨上""敬上"等，以示尊敬。上述自称，都要和信首的称谓相互吻合。

5. 日期

日期一项，用以注明写完信的时间，写在署名之后或下边。有时写信人还加上自己所在的地点，尤其是在旅途中写的信，更应如此。

另外，未尽事宜可加附言。附言一般有四种情况：

(1) 附告详细地址。初次通信或写信人的地址有变动，应把通信方式或详细地址通知对方。

(2) 托带问候的话，如"请代问婶子好"。有的是别人托写信人代向收信人问候，如"姐姐附笔问安"。

(3) 附件说明。信中附有照片、票据等，要加以说明。

(4) 附加的话。信写完以后，发现还有内容要补充，可以加在后面。为醒目起见，常用"另""又"或"还有"开头。或先写附加内容，最后注明"又及"或"某某(写信人的名字)又及"作为结束。

由于书信是人类借助文字交流思想感情、互通信息或联系各种事务的一种方式，因此在撰写书信时，态度要诚恳，意向要鲜明，叙述要清楚，内容要具体，语言要得体，书写要工整。这样才能实现交际的目的。

(三) 信封

1. 常用格式

信封用于装纳信件，明确收信人及地址，便于邮寄。信封分为竖式信封与横式信封两种。信封上需按以下格式注写相关内容：

(1) 邮政编码。邮政编码由阿拉伯数字组成，是用来表示邮局和它的投递区域的专用代号。例如，吉林省长春市第五中学的邮政编码是 130061。书写邮政编码时要注意，信封正面左上方空格内应填写收信人所在地邮政编码，而右下方的空格则是发信人所在地的邮政编码。

(2) 收信人的详细地址。寄往城市家庭的，要具体写上收信人所在的省(市、自治区)、市(县)、城区、路、街(弄)和门牌号码，如果是高层建筑，还应写上室号；寄往农村家庭的，则要写出省、县、乡、村甚至街；寄往收信人工作单位的，不仅要写上收信人的详细地址，还应写明单位全称和具体部门。书写地址时，可在一行内写完，也可分两行写出。在大地名和小地名、地名和号码之间，都应空开一个字的位置。

(3) 收信人姓名。姓名要写完整，不能省略。常见的错误写法如"老王""小杨""董事长"。在收信人姓名后面空两个字的距离，写上"同志""先生""小姐"等字样，也可以不写。千万注意的是，信封上不要使用写信人对收信人的亲属称谓，这是因为信封主要是给投递员看的，如写上"×××伯父收""××爷爷收"等就有可能引起投递员的不悦。

(4) 寄信人的地址和姓名。寄信人的地址和姓名必须写在信封上，因为当由于某种原因这封信不能寄达收信人时，邮局必须以此信息退还所寄信件。"本市王寄""内详"之类的写法不可取。

上述情况，主要针对邮政信件。如是托人捎带的信件，则应该在信封上方偏左的地方，视具体情况，写上"请交""面交""烦交"等字样。如捎信人熟悉收信人的地址，则不必写出收信人的地址。写信人的地址一般也省略，只写"××托""×××拜托"即可。有时，为了表示对捎信人的尊重与信任，或信件的内容不涉及公私秘密，信封以不封口为好。

2. 国际规范

寄往国外的书信信封格式与国内的有所不同，除须用寄往国家的文字书写(也可用英文、法文书写)外，格式的明显区别是：信封左上方依次写发信人的姓名、地址(包括邮政编码)、国名(这三项内容也可写在信封背面的上半部)；右下方依次写收信人的姓名、地址(包括邮政编码)、国名。信封的右上角贴邮票。还必须强调指出的是，寄往国外的信，必须写明收信人和寄信人的国家、地区、城市、街道名称和门牌号码。

(四) 注意事项

书信要用黑毛笔、蓝色水笔、圆珠笔、钢笔书写，不能用铅笔书写，以防模糊不清，也不能用红笔写，这会让对方以为是绝交信。信纸要用专门信纸或稿纸。

称呼、问候用语及信中语气、措辞要符合写信人的身份；要考虑收信人的文化水平及经历，使收信人看得懂信；要抓住重点，力求写得充实、圆满、简短。

首先，要写得清楚明白，使对方一看就懂。写信是单方面谈话，不像当面拉家常那样，对方听不懂时，还可以解释说明，直至弄懂为止。因此，写信时，要告诉对方什么事情，要求对方办什么事情，或者回答对方什么问题，都要写得清楚明白，一目了然。要做到这一点，其实并不难，只需仍像日常说话一样，话怎么说，信就怎么写。如果装模作样，堆砌辞藻，反而会显得不亲切、不诚恳，影响双方感情的交流；甚或因咬文嚼字，弄巧成拙，闹出笑话。

其次，书信要写得简洁利索，使对方一看就能抓住要领。因为写信的目的就是简单明确的，或是相互问好，或是交流思想，或是传递信息，或是研讨问题，或是有事相托，等等，所以写信时，不要兜圈子，不要说车轱辘话，而应开门见山，直抒胸臆。而且这种书信，自己写起来，一定得心应手，对方一看也准能心领神会。如果信的内容涉及面广，谈的问题也较多，像交流思想、研讨问题等，那么就要和写文章一样，动笔之前，要想好先写什么、后写什么，并做出通篇的安排与布局，切不可语无伦次，信笔写来。

再次，要写得优美得体，使对方一看就深感真挚可亲。书信多是亲朋或同志之间的谈话。因此，书信的语言除简洁之外，还要注意道德风尚，讲究文明礼貌。书信能够反映出个人的精神面貌和社会的时代背景。我们在写信时所用的语言、语气要视不同对象、用途和内容而异。就对象而言，对长辈要谦恭，对平辈要尊重，对晚辈也要避免用教训的口吻；即使对犯有错误的人，也只能以理服人，而不能盛气凌人，更不能出口伤人。就内容而言，表示问候，要亲切热情；报喜祝贺，要热烈欢快；研讨问题，要心平气和；请教求助，要谦虚诚恳；规劝教育，要以心换心，喻之以理，等等。同时，还要注意称呼、问候和致敬语的选用。

最后，还要注意书写的问题。字写得正确工整与否，直接关系到这封信能否发挥其交际效能。写信应该用行书，也可以用楷书，一般情况下不提倡用草书，更不应该龙飞凤舞，笔走龙蛇，潦草得叫人辨认不出是什么字来，以致耽误了事情。我国有个优良传统，给别人写信，特别是给长辈写信，必须每个字都写得端端正正，工工整整，否则不够礼貌。有时写得匆忙，字写得不够规矩，还要在最后写上一句"草草不恭，敬希原宥"。我们应该继承并发扬这一优良传统。

另外，许多书信往往是一气呵成的，因此有必要在写完之后，逐字逐句地再检查一遍，看是否由于遗字掉句，或由于写了错别字，而使语意有不够清楚的地方。

【书信范例1】+++++++++++++++++

给抗疫英雄的一封信

你们好!

　　你们辛苦了!

　　2020 年的春节是一个不同寻常的春节,湖北武汉突发新型冠状病毒疫情。疫情危急,你们放弃了和家人团圆的机会,冲到了抗击疫情的一线,义无反顾地在这场没有硝烟的战场上拼搏,救死扶伤。你们不分日夜地奋战在病房里,与病魔做斗争,经历一个又一个生与死的考验。是谁带给了我们平安?是你们——无数平凡普通却令人尊敬的白衣战士。

　　武汉疫情暴发,全国各地都抽调出精兵强将,一批又一批的白衣战士不顾自己的生命安危,赶到了武汉支援救助。你们穿着厚厚的隔离服,又戴上大大的隔离护目镜、口罩、面罩,忙碌在隔离病房。你们为了节省物资,一忙就是十几个小时,中间还不吃不喝,不上厕所,甚至为了节约穿衣服的时间,不惜剪去了你们那长长的秀发。我觉得此时的你们比任何人都美,你们是最美的抗疫英雄。

　　在这群白衣战士中,钟南山爷爷可以说是年纪最大的一位了吧。钟南山爷爷是中科院的院士。在 2003 年抗击“非典”的战斗中,钟爷爷率先探索出了一套富有明显疗效的防治经验,被誉为“抗击非典的英雄”。这次疫情来势汹汹,他又肩负起了所有人的希望。今年已 83 岁高龄的他又一次义无反顾地奔赴武汉,战斗在疫情的最前线。还有一位令我感动的英雄人物是武汉金银潭医院的张定宇院长。当首批 7 名有相同症状的患者来医院就诊,众位医护人员发现这种病毒以前从未有过记录时,是张院长第一时间上报了疫情,帮助国家提前发现了这次疫情。虽然张院长已身患“渐冻症”,但依然奋斗在一线。而当张院长的妻子也感染了这种病毒时,张院长没有去照顾妻子,依然冲锋在前,夜以继日地工作,一心想着人民,救治了许多患者……在这里,我想对钟爷爷和张院长说:“谢谢你们,你们辛苦了!”

　　形势越来越紧张,床位不够,医院不够,为了救治更多的病人,成千上万的机器一起运转,无数不知道名字的工人齐心协力建造了火神山医院和雷神山医院。这两个医院中设有数千张床位,可以容纳更多病人。令我惊叹的是,这两座医院竟然仅仅用了 10 天就顺利完工,并已开始使用,真让人震撼。是谁带给我们平安?是你们——建造医院的工人们。是你们不分昼夜地工作,在这么短的时间内创造了奇迹,让更多的病人有地方接受治疗,你们也是抗疫战场上的英雄!

　　还有无数人,我不知道他们的名字,但是我知道他们放弃了休息,放弃了自己的安全,夜以继日地奋战在抗击疫情的战斗中。是谁给了我们平安?是你们——无数的普通人。你们这些天日夜奋斗在公路、铁路、机场、社区……登记、测量、排查、隔离，让疫情得到了控制。谢谢你们，你们都是我心目中最厉害的英雄，你们辛苦了！你们要加油！武汉加油！中国加油！

祝你们早日战胜病毒！

爱你们的人

2020 年 9 月 1 日

【书信范例 2】◆◆◆◆◆◆◆◆◆◆◆◆◆◆◆◆

《傅雷家书》

《傅雷家书》是我国文学艺术翻译家傅雷及夫人 1954—1966 年间写给孩子傅聪、傅敏等的家信摘编，该书是一本优秀的青年思想修养读物，是素质教育的经典范本，是充满着父爱的教子名篇。傅雷夫妇作为中国父母的典范，一生苦心孤诣、呕心沥血培养了两个孩子：傅聪——著名钢琴大师，傅敏——英语特级教师。书中有父母的谆谆教诲，有孩子与父母的真诚交流，亲情溢于字里行间，给天下父母子女强烈的感染和启迪。

傅雷家书

一九五四年一月三十日晚

亲爱的孩子，你走后第二天，就想写信，怕你嫌烦，也就罢了。可是没一天不想着你，每天清早六七点就醒，翻来覆去地睡不着，也说不出为什么。好像克利斯朵夫的母亲独自守在家里，想起孩子童年一幕幕的形象一样，我和你妈妈老是想着你二三岁到六七岁间的小故事。——这一类的话我们不知有多少可以和你说，可是不敢说，你这个年纪是一切向前的，不愿意回顾的；我们噜哩噜苏地抖出你尿布时代的往事，会引起你的憎厌。孩子，这些我都很懂得，妈妈也懂得。只是你的一切终生会印在我们脑海中，随时随地会浮起来，像一幅幅的小品图画，使我们又快乐又惆怅。

真的，你这次在家一个半月，是我们一生最愉快的时期；这幸福不知应当向谁感谢，即使我没宗教信仰，至此也不由得要谢谢上帝了！我高兴的是我又多了一个朋友；儿子变了朋友，世界上有什么事可以和这种幸福相比的！尽管将来你我之间离多聚少，但我精神上至少是温暖的，不孤独的。我相信我一定会做到不太落伍，不太迂腐，不至于惹你厌烦。也希望你不要以为我在高峰的顶尖上所想的，所见到的，比你们的不真实。年纪大的人终是往更远的前途看，许多事你们一时觉得我看得不对，日子久了，现实却给你证明我并没大错。

孩子，我从你身上得到的教训，恐怕不比你从我得到的少。尤其是近三年来，你不知使我对人生多增了几许深刻的体验，我从与你相处的过程中学得了忍耐，学到了说话的技巧，学到了把感情升华！

你走后第二天，妈妈哭了，眼睛肿了两天：这叫作悲喜交集的眼泪。我们可以不用怕羞地这样告诉你，也可以不担心你憎厌而这样告诉你。人毕竟是有感情的动物，偶尔流露一下也不是可耻的事。何况母亲的眼泪永远是圣洁的，慈爱的！

【知识链接】✦✦✦✦✦✦✦✦✦✦✦✦✦✦✦✦

《傅雷家书》名言

1. 真的，巴尔扎克说得好：有些罪过只能补赎，不能洗刷！

2. 在公共团体中，赶任务而妨碍学习是免不了的。这一点我早预料到。一切只有你自己用坚定的意志和立场向领导婉转而有力地去争取。

3. 自己责备自己而没有行动表现，我是最不赞成的！……只有事实才能证明你的心意，只有行动才能表明你的心迹。

4. 辛酸的眼泪是培养你心灵的酒浆。

5. 得失成败尽量置之度外，只求竭尽所能，无愧于心。

6. 人一辈子都在高潮和低潮中浮沉。唯有庸碌的人生活才如死水一般；或者要有极高的修养，方能廓然无累，真正地解脱。

7. 太阳太强烈，会把五谷晒焦；雨水太猛，也会淹死庄稼。

8. 一个人唯有敢于正视现实，正视错误，用理智分析、彻底感悟，终不至于被回忆侵蚀。

9. 最折磨人的不是脑力劳动，也不是体力劳动，而是操心。

10. ……多思考人生问题、宇宙问题，把个人看得渺小一些，那么自然会减少患得患失之心，结果身心反而会舒坦，工作反而会顺利。

11. 人寿有限，精力也有限，要从长远着眼，马拉松才会跑得好。

12. 中国哲学的思想、佛教的思想，都是要人能控制感情，而不是被感情控制。

13. 假如你能掀动听众的感情，使他们如醉如痴，哭笑无常。而你自己屹如泰山，像调度千军万马一样的大将军一样不动声色。那才是你最大的成功，才是到了艺术与人生最高的境界。

14. 一个人没有灵性，光谈理论，其不成为现代学究、当世腐儒、八股专家也鲜矣！为学最重要的是"通"，"通"才能不拘泥、不迂腐、不酸、不八股；"通"才能培养气节、胸襟、目光；"通"才能成为"大"，不大不博，便有坐井观天的危险。

15. 艺术家与行政工作，总是不两立的！

16. 世界上最纯洁的欢乐，莫过于欣赏艺术……

17. 永远保持赤子之心，到老你也不会落伍。永远能够与普天下的赤子之心相接相契相抱！

18. 有矛盾正是生机蓬勃的象征。

19. 唯有肉体禁止，精神的活动才最圆满：这是千古不变的定律。

20. 只要是先进经验，苏联的要学，别的西欧资本主义国家的也要学。

21. 我们一辈子的追求，有史以来有多少世代人的追求，无非是完美。但完美永远是追求不到的，因为人的理想、幻想永无止境。所谓完美像水中花、镜中月，始终可望不可即。

22. 一个人对人民的服务不一定要站在大会上讲演或是做什么惊天动地的大事业，随时随地地、点点滴滴地把自己知道的、想到的告诉人家，无形中就是替国家播种、施肥、垦殖。

23. 一个人要做一件事，事前必须考虑周详。尤其是改弦易辙，丢开老路的时候，一定要把自己的理智做一个天平，把老路和新路放在两盘里精密地称过。

24. 孩子，可怕的敌人不一定是面目狰狞的，和颜悦色、一腔热血的友情，有时也会耽误你许许多多宝贵的光阴。

25. 现在我深信这是一个魔障。凡是一天到晚闹技巧的，就是艺术工匠而不是艺术家……艺术是目的，技巧是手段。老是注意手段的人，必然会忘了目的。

26. 生性并不"薄情"的人，在行动上做得跟"薄情"一样，是最冤枉的、犯不着的。正如一个并不调皮的人要调皮，而结果反而吃亏，一个道理。

27. 汉魏人的胸怀更近原始，味道浓，苍茫一片，千载之下，犹令人缅怀不已。

28. 艺术特别需要苦思冥想，老在人堆里，会缺少反省的机会；思想、感觉、感情，也不能好好地整理、归纳。

29. 而且究竟像太白那样的天纵之才不多，共鸣的人也少。所谓曲高和寡也！同时，积雪的高峰也会令人有"琼楼玉宇，高处不胜寒"之感，平常人也不敢随便瞻仰。

30. 人毕竟是有感情的动物，偶尔流露一下也不是可耻的事。

31. 高潮不过分使你紧张，低潮不过分使你颓废。

32. 艺术不但不能限于感性认识，还不能限于理性认识，必须要进行第三步的感情深入。

33. 艺术家最需要的，除了理智以外，还有一个"爱"字。

34. 一切伟大的艺术家必须兼有独特的个性与普遍的人间性。

35. 事情主观上故盼望必成，客观方面仍需有万一不成的思想准备。

36. 经历一次折磨，一定要在思想上提高一步，以后在作风上也要改善一步，这样才不冤枉。一个人吃苦碰钉子都不要紧，只要吸取教训，所谓人生或社会的教育就是这么回事。

37. 老是注意手段的人，必然会忘了他的目的。甚至一些有名的演奏家也犯这个毛病，不过程度高一些而已。

【写作训练】++++++++++++++++

在父亲节和母亲节给自己的父母写一封家信。

训练

项 目 训 练

训 练 题 一

1. 有年轻人想要出家，法师考问年轻人为什么要出家？

年轻人 A：我爸叫我来的。

法师：这样重要的事情你自己都没有主见，打 40 大板。

年轻人 B：是我自己喜欢来的。

法师：这样重要的事情你都不和家人商量，打 40 大板。

年轻人 C：不作声。

法师：这样重要的事情想都不想就来了，打 40 大板。

问题：如果你是年轻人 D，你会如何和法师沟通呢？

2. 一艘船遇到风浪，即将沉没，船长命大副去组织乘客穿上救生衣跳船逃生。几分钟后，大副回来报告："他们都不肯跳。"于是船长亲自出马，几分钟后，所有乘客都跳船逃生了。大副很诧异，就问船长是如何办到的。船长回答道："我对英国人说，这是一项很绅士的体育运动，于是他跳下去了；我对法国人说，跳船的动作很潇洒很优美，于是他跳下去了；我对德国人说，这是命令，结果他们都跳下去了。""那个美国人呢？""我对他说，我给你买了保险。"

问题：你认为船长成功的关键是什么？

3. 一天，陈女士到一家刚开业不久的商场购物。在一排做工精致、用料考究的女式风衣前，陈女士发现一件成衣的标签上赫然印着 160 元的标价。这是一个明显的标价错误，因为这排风衣的统一标价是 1600 元。售货员小姐非常友好地向陈女士致歉，并告知小标签上的价格是因为电脑出错，"160"后少标注了一个"0"。但陈女士认为，既然小标签上印着"160 元"，这就意味着商家对顾客的一种承诺，因此，她坚持要以 160 元的价格买走该风衣。售货员小姐不敢做主，她让陈女士留下联系地址，次日将给她一个满意的答复。

问题：如果你是该公司负责人，你会如何处理此事？

4. 一次，一批日本客商前往法国参观一家著名的照相器材厂。该厂实验室主任热情而有礼貌地接待了日本客人。在他带领客人参观实验室时，他一面耐心地解答客人提出的诸多问题，一面仔细地注意客人的一举一动。因为他深知，有许多人是借参观之机，达到窃取先进技术的目的。在参观一种新型的显影溶液的时候，实验室主任发现，一位日本客商俯身贴近盛容器的器皿，认真辨认溶液的颜色时，这位客人的领带末端不小心浸入了溶液之中。这一细节被实验室主任看在眼里，记在心上。粘上溶液的领带如果被带出，很可能会泄露商业机密。他不动声色地叫来一名女服务员，悄悄地吩咐了一番……

问题：如果你是实验室主任，你会怎样做，既能保护商业机密又不让客人尴尬？

训 练 题 二

1. 你想到一家公司担任某一职务，你希望年薪 6 万元，而老板最多只能给你 4 万元。如果老板说"要不要随便你"这句话，就有攻击的意味，你可能扭头就走。而实际上老板往往不那样说，而是这样跟你说："给你的薪水，那是非常合理的。不管怎么说，在这个等级里，我只能付给你 3.5 万元到 4 万元，你想要多少？"

问题：你会如何回答？

2. 狮子和老虎之间爆发了一场激烈的战争，到了最后，两败俱伤。狮子快要断气的时候对老虎说："如果不是你非要抢我的地盘，我们也不会弄成现在这样。"老虎吃惊地说："我从未想过要抢你的地盘，我一直以为是你要侵略我！"

问题：这个故事说明了什么道理？

3. 两只乌鸦在树上对骂起来，它们越骂越凶，越吵越激动，最后一只乌鸦随手捡起一样东西向另一只乌鸦打去，那东西击中另一只乌鸦后碎裂开来，这时丢东西的乌鸦才发现，自己打出去的东西原来是自己一只尚未孵化好的蛋。

问题：乌鸦犯了一个什么致命的错误？请利用沟通的基本原理回答。

4. 一次，一位卖磨刀石的小贩敲响了一位家庭主妇的家门，当家庭主妇打开门时吓得大叫起来，原来小贩手中拿着一把明晃晃的尖刀。小贩本想通过手中的刀来证明其磨刀石的好用，可是却因此而令客户受到了惊吓，最终生意自然没有做成。

问题：小贩犯了什么沟通错误？

训 练 题 三

1. 案例分析：

(1) 客户："这款汽车多少钱？"

销售："公司规定这款汽车售价不能低于 23 万 5 千元，可以一次付清，也可以分期付款。"

客户："这个价位可不可以低一点呀！我看到××处有一款车和这款车看上去差

不多，可是价格却低了 3 万。"

销售："对不起，如果您觉得这个价位太高的话，可以考虑其他车型，这款车的确不能低于这个价位了。"

(2) 客户："这款汽车多少钱？"

销售："我想您已经对上市的同类汽车有了一些了解，您觉得它值多少钱呢？"

客户："应该是 20 万元左右吧。"

营销："您说的这个价的确可以买到其他品牌的同类型产品，不过这款车的价位在 30 万元左右，因为它是这周最新上市的，它的发动机采用了一种新技术，性价比相当高……"

(3) 客户："这款汽车多少钱？"

销售："这款车的价位是 50 万元，如果您对它非常感兴趣的话，现在正在促销，我们可以打九折。"

客户："为什么这么贵？打了折也比其他同类车贵很多……"

问题：以上三则案例，哪一个的沟通语言更为合理，为什么？

2. 案例分析：

一个小城里有三个牙科诊所，它们的设备都很先进，环境都很优雅洁净，大夫的医术都很高明，而不同之处则在于对待病人的方式。

第一个大夫："怕疼？拔牙总是要疼的嘛，没办法，坏牙要不拔掉，以后更疼！"一面说，一面就动手拔病人的牙。

第二个大夫："有点痛吧，我想请您稍微忍耐一下，好吗？一会儿就好了。"他一面讲，一面拔牙。他的诊所里放了台电视机，就放在病人对面，总是放一些轻松幽默的节目。

第三个大夫根本不和病人说话，他板着脸，病人用手一指，他便不由分说地把坏牙拔了。

一年之后，第一个和第三个诊所相继关门了。

问题：从以上案例分析第一个和第三个诊所为什么会关门？

3. 案例分析：

两个人正在聊天，其中一个人问道："如果比尔·盖茨现在突然要约见你，你准备穿什么衣服去赴约呢？"

另一个人回答："穿什么都行，只要不穿西装、打领带、手提公文包就行了。"

"为什么？"

"很简单，如果你穿成那样的话，大老远一看见你，比尔·盖茨就会认为你是来向他推销保险的，还没等你走到他跟前，他的秘书就会把你赶走……"

问题：分析以上案例，说明为什么说比尔·盖茨的秘书会这样做。

4. 案例分析：

　　周小姐是一家贸易公司的秘书，某次恰好在她忙得不可开交时，接到一个顾客打来的电话。周小姐听完顾客的问题后，只做了简单的回答就挂断了电话。顾客还没有说再见，就听到周小姐咔嚓一声挂了电话，一下子愣住了。他并没有想到周小姐会在他之前挂断电话。后来这个顾客与周小姐的上司聊天时，说到周小姐挂电话的事，于是周小姐的上司把周小姐狠狠地训了一顿。

　　问题：上司为什么会批评周小姐？

训 练 题 四

1. 案例分析：

李先生打电话与××公司的周小姐洽谈业务，王小姐接的电话。

王小姐：××公司，您好！请问您找谁？

李先生：请问周小姐在吗？

王小姐：请问您是哪里？

李先生：我是××公司的李先生。

王小姐：麻烦您稍等，我帮您转接。

李先生：谢谢您！

王小姐：王先生，很抱歉！周小姐出去办事了，还没有回来。请问您有什么事，需要我转告吗？

李先生：麻烦您帮我转告周小姐，她要的产品价格单我已发到她的邮箱里，请查收。

王小姐：好的，我会转告的。

李先生：谢谢您！

王小姐：不用客气！

李先生：再见！

　　问题：说说接听电话时要注意的语言禁忌有哪些？

2. 案例分析：

　　小王从事人寿保险推销不到 2 个月，他一上阵，就一股脑儿地向顾客炫耀自己是保险业的专家，在电话中把一堆专业术语塞给顾客。顾客听后感到压力很大。当与顾客见面后，小王又接二连三地讲什么是"豁免保险"以及"费率""债权""债权受益人"等一大堆专业术语，让顾客如同坠入了云雾中。顾客反感的心理由此产生，拒绝他也就是顺理成章的事了。

　　问题：从以上案例分析，小王犯了什么沟通错误？

3. 如果在销售电脑过程中遇到客户说："我们的电脑已经升级了，不再需要新的电脑。"

问题：对此你将怎样回答？

4. 老奶奶有一媳妇正怀孕，老奶奶去市场买酸李子。老奶奶走到第一个小贩前，小贩 A 主动打招呼："大娘，要不要李子啊？我的李子全部又大又甜。"老奶奶听了，没理他就走开了，到小贩 B 面前问："李子怎么卖？"小贩 B 说："我这儿有两种李子，一种又大又甜，另一种酸酸的。请问您要哪种？"老奶奶说："那就来一斤酸的吧。"当她经过第三个小贩 C 跟前的时候，小贩 C 问："老奶奶，来买李子呢？""是啊，我来买酸李子。"小贩 C 接着问："老奶奶啊，别人都喜欢买甜李子，而您为什么买酸李子呢？"老奶奶说："我儿媳妇怀孕了，特别想吃酸的东西。"小贩 C 笑着说："真恭喜您啊！您对儿媳真是用心啊，如今像您这样疼晚辈的人已经不多了啊！给怀孕的儿媳妇买水果，确实是要又酸又甜的。猕猴桃营养丰富，味道酸酸的，很适合孕妇吃，不如买一斤半斤的回去给儿媳妇尝尝啊？"老奶奶听了很高兴，就买了一斤猕猴桃。接着小贩 C 说："老奶奶啊，我这儿也有酸李子，今后您可以长期到我这儿来买，我给你特别优惠，不论多少都九五折。这给您包好了，老奶奶好走，下次记得过来啊。"老奶奶听了连连点头，乐呵呵地走了。

问题：请你分析一下小贩 C 的成功之道。

训 练 题 五

1. 美国某花店经理接到一位顾客的电话，说她订购的 20 枝玫瑰送到她家的时间迟了一个半小时，而且花已经不那么鲜艳了。(遇到这种情况首先想一想你会怎样处理，然后继续往下看。)第二天，那位夫人接到了这样一封信：

亲爱的凯慈夫人：

　　感谢您告知我们情况。在此信的附件里，请查收一张偿还您购买这些玫瑰所用的全部金额的支票。由于我们的送货车中途修理耽搁了时间，加之昨天不正常的高温，所以您的玫瑰我们未能按时、保质交货，为此，请接受我们的歉意和保证。我们保证将采取有效措施以防止这类事情的再次发生。

　　在过去的两年里，我们总是把您看作一个尊敬的顾客，并一直为此感到荣幸。顾客的满意是我们努力争取的目标。

　　请让我们了解怎样更好地为您服务。

您真诚的霍华德•佩雷斯

问题：案例中采用的处理方式是否恰当？为什么？

2. 初萌正在前台接电话，忽然看见两位客人直接往办公区走。初萌赶快叫住她们。客人有些不耐烦地说："我们昨天刚来过，是找销售部的钱经理的，昨天有点事没办完。"初萌说："对不起，请你们稍等一下，我马上通知钱经理。"电话接通后，钱经理说："我不想见那两个人，请你帮我挡一下。"

问题：本案例中，对于钱经理暂时不想见的客人，秘书该如何做呢？

3. 一次文艺演出时，大幕突然坏了，无法拉开。主持人灵机一动，让工作人员把幕拉成蝴蝶状，然后走上台说道：

(1) "因大幕突然坏了，一时无法修好，请大家原谅，将就着看演出！"

(2) "大家一定看过电影《垂帘听政》，接下来，我请大家欣赏'垂帘听歌'，看看是否别有风味！"

(3) "现在大幕拉成蝴蝶状，基本不影响演出，请大家继续看演出。"

(4) "我们已经在修理大幕了，下面演出继续进行！"

请在下列答案中选择最为错误的一种(   )。

A. (1) (2) (3)　　　　　　　B. (1) (3) (4)

C. (2) (3) (4)　　　　　　　D. (1) (2) (4)

4. 乔·吉拉德向一位客户销售汽车，交易过程十分顺利。当客户正要掏钱付款时，另一位销售人员跟吉拉德谈起昨天的篮球赛，吉拉德一边跟同伴说笑，一边伸手去接车款，不料客户却突然掉头而走。吉拉德苦思冥想，不明白客户为什么对已经挑选好的汽车突然放弃了。他终于忍不住给客户打了个电话，询问客户突然改变主意的理由。客户不高兴地在电话中告诉他："今天下午付款时，我同您谈到了我们的小儿子，他刚考上密歇根大学，是我们家的骄傲，可是您一点儿也没有在意，只顾跟您的同伴谈篮球赛。"吉拉德明白了，这次生意失败的根本原因是自己没有认真倾听客户谈论自己最得意的儿子。

问题：请通过以上案例谈谈你对倾听的认识。

训 练 题 六

1. 电话沟通中有几种语言信息？各自重要性如何？请根据客户沟通原理，将有关要素按重要程度排序，并说明理由。

2. 小李是雷世科教设备公司的业务员，他希望通过勤奋的工作来创造良好的业绩。一天，他急匆匆地走进一家公司，找到经理室，敲门后进屋。

小李：您好，王先生。我叫李进，是雷世科教设备公司的业务员。

经理：哦，对不起，这里没有王先生。

小李：您是这家公司的经理吧？我找的就是您。

经理：我姓黄，不姓王。

小李：对不起。我没听清您的秘书说您是姓黄还是姓王。我想向您介绍一下我们公司的彩色复印机……

经理：我们现在还用不着彩色复印机。

小李：噢，是这样。不过，我们还有其他型号的复印机，这是产品目录，请您过目。(接着掏出烟与打火机)您来一支？

经理：我不吸烟，我讨厌烟味，而且，我们公司是无烟区。

小李：……

问题：小李在与客户经理的初次见面的沟通过程中有哪些地方存在问题？你建议应该怎样做？

3. 销售：早上好！李主任，我是昨天给您打过电话的马力。我今天急着赶过来就是要给您带来一个惊喜，这是一次技术的革新，我们的新型专业绘图产品问世了。我来给您详细介绍一下。

客户：你把资料留下，我自己看就可以了。另外，我姓林，不姓李。

销售：哦，对不起，我上次电话里听错了。(销售发现客户的桌子上有一张小男孩的照片，拿了起来)

销售：多可爱的孩子呀，您真有福气，儿子长得真像您。

客户：那是我侄子，我还没结婚呢！

问题：

(1) 你认为这个销售人员留给客户的印象如何？

(2) 他究竟犯了哪些错误？请简要叙述。

训练题七

1. 在某饮料公司的办公室里，一名广告公司的销售员在向饮料公司推销报纸广告。

场景一

销售 A：在我们的报纸上登广告，一定会很快打开贵公司新产品的销路。

客户：你们的发行量是多少？

销售 A：每月一万七千份。

客户：那么少？

销售 A：可是我们的发行量增长很快，比如上个月就已经达到了一万九千份。

客户：那要花多少钱才能拥有一千名读者？

销售 A：两千三百元。

客户：不太值！

场景二

销售 B：在我们的报纸上登广告，一定会很快打开贵公司新产品的销路。

客户：你们的发行量是多少？

销售 B：发行量的多少是否很重要呢？

客户：当然重要！发行量少，看的人就少。

销售 B：你希望什么人看到贵公司产品的广告？

客户：年龄在 30 至 45 岁的高收入人群。

销售 B：也就是说，读者的素质如何才是最重要的。

客户：可以这么说。

问题：销售 A、销售 B 在销售中的做法有什么不同？对于话题的掌控有什么不同？对于客户需求信息的把握有什么区别？

2. 大夫：(从桌上拿起一份挂号单，大声地喊)冯大勇！

冯：(病恹恹的样子，边走边咳嗽)我是。

大夫：怎么了？(低头整理手中的资料，自言自语，并打手势，示意冯大勇坐下)

冯：我……(咳嗽)……我今天……(咳嗽)

大夫：不用说话了，我知道了。(从桌子下面拿出一个大盒子，放在桌子上)我看你适合吃这种药。这是本院独家研制的新药"咽喉糖浆"，疗程短，见效快，一个疗程吃三盒，平均每天只花费三块钱。先给你开 6 盒吧！(边说边开药方)

冯大勇非常吃惊地瞪大眼睛并不停地弯腰大声咳嗽，以至于把鱼刺都咳出来了。他把咳出来的鱼刺递给了医生。医生见到鱼刺，先是吃惊，而后又非常尴尬。

问题：你认为大夫的行为有什么问题？如果你是大夫，应该怎么做？

3. 销售员小李：这台数码相机具有非常 special 的功能，它具有 400 万像素、4 倍的数码变焦和 20 倍的光学变焦，自带一个 16 MB 的 Memory Stick，还配备有 USB 插口和 4 寸的 LCD 取景器……

顾客王大姐：(皱眉，迷惑地)这些我不感兴趣。麻烦你告诉我这台相机能否清晰拍照？能否摄像？好吗？

问题：该销售员有何不当？应该如何陈述？沟通表述有什么要求？

4. 医生：治疗偏头痛对我来说很容易，用针灸就行了。

患者：我从来没扎过针灸，连打针都害怕，麻烦您一定要轻一点儿啊！

医生：那先给你解释一下针灸治疗。

患者：太谢谢您了！

医生：一会儿我就在你头顶上下左右各扎满 10 针，每根针 2 寸长。扎针时先把针直刺到头皮下，接着贯穿上下左右向对侧沿头皮平刺过去，然后再左右捻动，上下拔插，最后通上电，让针随着电流搏动，加强刺激。怎么样？准备好了吗？

患者：(听了医生的解释后被吓得缩成一团，惊恐地瞪大了眼睛，哭着喊)我要回家……

问题：该医生的介绍有何不当？如果是你，会如何介绍？

训 练 题 八

　　1. 某办公用品销售员到某办公室去销售碎纸机。办公室主任在听完产品介绍后摆弄起样机，自言自语道："东西倒是挺合适，只是办公室这些小年轻毛手毛脚的，只怕没用两天就坏了。"销售员一听，马上接着说："这样好了，明天我把货运过来的时候，顺便把碎纸机的使用方法和注意事项给大家讲讲。这是我的名片，如果使用中出现故障，请随时与我联系，我们负责维修。主任，如果没有其他问题，我们就这么定了！"

　　问题：该案例对你有什么启发？

　　2. 销售员：早上好！请找一下王处长。

　　接线员：哪个王处长？是王文京还是王勇？

　　销售员：请问哪一位王处长负责办公室采购？

　　接线员：王勇，我给你转过去。

　　销售员：谢谢！

　　销售员：您好！是王处长吗？我是迅达公司的胡斌，我能和您约个时间见面吗？

　　王处长：有什么事吗？

　　销售员：您一定听说过迅达公司吧？我们为客户提供全国范围的快递服务，确保24 小时内迅速到达。

　　王处长：飞马公司一直在与我们合作，处理这类事务。

　　销售员：我们能保证最低的价格。

　　王处长：你们的价格是多少？

　　销售员：每公斤 6 元。

　　王处长：飞马公司的价格比你们还便宜。

　　销售员：真的吗？我们还能保证最快到货。

　　王处长：可能是吧！不过我们今年不打算做什么变动，你明年再来电话吧！再见！

　　问题：如果你是一名销售员，你认为下面哪些做法是正确的？哪些是不正确的？请阐明理由。

　　(1) 询问飞马公司(竞争对手)的具体价格及服务情况，以找出其弱势区域，进行抨击。

　　(2) 避免在电话里谈论细节，争取赢得面谈机会。

　　(3) 进一步说明自己公司如何保证做到最快到货。

　　(4) 打电话前先了解谁主要负责办公室采购。

　　(5) 表示自己的报价还可以商量，并在电话中和客户讨价还价。

　　3. 对比以下陈述，请在每一组中选出你认为适合的一项。

　　Ⅰ. 说明身份：（　　　）

A．我是腾飞公司的销售人员。我们主营办公设备。

B．我是腾飞公司的销售代表，高翔。我公司生产及销售"好助手"牌办公设备。

Ⅱ．约请面谈：（　　）

A．什么时候方便我们能面谈一下吗？　　B．我可以在星期三上午10点拜访您吗？

Ⅲ．克服异议：

客户：我马上要开会。

你的回答：(可多选)（　　）

A．那就不打扰您了。　　　　　　　　B．我两个小时后再打过来，可以吗？

C．我只占用两分钟或者只问两个问题，可以吗？

4．顾客甲说你给顾客乙的折扣比给他们的高，要求给他们同样的折扣，否则就不与你们合作，请问你该怎么办？

训　练　题　九

1．某顾客在商场里选购鞋子，没找到合适的码数，询问一员工，该员工说他不负责这里，随后便走开了。

问题：你认为此员工的做法对吗？如果你是该员工，你会怎么做？

2．一老板叫一员工去买复印纸，员工就去买了三张复印纸回来。老板大叫："三张复印纸，怎么够？我至少要三摞。"员工第二天就去买了三摞复印纸回来。老板一看，又叫："你怎么买了B5的，我要的是A4的。"员工一周买了三摞A4的复印纸回来，老板骂道："怎么买了一个星期才买好？"员工回答："你又没有说什么时候要。"就买点复印纸，员工跑了三趟，老板气了三次。

问题：请分析案例中症结所在及解决办法。

3．一位顾客在喝酸牛奶时，吸到了一块玻璃碎片，于是他怒气冲冲地到牛奶公司抗议。一路上他越想越气——牛奶公司如此不负责任，简直是草菅人命。他觉得自己不是为了自己，而是为了千千万万的孩子，为全体人民着想，如果牛奶不妥善处理的话，就要向报界告发，或者告到消协去。"你们难道光顾赚钱，不顾别人的健康了吗？你们想过没有？这玻璃碎片吸进胃里会置人于死地的！"见到公司相关工作人员，他一开口就怒气冲冲，言辞激烈。

问题：如果你是牛奶公司的工作人员，你打算如何处理此事？

4．在广州一家著名的酒店，一位外宾吃完最后一道菜点，顺手就把精美的景泰蓝筷子悄悄地插进了自己西装内侧的口袋里。

问题：假如你是该外宾的服务人员，你会怎么处理此事？为什么？

5．销售员："您对上海这么了解，原来您在上海待过呀？"

客户："我是××大学毕业的。"

销售员："是吗？那咱们是校友了。我去年从那里毕业的。您是哪一届的？"

客户："九九届。"

销售员："看来我得称您师兄啦。"

客户："在这里能遇到校友，很开心啊。"

销售员："师兄，您看我刚才跟您谈的事情……"

问题：从以上电话推销片段来看，你认为此销售员会成功吗？为什么？

训 练 题 十

1. 一次，在日本的国内电器订货会上，厂家与销售方互不相让，双方态度都很强硬，使得订货会无法收场，只好延长一天。第二天，松下幸之助一进会场，就走到销售商面前，诚恳地说："一切都是我们不对。"销售商愣住了。松下幸之助接着说："大约 30 年前，我们制造了灯泡，为了让诸位买，我曾一一拜访过你们。你们听了我的介绍，终于理解了我，同意为我们代销。托大家的福，现在松下电器公司生产的灯泡，已经名副其实位居同行之首，公司也因此得到了很大的发展。这本来应是时刻铭记的，但在这次订货会上，我们却同诸位争吵不休，讨价还价，忘记了你们曾经给予的帮助，实在对不起！从今天起，我悔过自新，从头做起。因此，还请诸位多多关照。"松下幸之助这番话，使会场气氛为之一变，许多销售代表为其真情所动，纷纷与之签约。

问题：松下幸之助此举运用了什么策略？我们可从中获得哪些启示？

2. 某推销大王说过一句话："推销往往从拒绝开始。"你如何理解这句话？

3. 比较下面几组习惯用语和专业表达，谈谈你的看法。

第一组　　习惯用语：你做得不正确。

　　　　　专业表达：我得到了不同的结果。让我们一起来看看到底是怎么回事。

第二组　　习惯用语：当然，你会收到，但你必须把名字和地址给我。

　　　　　专业表达：当然，我会立即给你发送一个，我能知道你的名字和地址吗？

第三组　　习惯用语：你没有弄明白，这次听好了。

　　　　　专业表达：也许我说得不够清楚，请允许我再解释一遍。

4. 小李是某酒店的一名服务员。一天王先生一行到该酒店用餐。当客人进入包间后，王先生将自己的外套脱下，和包一起放到了旁边的椅子上。这时，小李看到还有客人未落座，就把衣服和包拿起来并安排客人就座；然后小李将王先生的衣服和包挂在了包间门口的衣帽架上，便出去了。

问题：你觉得小李的服务过程当中有没有什么不妥之处，为什么？

能 力 测 试

一、沟通水平自我测试

按照下列要求，对沟通水平进行自我测试，判定自己是否善于沟通。下面20个问题，请按照你的实际情况，在五个等级中选择相应的答案。选"总是"得1分，"经常"得2分，选"不确定"得3分，选"偶尔"得4分，选"从不"得5分。

1. 能自如地用语言表达情感。

2. 能自如地用非语言表达情感。

3. 在表达情感时，能选择准确恰当的词汇。

4. 他人能准确地理解自己使用语言和非语言所要表达的意思。

5. 能很好地识别他人的情感。

6. 能在一位性格内向的朋友面前轻松自如地谈论自己的情况。

7. 对他人寄予深厚的情感。

8. 能保守秘密。

9. 能与和自己观念不同的人沟通情感。

10. 能对他人的缺点提出有益的帮助意见。

11. 持有不同观念的人愿意与自己沟通情感。

12. 他人乐于对己诉说不幸。

13. 不轻易评价他人。

14. 明白自己在沟通中的不良习惯。

15. 与人讨论时，善于倾听他人的意见，且不将自己的观点强加于人。

16. 与人发生争执时能克制自己。

17. 能通过工作来排遣自己的烦闷。

18. 面对他人请教问题时，能给予解答。

19. 如果对某件事持异议，能说出做这件事的后果。

20. 乐于公开自己的新观念、新技术。

你的总分是_____。

以上各条的特点在于发现你在沟通上面的长处和不足。得分越低，说明沟通能力越强；得分越高，沟通能力则越弱。如果得分在25分以上，说明沟通能力不足。

二、人际交往能力测试

请根据你的实际情况，认真考虑下列问题，每道题只要回答"是"或"否"。回答"是"得 1 分，回答"否"得 0 分。

1. 你喜欢参加社会活动吗？
2. 你喜欢结交各行各业的朋友吗？
3. 你常常主动向陌生人作自我介绍吗？
4. 你喜欢发现他人的兴趣吗？
5. 你在回答有关自己的兴趣与背景时感到为难吗？
6. 你喜欢做大型公共活动的组织者吗？
7. 你愿意做会议主持人吗？
8. 你与有地方口音的人交流有困难吗？
9. 你喜欢在正式场合穿礼服吗？
10. 你喜欢在宴会上致祝酒词吗？
11. 你喜欢与不相识的人聊天吗？
12. 你喜欢在孩子们的联欢会上扮演圣诞老人吗？
13. 你在公司组织的集体活动中愿意扮演逗人笑的丑角吗？
14. 你喜欢成为公司联欢会上的核心人物吗？
15. 你是否曾为自己的演出水平不佳而苦恼？
16. 你与语言不通的外国人在一起时感到乏味吗？
17. 你与人谈话时喜欢掌握话题的主动权吗？
18. 你与地位低于自己的人谈话时是否轻松自然？
19. 你希望别人对你毕恭毕敬吗？
20. 你在酒水供应充足的宴会上是否借机开怀畅饮？
21. 你是否曾因饮酒过度而失态？
22. 你喜欢倡议共同举杯吗？

你的总分是_____。

如果你的得分大于 17 分，则你在各种社交场合都表现得大方得体，从不拒绝广交朋友的机会，待人真诚友善，不狂妄虚伪，是社交活动中备受欢迎的人物，也是公共事业的热心人；如果你的得分在 11～16 分之间，说明你在大多数社交活动中表现出色，只是有时缺乏自信，今后要特别注意主动结交朋友；如果你的得分低于 10 分，则说明你性格比较孤僻，不喜欢任何形式的社交活动，缺乏自信，那么，你就应该有意识地加强社交能力的培养和锻炼。

三、人际问题处理能力自测

请根据你的实际情况，认真考虑下列问题，从所给备选答案中选出最适合你的一个答案。

1. 你感觉上个月工作干得不错，可到发奖金时只发给三等奖。你的一位知心朋友告诉你说："这是因为某某在'头儿'面前说了你的坏话。"你听后：

　　A．很生气，要找经理讲清楚。

　　B．首先对自己上个月的工作进行反思，必要时澄清一下。

　　C．生闷气，借酒消愁。

2. 你是个有妻室(丈夫)的正派人，由于工作需要常和某女士(男士)来往、接触，但耳闻有人对你们捕风捉影、妄加议论，你：

　　A．发誓要找出造谣者并找他算账。

　　B．不理那一套，该怎么干就怎么干。

　　C．感到委屈，为了不使人议论想辞掉那份工作。

3. 你和同事外出办事，因缺少某方面的知识而办了一件尴尬事，回来后同事拿这件事当众寻开心，出你的洋相。这时你：

　　A．面红耳赤，下不来台。

　　B．和同事一块儿大笑，事后说明原委。

　　C．揭对方老底寻开心。

4. 你因工作有成绩而晋升一级工资，同事们要你请客，这时：

　　A．你认为没必要而加以拒绝。

　　B．感谢同事们的关照，必要时有个表示。

　　C．只找几个要好的朋友到餐厅吃一顿。

5. 你因工作中一时失误受到上司的批评处罚，原来和你关系不错的人不但不来安慰你，反而躲得远远的，你的反应是：

　　A．骂对方是白眼狼、势利眼、没良心。

　　B．认为这是人际关系中的弊病，毫不介意。

　　C．随他的便，地球照样转。

6. 你的一位很要好的朋友因工作变动要离开你到另一个单位去，你：

　　A．为他饯行，祝他如意。　　　　B．不冷不热，听便。

　　C．陈述利害关系，设法不让他离开你。

7. 你们公司从外地购来苹果出售，掌秤的人给别人称得都不错，但轮到给你称时却大小不一，还有烂了的，这时你：

　　A．认为这是偶然发生的，并不是故意为难你，高兴付钱。

　　B．心中不悦，认为他不公平，但还是付钱了。

　　C．认为他见人下菜碟，倒掉了苹果，悻悻而去。

8. 市场上某种食品涨价了，而这种食品又是你平日喜欢吃的，你该怎么办？

A．少买些，但把菜谱适当调整一下。

B．它涨它的，照买不误。　　　C．大发牢骚，但还是买了。

9．你有一位远亲患病，从外地来投奔你，请你帮助联系医院和请名医治疗，而你工作很忙，住宿也是大问题。这时你将会：

A．尽管困难，也热情接待，想办法满足他的要求，劝他多住些日子以便治疗。

B．热情接待，但告诉他你爱莫能助，请他原谅。

C．厌烦之情溢于言表，借口推托了事。

10．在你的朋友、同事、邻居中，有人结婚、生日、丧葬、迁居等，难免要破费一点表示表示，你：

A．尽管要花点儿钱，还是买点儿有特点的小礼品表示心意。

B．假装不知道或借故躲开。　　C．对一般人不屑一顾，但对体面的人则送重礼。

11．朋友借了你一笔钱，可过了很久总不还你。你不了解他是一时无力偿还还是忘在脑后了，而你近期又急用这笔钱，你该怎么办？

A．只好等一等再看。　　　　B．你找到他讨还。

C．请一位与你和他都要好的朋友去提醒一下。

12．你给孩子买了一件刚上市的衣服，回家一试小得不能穿。你找到商店，但售货员拒绝退货。你：

A．心里有气，回到家里把衣服丢到一边。　　B．和她大吵大闹，引来众人围观。

C．找到总经理说明情况，表示歉意，商量一个双方都能接受的方案。

评分标准：第1、2、3、4、5题选A得5分，选B得1分，选C得3分；第6、7、8、9、10题选A得1分，选B得3分，选C得5分；第11、12题选A得3分，选B得5分，选C得1分。将所有题目得分相加即可得到总分。

你的总分是_____。

12～23分：具有深刻的分析力和敏锐的反应能力，对人际交往中出现的难题能以合乎逻辑的方法解决。

24～40分：具有一定的人际问题处理能力，但偶尔会出现优柔寡断和偏激冲突的倾向。

41～60分：对人际关系问题的处理不善于变通，较少考虑后果，往往对人际关系产生不良影响。

四、交谈能力测试

1．你是否时常觉得"跟他多讲几句也没意思"？　是/有时/否

2．你是否觉得那些太过于表现自己感受的人是肤浅和不诚恳的？　是/有时/否

3．你与一大群人或朋友在一起时，是否常觉得孤寂或失落？　是/有时/否

4．你是否觉得需要有时间一个人静静地思考才能理清头绪和思路？　是/有时/否

5．你是否只对一些经过千挑百选的朋友才吐露心事？　是/有时/否

6. 在与一群人交谈时，你是否时常发觉自己在东想西想一些与讨论无关的事情？是/有时/否

7. 你是否时常避免表达自己的感受，因为你认为别人不会理解？ 是/有时/否

8. 当有人与你交谈时或对你讲一些事情时，你是否觉得很难聚精会神地听下去？是/有时/否

9. 当一些你不太熟悉的人对你倾诉他的生平遭遇以博取同情时，你是否会觉得不自在？是/有时/否

评分标准："是"记 3 分，"有时"记 2 分，"否"记 1 分。

你的总分是_____。

22～27 分：不愿与人交谈，即使志同道合仍不会以交谈来发展友情，除非对方频频主动，否则你便总是处于孤独的个人世界里。

15～21 分：比较热衷于交友，如果与对方不熟则初期表现得较为内向，但时间一长你便乐于与对方搭话，彼此谈得来。

9～14 分：你与人交往没有问题，你非常懂得交际，善于营造一种热烈的气氛，鼓励对方多开口，使得彼此很投缘。

五、第一印象测试

1. 某人与你初次见面，经过一番交谈，你能对该人的举止谈吐、知识能力等方面作出积极、准确的评价吗？

A．不能　　　　　　　B．很难说　　　　　　C．我想可以

2. 你和别人告别时，下次见面的时间、地点是：

A．对方提出来的　　　B．谁也没提　　　　　C．我提议的

3. 当你第一次见到某个人，你的表情是：

A．热情大方　　　　　B．大大咧咧　　　　　C．紧张羞怯

4. 你与对方寒暄后，是否很快就能够找到共同感兴趣的话题？

A．是的　　　　　　　B．很难　　　　　　　C．须经过较长时间才可以

5. 你与人交谈时的坐姿通常是：

A．两膝靠拢　　　　　B．两腿叉开　　　　　C．跷起二郎腿

6. 你同他人说话时，眼睛望着何处？

A．直视对方的眼睛　B．看着其他的东西或人 C．摸着自己的纽扣，不停地摆弄

7. 与他人交谈时，你选择的话题是：

A．两人都喜欢的　　　B．对方感兴趣的　　　C．自己所热衷的

8. 通常，与别人的第一次交谈，你们分别占用的时间是：

A．差不多　　　　　　B．对方多我少　　　　C．对方少我多

9. 会谈时，你说话的音量是：

A．很低，别人听不清楚　　B．柔和而低沉　　　　C．洪亮热情

10．你说话时姿态如何？

A．偶尔做些手势　　　　　B．从不指手画脚　　　C．常用姿势来补充语言表达

11．你说话的速度怎样？

A．频率相当高　　　　　　B．十分缓慢　　　　　C．节律适中

12．假如别人谈到了你毫无兴趣的话题，你将：

A．打断别人，另起话题　　B．沉默忍耐　　　　　C．仍然认真听，从中找乐趣

按下表将得分相加，统计总分：

选项 / 题号	A	B	C	选项 / 题号	A	B	C
1	1	3	5	7	3	5	1
2	3	1	5	8	3	5	1
3	5	1	3	9	1	3	5
4	5	1	3	10	3	5	1
5	5	1	3	11	1	3	5
6	5	1	3	12	1	3	5

你的总分是_____。

12～22分：第一印象差。可能存在一些因为心态方面的问题而导致的肢体语言、形象方面的不足。

23～46分：第一印象一般。表现中存在某些令人不愉快的成分，又有不够精彩之处，对方对你虽无恶劣印象，也不会有强烈兴趣。需要在细节方面改善以提高自己的魅力，给人良好的第一印象。

47～60分：第一印象好。适度、温和、合作，第一次接触就会给人留下深刻印象。

六、魅力测试

魅力是一种综合体现，它与人的外貌、气质、衣饰有一定关系，但不是绝对的，自我素质的发挥才至关重要。

1．你希望自己的穿戴引起异性的注意吗？

A．偶尔这样想　　　　　B．大概如此　　　　　　　C．很少想过

2．同喜欢的异性坐在一起时，你经常采取哪种坐姿？

A．双腿打开坐着　　　　B．跷二郎腿　　　C．双脚并拢

3．与欣赏的异性交谈时，你会怎样？

A．双手自然下垂　　　　B．双手交叉，置于腹前　　　C．抱着胳膊

4．走路时，是否很稳健？

A．很少　　　　　　　　B．偶尔　　　　　　　C．经常

评分标准：第1题选择A得2分，选择B得3分，选择C得1分；第2题选择A

得 1 分，选择 B 得 2 分，选择 C 得 3 分；第 3 题选择 A 得 2 分，选择 B 得 3 分，选择 C 得 1 分；第 4 题选择 A 得 1 分，选择 B 得 2 分，选择 C 得 3 分。

你的总分是_____。

8 分以上：你很有魅力，很会表现自己。

5～8 分：你的魅力一般，有发展潜能。

5 分以下：你的魅力较差，缺乏自制力。

七、自信心测试

1. 一旦你下定决心，即使没有人赞同，你仍然会坚持做到底吗？ 是 否

2. 参加晚宴时，即使很想上洗手间，你也会忍着直到宴会结束吗？ 是 否

3. 如果想买性感内衣，你会尽量邮购，而不亲自到店里去吗？ 是 否

4. 你认为你是个绝佳的情人吗？ 是 否

5. 如果店员的服务态度不好，你会告诉他们经理吗？ 是 否

6. 你常欣赏自己的照片吗？ 是 否

7. 别人批评你，你会觉得难过吗？ 是 否

8. 你经常对人说出你真正的意见吗？ 是 否

9. 对别人的赞美，你总是欣然接受吗？ 是 否

10. 你总是觉得自己很优秀吗？ 是 否

11. 你对自己的外表满意吗？ 是 否

12. 你认为自己的能力比别人强吗？ 是 否

13. 在聚会上，只有你一个人穿得不正式，你会感到不自然吗？ 是 否

14. 你是个受欢迎的人吗？ 是 否

15. 你认为自己很有魅力吗？ 是 否

16. 你有幽默感吗？ 是 否

17. 目前的工作是你的专长吗？ 是 否

18. 你懂得搭配衣服吗？ 是 否

19. 危急时，你很冷静吗？ 是 否

20. 你与别人合作愉快吗？ 是 否

21. 你认为自己是个不寻常人吗？ 是 否

22. 你不会经常希望自己长得像某某人。是 否

23. 你不会经常羡慕别人的成就。 是 否

24. 你不会为了不使某人难过而放弃自己喜欢做的事。 是 否

25. 你不会为了讨好别人而打扮。 是 否

26. 你不会勉强自己做许多不愿意做的事。 是 否

27. 你不会任由他人来支配你的生活。 是 否

28. 你认为你的优点比缺点多吗？ 是 否

29. 你不会经常跟人说抱歉。 是 否

30. 如果在非故意的情况下伤了别人的心，你不会难过。 是 否

31. 你希望自己具备更多的才能和天赋吗？ 是 否

32. 你不太愿意听取别人的意见。 是 否

33. 在聚会上，你经常先跟别人打招呼吗？ 是 否

34. 你每天照镜子超过三次吗？ 是 否

35. 你的个性很强吗？ 是 否

36. 你是个优秀的领导者吗？ 是 否

37. 你的记性很好吗？ 是 否

38. 你对异性有吸引力吗？ 是 否

39. 你懂得理财吗？ 是 否

40. 买衣服前，你自己心里已经有了确定的样式。 是 否

说明：每得一个"是"得 1 分，请算算你的总分吧！

你的总分是_____。

25～40 分：说明你对自己信心十足，明白自己的优点，同时也清楚自己的缺点。不过，在此警告你一声：如果你的得分将近 40 分的话，别人可能会认为你自大狂妄，甚至气焰太盛。你不妨在别人面前谦虚一点儿，这样人缘才会好。

12～24 分：说明你对自己颇有自信，但是你仍或多或少缺乏安全感，容易对自己产生怀疑。你不妨时常提醒自己，你的优点和长处并不输给别人，要特别强调自己的才能和成就。

12 分以下：说明你对自己不太有信心。你过于谦虚和自我压抑，因此经常受人支配。从现在起，尽量不要去想自己的缺点，多想自己的优点；先学会看重自己，别人才会真正看重你。

八、意志力测试

1. 你正在朋友家中做客，茶几上放着一盒你爱吃的巧克力，但你的朋友无意给你吃。当她离开房间时，你会：

A. 立即吞下一块巧克力，再抓一把塞进口袋里。 B. 一块接一块地吃起来。

C. 静坐着，抗拒它的诱惑。

D. 对自己说："什么巧克力？我很快就会有一顿丰盛的晚餐了。"

2. 你从朋友珍妮的日记中发现了多个秘密，极欲与别人分享，你会：

A. 立即告知海伦，说珍妮迷恋她的男朋友。

B. 不告诉任何人，但会让珍妮知道你已经发现了她的秘密，使她不敢太放肆。

C. 什么也不做。你和珍妮能做好朋友，正因为你能保守秘密。

D．请催眠专家使你忘记一切秘密。

3．你正努力存钱准备年底去旅行，但你看到了一条很适合与男朋友约会时穿的裙子。你会：

A．每次经过那家店铺时都蒙住眼睛，直至过了约会日期。

B．自己买衣料，缝制一条一样的裙子，但价钱便宜很多。

C．不顾一切买下它，宁愿哀求父母借钱给你去旅行。

D．放弃它，没有任何东西能阻碍你的旅游大计。

4．你对新年许下的诺言所抱的态度是：

A．只能维持几天。　　　　　　B．维持两三年。

C．懒得去想什么诺言。　　　　D．绝不违背它。

5．如果你能在早上6点起床温习功课，晚间便有更多时间，令你做事更有效率。你会：

A．虽然每天早晨6点闹钟准时闹醒你，但你仍然赖在床上直至8点才起来。

B．把闹钟调到5点半，以便能准时在6点起床。

C．约在6点半起床，然后淋热水浴使自己清醒。

D．算了吧，睡眠比温习功课更重要。

6．你要在6周内完成一项重要任务，你会：

A．在被委派后5分钟之内就开始进行，以便有充足的时间。

B．限期前30分钟才开始进行。

C．每次想动手时都有其他事分神，你不断告诉自己还有6周时间。

D．立即进行，并确定在限期前两天完成。

7．医生建议你多做运动，你会：

A．只在前一两天照做。　　　　　B．拼命运动，直至坚持不住。

C．每天步行去买雪糕，然后乘计程车回家。

D．最初几天依指示去做，待医生检查后即放弃。

8．朋友想跟你通宵看录像带，但你需要明早7点起床做兼职，你会：

A．看到晚上9点半回家睡觉。　　　　　B．拒绝，好好地睡一觉。

C．视情况而定，要是太疲倦就告假。　　D．看通宵，然后倒头大睡。

评分标准：第1题选A得1分，选B得2分，选C得5分，选D得3分；第2题选A得1分，选B得2分，选C得3分，选D得5分；第3题选A得1分，选B得3分，选C得2分，选D得5分；第4题选A得2分，选B得3分，选C得1分，选D得5分；第5题选A得2分，选B得5分，选C得3分，选D得1分；第6题选A得3分，选B得2分，选C得1分，选D得5分；第7题选A得1分，选B得5分，选C得3分，选D得2分；第8题选A得3分，选B得5分，选C得2分，选D得1分。

你的总分是_____。

18分以下：你并非缺乏意志力，只不过你只喜欢做那些你感兴趣的事，对于那些能即时获得满足感的工作，你会毫无困难地坚持下去。你很想坚持你的新年大计，可惜很少能坚持到底。

18～30 分：你很懂得权衡轻重，知道什么时候要坚持到底，什么时候要轻松一下。你是那种坚守本心的人，但遇到极感兴趣的东西时，你的玩心会战胜你的决心。

31～40 分：你的意志力惊人，不论任何人、任何情形都不会使你改变主意；但有时太执着并非好事，偶尔尝试改变一下，生活将会更加充满趣味。

九、气质测量问卷

本问卷共 60 道题，可大致确定人的气质类型。如果题目中的描述与自己的情况"很符合"记 2 分，"较符合"记 1 分，"一般"记 0 分，"较不符合"记 –1 分，"很不符合"记 –2 分。

1．做事力求稳妥，一般不做无把握的事。

2．遇到可气的事就怒不可遏，心里藏不住话。

3．宁可一个人做事，也不愿与很多人一起做事。

4．到一个新环境能很快适应。

5．厌恶那些强烈的刺激。

6．和人争吵时，喜欢先发制人，喜欢挑战。

7．喜欢安静的环境。

8．善于和人交往。

9．羡慕那些善于克制自己感情的人。

10．生活有规律，很少违反作息制度。

11．在多数情况下情绪是乐观的。

12．碰到陌生人觉得很拘束。

13．遇到令人气愤的事，能很好地自我克制。

14．做事总是有旺盛的精力。

15．举棋不定，优柔寡断。

16．在人群中觉得很自在。

17．情绪高昂时，觉得干什么都有趣；情绪低落时，又觉得什么都没意思。

18．当注意力集中于某事时，别的事物很难使我分心。

19．理解问题比一般人快。

20．在危险情境下，有一种极度恐惧感。

21．对学习、工作怀有很高的热情。

22．能长时间地做枯燥、单调的工作。

23．只有在感兴趣时，才会干劲十足。

24．一点儿小事就能引起情绪波动。

25. 讨厌做那些琐碎、细致的工作。

26. 与人交往不卑不亢。

27. 喜欢热闹。

28. 爱看感情细腻、描写人物内心活动的文艺作品。

29. 工作、学习时间长了，常会感到厌倦。

30. 不喜欢长时间讨论思索，更愿意实际动手尝试。

31. 宁愿侃侃而谈，不愿窃窃私语。

32. 给别人闷闷不乐的印象。

33. 理解问题比别人慢半拍。

34. 疲倦时只需要短暂的休息就能够恢复状态，抖擞精神，重新投入工作。

35. 心里有话不愿说出来。

36. 认准一个目标就希望尽快实现，不达目的誓不罢休。

37. 学习、工作同样一段时间后，常比别人更感疲倦。

38. 做事有些莽撞，常常不顾后果。

39. 在别人讲授新知识、新技术时，总希望讲得慢一些。

40. 能够很快地忘记那些不愉快的事。

41. 完成一项工作总比别人花费更多的时间。

42. 喜欢大运动量的体育活动。

43. 不能很快地把注意力从一件事情转移到另一件事情上去。

44. 总希望把任务尽快完成。

45. 更倾向于墨守成规，而不是冒险。

46. 能够同时注意几个事物。

47. 当烦闷时，别人很难帮得上忙。

48. 爱看情节起伏跌宕、激动人心的小说。

49. 对工作持以认真严谨、始终一贯的态度。

50. 和周围人的关系总是不甚协调。

51. 喜欢做熟悉的工作。

52. 希望做变化大、花样多的工作。

53. 小时候会背的诗歌，仍然记得很清楚。

54. 别人觉得我出口伤人、不会说话，可我并不觉得是这样。

55. 在体育活动中，常因反应慢而落后。

56. 反应敏捷，头脑机智。

57. 喜欢有条有理地工作。

58. 兴奋的事常使我失眠。

59. 接受新概念慢一些，但一旦理解了，就很难忘记。

60．假如工作枯燥乏味，马上就会情绪低落。

[记分方法及解释说明]

1．将各题得分记入下表：

气质测量记分表

胆汁质	题号	2	6	9	14	17	21	27	31	36	38	42	48	50	54	58	总分
多血质	题号	4	8	11	16	19	23	25	29	34	40	44	46	52	56	60	总分
黏液质	题号	1	7	10	13	18	22	26	30	33	39	43	45	49	55	57	总分
抑郁质	题号	3	5	12	15	20	24	28	32	35	37	41	47	51	53	59	总分

2．确定气质类型的方法：

请将各题分数相加，得到四种气质分数。

(1) 如果某项得分均高出其他三项 4 分以上，则可定为该气质类型。

(2) 如果某项得分超过 20 分，则为典型的该气质类型。

(3) 如果某项得分在 20 分以下、10 分以上，其他各项得分较低，则为该气质的普通类型。

(4) 如果各项得分均在 10 分以下，但某项得分较其他高(相差 5 分以上)，则略倾向于该气质。

(5) 如果两项得分接近，差异低于 3 分，而且又明显高于其他两种，高出 4 分以上，可定为该两种气质类型的混合型。如多血质—黏液质、胆汁质—多血质。

(6) 如果三项得分接近而且高于第四项，则是这三种气质类型的混合型。如胆汁质—多血质—抑郁质。

一般来说，正分值越高，表明该气质类型特征越明显；负分值越高，表明越不具备该气质类型的特点。

十、成功指数测试

实力相当，但为何最终跑赢的是他而不是你？要想在事业上取得成就，先要问问自己是否有成就欲和积极性？究竟如何，通过下面这个测验就能知道。

1. 你认为一个人在事业上的成功，主要取决于：

A. 命运和际遇　　　　　B. 自身奋斗　　　　　C. 两样都有

2. 当你在工作上遇到困难时，你会：

A. 想办法自己解决　　　B. 选择逃避　　　　　C. 求助他人

3. 对于失败，你的理解是：

A. 羞辱、挫折　　　　　B. 不巧，偏偏选中你　　C. 是一个教训

4. 以下哪种工作你最向往：

A. 轻轻松松，下午 5 点下班　B. 新奇刺激，充满挑战　C. 有权有势，做统帅

5. 你现在的工作态度是：

A. 要出人头地　　　　　B. 干得和大家差不多就行了　　C. 做得比别人好一点点

6. 你部门刚好有一个管理职位的空缺，你认为自己可以胜任，你会：

A. 当仁不让，积极争取　　B. 等上司钦点　　　C. 有的做就做，没的做就算

7. 公司突然停电，你会：

A. 帮忙查明停电原因并想办法解决　　　B. 等人维修后再继续工作

C. 反正停电，不如出去歇歇

8. 你在公司暗恋的对象被人追求，你会：

A. 当无事发生　　　B. 誓要把心爱的人抢到手　　　C. 另选一个目标

9. 对于"要赢人，先要赢自己"这句话，你认为：

A. 是真理　　　　　　B. 未必人人都能做到　　　　　C. 十分老套

10. 你认为驾车应该：

A. 有多快开多快，享受高速快感　　　B. 只不过开车而已　C. 悠然看风景

评分标准：第 1 题选择 A 得 1 分，选择 B 得 3 分，选择 C 得 2 分；第 2 题选择 A 得 3 分，选择 B 得 1 分，选择 C 得 2 分；第 3 题选择 A 得 3 分，选择 B 得 1 分，选择 C 得 2 分；第 4 题选择 A 得 1 分，选择 B 得 2 分，选择 C 得 3 分；第 5 题选择 A 得 3 分，选择 B 得 1 分，选择 C 得 2 分；第 6 题选择 A 得 3 分，选择 B 得 2 分，选择 C 得 1 分；第 7 题选择 A 得 3 分，选择 B 得 2 分，选择 C 得 1 分；第 8 题选择 A 得 1 分，选择 B 得 3 分，选择 C 得 2 分；第 9 题选择 A 得 3 分，选择 B 得 2 分，选择 C 得 1 分；第 10 题选择 A 得 3 分，选择 B 得 2 分，选择 C 得 1 分。

你的总分是_____。

27～30 分：积极向上，成功在望！你心中有远大的目标，为了实现理想你会坚持不懈，即使遇到困难挫折也不会罢手。你同时具备积极性和成就欲，由于你充满自信，故任何事在你眼中都是轻而易举能办到的，但小心自视过高会弄巧成拙，你应该听过"聪明反被聪明误"，凡事都要适可而止。

18～26 分：野心不大，尚算积极。你在实现一个目标时，有一定的积极性，但却缺乏持续性和主动性。当追求的目标一旦实现时，你就会停手。你很容易满足，亦没有大野心，只是感到面临危机时，你才会着手计划下一步行动。

18 分以下：安于现状，自得其乐。你比较安于现状，不习惯接受新事物、新挑战。现实生活中需要你做出抉择时，你不是犹豫不决就是退避三舍。虽然成就欲和积极性都欠缺，但你甘于接受简单易做的工作，并自得其乐。

案例分析

案例一　同学聚会上的炫耀

　　王鹏参加工作有三年了，后天就是他毕业三周年纪念日，由于正好是周六，所以老班长召集留在本市的同学聚聚。王鹏那天正好有时间，想想大家虽然在同一个城市工作，可是都忙忙碌碌的，没怎么联系，应该去见见。他自我感觉还不错，刚毕业时就应聘到一家规模颇大的集团公司当总经理秘书，现在已升为总经理助理。不知道老同学们都怎么样了，他很期待周六的见面。周六上午 10 点，大家在聚富酒楼的包间见面了。老同学见面分外亲热。他们都是学经济管理专业的，大多数还是在公司和企业工作，只有个别人在政府机关工作。同行话题多，聊得很投机。吃饭的时间到了，班长说大家聚在一起不容易，今天得喝个痛快，不醉不归。酒过三巡，菜过五味，大家开始有些醉意。这时，同学刘明羡慕地说："王鹏，你小子混得不错，是总经理助理了，听说公司还挺有实力，祝贺你啊。"在大学的时候就跟王鹏不太合得来的周涛接着说："他们公司还行，但是比不上李阳他们公司有实力，人家李阳也是总经理助理。"王鹏本来有些得意，听周涛这么贬他，有些不高兴。本来就争强好胜的他带着酒意说："李阳他们公司现在是比我们公司强一点，不过，不用很长时间我们就会超过他们。"周涛半信半疑地说："王鹏你喝醉了吧，怎么还是改不了爱吹牛的毛病。"王鹏一听，急了，大声说："谁吹牛？我们公司的事我最清楚，我们公司正投巨资秘密研发一种新产品，技术含量高，成本低，等新产品上市，李阳他们公司也得甘拜下风。"周涛嘲讽地说："什么时候的事，我看猴年马月才能出来吧？"王鹏说："不相信？等着瞧，要不了几个月，就能让你看到成果。"他们两人在较着劲，而坐在对面的李阳，只是淡淡地笑着，没说话。这次同学聚会后，过了几个月，王鹏他们公司的新产品经过鉴定隆重上市了，市场反应不错。可他们公司的新产品上市没几天，李阳他们公司也推出了类似的新产品，反响也很好。王鹏公司的总经理很郁闷，我们这次的新产品研发行动很秘密，怎么他们公司的动作这么迅速？站在一边的王鹏陷入了沉思。的确，他该好好想想了！

　　【分析与评述】世界各国对"秘书"一词的定义，在本质上都有一个共同的意思，就是"秘密"。这体现出各国对秘书人员有一个共同的职业要求，那就是要求秘书人员保守秘密、守口如瓶。由于工作的需要，有些事情领导不会对秘书保密，秘书比别人知道组织的秘密会更早些、更多些。但是，作为职业秘书，必须自觉遵守职业道德，严守职业纪律，不能利用这种特殊的身份去炫耀，在不适当的场合，对不适当的对象包括自己的亲朋好友泄露组织的秘密。王鹏作为公司的高级秘书，他的保密意识太差，同学聚会上争强好胜，为了自己的面子，为了显示自己比别人强，泄露了公司的机密而不自知。他的确应该好好地反思。

【思考题】

1. 秘书能否向自己的亲朋好友透露公司的机密？为什么？

2. 企业的机密有哪些？

3. 王鹏为什么会泄密？他应该怎样反思自己？

案例二　林秘书的问题在哪里

林琳是公司的前台秘书，她长得很漂亮，站在前台接待客人的时候，犹如公司一道靓丽的风景线。第一次见到林秘书的人都会被她的亲切和热情所吸引。但是，令人事科长感到奇怪的是，年底总评时，林秘书却是前台秘书中遭投诉最多的，在同事中的评价也不高。这到底是怎么回事呢？人事科长经过调查，发现林秘书在工作上的确存在很多问题。她在前台值班时，只给予她首先接待的客人热情周到的服务，对于同事首先接待的客人不管不问。当同事要接电话忙不过来的时候，她也不主动帮忙。时间长了，同事对她很有看法。林秘书不值班的时候，在走廊或其他地方见到客人从不打招呼，客人有事询问她，她也让客人到前台去找值班秘书询问。有一次，林秘书刚下班，着急回休息室换衣服回家，在走廊里碰到一位客人，这是一位年纪较大的老太太，她办完事后想回去，但是刚走了一会儿，就分不清东西南北了。看到林秘书走过来很高兴，就对她说："姑娘，麻烦你给我带带路，我年纪大了，记性差了，刚刚还记得出去的路，这一会儿就转向了。"林秘书却说："对不起，我下班了，我还有急事要办，您去前台吧，她们会帮助您。"说完就自顾自地走了。后来这老太太在公司里绕了半天才走出去，回到家就把这件事情告诉了她儿子。她儿子是公司的销售科科长，有一天科长们在一起开会，他就把这事告诉了人事科科长。后来，人事科科长把林秘书叫过来批评了一顿，让她好好反省一下自己到底有什么问题。

【分析与评述】　作为职业秘书，要认识到接待客人绝不只是值班秘书一个人的事。客人是公司的客人。但有些秘书在公司里碰到客人，只要不是自己接待的客人，都视而不见。这实际上是秘书缺乏修养的表现，是公司管理不严的表现。秘书遇到不是自己接待的客人，不一定要专门停下来打招呼，但是，给个微笑、点个头、问声好这样的礼貌还是应该有的，这反映了秘书良好的职业修养。再者，秘书要认识到同事之间的良好合作关系是提高工作效率的重要保证，应该在工作和生活方面互相帮助、互相体谅。

【思考题】

1．秘书们在前台值班时应该怎样互相配合？

2．请你分析一下林秘书的问题到底出在哪里，应该怎样改正。

案例三　不知该说什么好

小王所在的公司最近要参加市里的招标，总经理很重视，连续几天召开了相关部门的会议，讨论研究竞标的事情。经过严格的论证，竞标书的内容终于确定下来。总经理让秘书小王打印出来交给他，准备派专人去市招标办公室送标书。小王接受任务后，立即着手录入，刚录入了一小段，电话就响起来了，是维修部的小张打来电话，告诉她会议室的投影仪修好了，让她过去查验一下。小王说声："好。我马上去。"即放下电话，心想没有几分钟就回来了，所以电脑也没有关，标书草稿也没有收起来，就去会议室了。小张正在会议室等她，他们一起演示了一下投影仪，没有发现什么问题，一切正常。之后，小王谢过小张后就回办公室了。推门进去后，小王发现就这么一会儿工夫，她的办公室里就坐了两个人，都是她的好朋友，一个是企划部的小苏，一个是后勤部的小唐。她们俩一个在看电脑，一个在翻标书草稿，看见她进来就说："你去哪里了？等你半天了。"王秘书快步走回自己的位子，抢回小苏手里的标书说："别看，别看了。"小苏说："真小气，看看怕啥，咱们公司要是能竞标成功不是件大好事吗？哎，小王，你说咱们公司竞标成功的概率有多大啊？"小王说："快别说了，你们俩记住千万别出去乱说，这可是咱们公司的商业机密。"小唐说："得了，你对我们还保密？再说了，秘密的东西你还随便放在桌子上让别人看？"小王一听傻了眼，不知该说什么好了。

【分析与评述】　一个组织有很多属于秘密、机密、绝密等不同秘密级别的文件和信息，这些文件和信息一旦泄漏出去会给组织造成不可估量的损失。秘书因为工作的性质，经常会接触到这些文件和信息，因而必须自觉地树立保密观念，严守秘密。本案例中的王秘书，保密意识薄弱，把属于公司机密的标书草案和录入的电子文本随便置于其他人很容易看到的地方。倘若看到的人不能保守秘密，一旦泄露，被竞争对手知悉，后果就很严重了。因此，秘书在打印这些秘密文件的时候，如果临时有其他事情需要马上去办，一定要把文件收好，把已在电脑上录入的电子文件关闭，如果要离开办公室还要把电脑关机。秘书的电脑还应该设置只有自己知道的密码，同时，电脑不能让外人使用，以保证电脑里的秘密文件和信息不被其他人看到。

【思考题】

1．王秘书犯了什么错误？

2．秘书应该怎样注意保守秘密？

3．从本案例中，你认为组织应该注意对自己的员工加强什么方面的教育？

案例四　秘书与领导之间

丁丽是某局局长的秘书，她是资深的老秘书了，深得局长的信任。因为工作的关系，她经常向领导们请示汇报工作，所以局里领导们的事她最清楚。她最近有些心烦，因为她发现局里两位副局长——王副局长和刘副局长之间的矛盾越来越深了。有时王副局长还在她面前抱怨几句刘副局长，丁秘书不敢有所表示，每次都借故避开话题。她心里明白王副局长这样说，是希望能得到她这位局长秘书的支持。局长年纪大了，还有两年就要退休了，很有可能就从两位副局长中选一个扶正。两人本来在工作中就时常有不同的意见，再加上涉及个人前途，他们之间的争斗就更复杂了。丁秘书身在其中，有时觉得很难做，处理起来都是小心翼翼的。有一天，丁秘书送文件去王副局长办公室，敲门进去以后，发现刘副局长也在。丁秘书定睛一看，看到刘副局长面色铁青，好像刚才正在与王副局长激烈地争论着某个问题。丁秘书见状马上说："对不起，我过一会儿再来。"但刘副局长叫住她说："丁秘书，你等会儿再走，过来听听，我们俩的意见谁有道理。"丁秘书马上说："对不起，刘副局长，我没时间，局长让我送完文件后马上就去他办公室，他还有急事让我办。还有王副局长，局长说这份文件很重要，请您看完后抓紧时间落实。"说完，就退了出去。其实，丁秘书撒了个谎，局长没有急事让她办，可要不这么说，刘副局长就不会让她走，两位副局长意见有分歧，让她一个做秘书的进行评判，她又能说什么呢？

【分析与评述】　秘书与领导群体的关系远比与单个领导的关系复杂。如若处理不当，会使秘书处于左右为难的境地。秘书要想处理好这种关系，首先应该认识到领导群体有矛盾是正常的，绝对没有矛盾是不可能的。再者当领导群体有矛盾时，秘书应该坚持以大局为重，以利于领导群体团结为原则。按照矛盾的不同性质、程度和表现方式，秘书可考虑采用沟通、折中、回避、中立的方式妥善处理，不能以个人感情的好恶来取舍，支持一边，反对一边，更不能为一边提供反对另一边的材料，扩大他们之间的分歧，加深他们的矛盾。

【思考题】

1．秘书应怎样正确处理与领导群体的关系？
2．你怎样评价丁秘书处理与两位有矛盾的领导关系的方法？
3．丁秘书作为局长的秘书应该把两位副局长之间的矛盾告诉局长吗？

案例五　正　确　着　装

孙玫到一家外企去应聘秘书。面试之前，她对自己进行了精心修饰：身着时下最流行的牛仔套裙，脚蹬一双白色羊皮短靴，背一款橘色的挎包。为和这身打扮配套，孙玫还化了彩妆，并对自己的打扮相当满意。

来到公司，孙玫发现自己在众多应征者中显得是那么的与众不同，她甚至感到一点得意。正在这个时候，孙玫碰见了恰好来此处办事的好朋友王小姐。"你也来找人吗？"王小姐问道。"我是来应聘的。""应聘？你的这身打扮更像约人去喝下午茶。"快人快语的王小姐说道。"是吗？"孙玫疑惑起来，她扫描了一下四周，果然其他人都穿着素色的职业套装。孙玫的心里一下子变得慌乱起来，自信心也动摇了。在后来的面试中，孙玫完全因为这次的着装乱了阵脚，结果应聘失败了。

【分析与评述】 衣着，在交往中体现的是一个人的职业、身份、地位以及修养，等等。正确着装，是指在不同的场合要穿适宜的服装，既适合身份，又适合场景。一般而言，我们大致将服装分为两类：正式服装和休闲服装。所谓正式服装，是指在公务场合穿的服装，它的风格应该是庄重得体的。因为不论是在政府机关还是公司企业，不管是公务人员还是公司职员，都应该给人以稳重大方的感觉。在公务场合，不应该突出个性，讲究时尚，穿着不能太随便。在公务场合，男士应穿藏蓝色、灰色或黑色的西服套装，内穿白衬衣，脚穿深色袜子、黑皮鞋；女士则应穿单一色彩的套裙、长筒丝袜和带跟的皮鞋。休闲服装是指在工作以外穿着的服装，比如夹克衫、T恤衫、牛仔裤、运动装、短裤、旅游鞋等。休闲服装的特点是舒适自然，轻松活泼。两类服装适合在两种场合穿着。在公务场合，不适合身着便装，以免给人以不正式的感觉；而在该放松的休闲场合，身着一身正装，则难免给人以古板的感觉。

【思考题】

1. 社交场合着装应注意哪些问题？遵循哪些原则？
2. 你认为孙玫应聘失败的主要原因是什么？应吸取哪些教训？

案例六　说 话 得 体

某天上班时间，老总走到策划部主管高慧的身边突然问了一个莫名其妙的问题："小高，我问问你，'美眉'是什么意思？"高慧忍不住笑了："您是不是也想找个'美眉'？""哪里，'美眉'是什么玩意儿我都不清楚，我找它干什么？"老总说，"我在家老听我孩子说'美眉'什么的，我问他什么意思，他只朝我傻笑不告诉我。今天我听见我的秘书在我办公室也说'美眉'这个词，所以好奇，问问你。""是这样的，'美眉'是指因特网上那些漂亮的女孩。因为人们在网上聊天的时候，如果称这些女孩为'妹妹'，可能觉得太俗；称美丽的姑娘吧，又可能让人觉得太轻浮，所以'美眉'的叫法就流行起来。原先是在网上，现在有些人在日常生活中也这么叫了。'美眉'的写法有很多种，有的写成'美媚'，也有的写成'美妹'，有的干脆写成'MM'，一般都写成'美眉'。""噢，原来如此！"老总点点头然后回到了办公室。下班的路上，高慧特意走到老总的秘书小张面前提醒道："在上班的时候，最好不要用'美眉'这类新潮的词汇。""头儿今天是不是对我有什么意见？"小张解释说，"上午我在办公室帮他整理材料，我一个同学打我的手机，我无意中说漏了嘴。""他倒是没什么意见，只是好奇。"高慧说，"只不过今后要稍微注意一点儿，在领导面前少说那些一般人听不懂的时髦词汇或句子。""看来我是得注意一下了。不记得是哪本书上说过，像他们这种年纪大而又有地位的男人，观念最保守，审美情趣最落后。今后说话要是不注意一点儿，让他们看不惯，说不定哪天我的饭碗就砸了，自己还不知道怎么回事。""你说到哪儿去了？"高慧笑着说，"你觉得他们就那么顽固吗？不过，反过来你想想，如果某个人一天到晚老跟你说唐诗宋词，你是不是也会不习惯？""那倒也是，我从来就不喜欢这些东西。""另外，我昨天下午听你打电话时说'下午十五点钟'，这种说法也不太好，容易听成'下午五点钟'。所以最好直接说成'下午三点钟'。""那是上海分部的黄小姐。她说话一半中文，一半英文，半土半洋。我只不过是在电话里重复确认她所说的时间。""正因为对方是这么说的，所以你在重复确认的时候，就更应该纠正过来，尽量避免误会。"

【分析与评述】　秘书的职业特点要求其必须得开口，可是作为一个平常人又不是每每发言都能恰当得体，最保险的方法就是平时就要摸清上司的脾气与习性，在自己说话的时候多多注意自己的语言。其实，像"美眉"这类词汇，并不是像某些人说的那样，跟黄头发、绿头发一样，都是舶来的精神垃圾，相反，这类词汇跟因特网、MP3 和数码相机一样，都是当代的文明成果，我们没有理由否定它们，它们也不可能因为有人否定而消亡。作为现代都市时尚的先锋，作为公司白领阶层的秘书，不可能远离"美眉"这类词汇。但是，正如西装革履不适合打网球一样，作为职业秘书，在工作场合，应尽量避免使用大多数人暂时还听不懂或者听不惯的语言，养成使用规范语言的习惯。

【思考题】

1．为什么高慧特意走到老总的秘书面前提醒她，在上班的时候，最好不要用"美眉"这类新潮的词汇？

2．秘书在工作中应如何对待诸如网络语言等当代的文明成果？

3．作为职业秘书，在工作场合如何才能养成使用规范语言的习惯？

案例七　交 换 名 片

2000 年 4 月，新城举行了春季商品交易会，各方厂家云集，企业家们济济一堂。华新公司的徐总经理在交易会上听说衡诚集团的崔董事长也来了，便想利用这个机会认识这位素未谋面又久仰大名的商界名人。午餐会上他们终于见面了，徐总彬彬有礼地走上前去介绍自己："崔董事长，您好，我是华新公司的总经理，我叫徐刚，这是我的名片。"说着，便从随身带的公文包里拿出名片，递给了对方。崔董事长显然还沉浸在之前的交谈中，他顺手接过徐刚的名片，随口说道"你好"，草草地看过，放在了一边的桌子上。徐总在一旁等了一会儿，并未见这位崔董事长有交换名片的意思，便失望地走开了。

这位崔董事长对于交换名片这种交往方式太心不在焉了，他没有认识到他的举动对别人是非常不礼貌的，从而使自己失去了多认识一个朋友的机会，或许也失去了许多潜在的商机。

【分析与评述】　在现代社会，名片交换是重要的交际渠道，它可以向对方表示尊重，也可以增进双方了解，在任何时候都应引起重视。参加工作的人，一般都应该有自己的名片，并且应放在适当的地方以便随时取用。递送本人名片时，应面带微笑，用右手或双手执名片，注意使名片正面朝着对方，以齐胸的高度，不紧不慢地递送过去，同时可以说声"请多关照""今后常联系"等。在接受他人名片时，更应体现出对他人的尊重。若对方站立，接受者也应起身，双手或以右手郑重地接过对方的名片，并口中称谢。然后，应将对方的名片浏览一遍，有时需要小声读出。最后，应将名片仔细地收藏在名片夹或上衣口袋内。以左手接名片，或接过名片并不看且随手乱放，以及接过他人名片却并不交换自己的名片，都是非常失礼的。在自己没有名片时，可以婉言"对不起，我的名片刚用完"或"抱歉，今天没有带名片"等。规范的名片交换礼仪是好的交往的开始。

【思考题】

1. 社交礼仪中如何递接名片？

2. 你认为崔董事长的做法有何不妥？如何改进？

案例八　热 情 有 度

下岗女工兰妹通过中介公司找到了一份在英国专家布朗先生家里做保姆的工作。兰妹热情活泼，精明能干，第一天就给对方留下了不错的印象。她的主要工作之一是打扫房间，包括布朗夫人的卧室。细心的布朗夫人特意给兰妹制定了一份时间表，上面规定每天上午 8 点清理卧室，让兰妹按照时间表严格执行。

开始几天，兰妹都干得相当好，很令布朗夫人满意。直到有一天，兰妹照例去清理布朗夫人的卧室，却发现布朗夫人并没有像往常一样不在家，仍在休息。兰妹心想，我还是得按照时间表办事，而且我打扫并不会影响她休息。热情的兰妹认真地干起活儿来。这时，布朗夫人突然醒了，发现兰妹在她的房间里，很惊讶，马上用不是很流利的汉语叫起来："你来干什么？请出去！"兰妹仍是一片好心地说："您接着休息吧，我一会就打扫完了。"布朗夫人提高了嗓门，一字一顿地说："请—你—出—去！"并且用手指着门。兰妹不明白自己哪里惹怒了布朗夫人，满腹委屈："不是你叫我按时打扫的吗？"

【分析与评述】　兰妹的行为在她自己的观念里是待人诚恳热情，做事认真负责。但在英国人的观念中，兰妹的举动侵犯了他们的私人空间，妨碍了他们的私生活，是绝对无法理解的。

中国人的热情友好是全世界人们公认的，但在对外交往中应把握"热情有度"的原则。待人热情友好是应该的，但更应掌握好分寸。这个"度"就是一切都以不影响对方，不妨碍对方，不给对方增添麻烦，不令对方感到不快，不干涉对方私生活为限。上述事例中兰妹坚持原则，认真工作固然值得赞扬，但她的传统旧观念认为熟人在一起距离越近越亲近，因此在误闯了布朗夫人的私人空间后，仍以过度的热情坚持己见，自然会引起对方的不快。

要把握"热情有度"的原则，可以具体掌握以下四个方面的"度"：

第一，做到"关心有度"。不要对外国人随意运用我们中国人早已习惯的关心、规劝，以免被认为是侵犯个人自由。

第二，做到"批评有度"。只要对方没有触犯我国的法律，侮辱我方的国格、人格，对其言行没有必要指出错误，横加干预。

第三，做到"距离有度"。尊重别人的私人空间，不使其产生被侵犯之感，但又不至于太冷淡。

第四，做到"举止有度"。避免动作过于亲密随意，引起误会。

【思考题】

1. 兰妹的行为有何不妥？应如何改进？

2. 兰妹的人际交往理念如何更新？如何把握和运用人际交往的空间距离？

案例九　守　　信

福建省石狮市的亿佳服装厂，以其出色的产品、适当的价格、优质的服务，在海内外享有盛名。2001 年，该厂与一家日本公司签订了有关出口服装的合同。日企定制了 6 万套服装，按照合同，应在 2001 年 8 月 15 日交货。

2001 年 7 月 21 日，亿佳服装厂旁边的家具厂突然失火，消防队没到来之前，火势已经蔓延到亿佳服装厂的原料库和成品库。最后这场大火给亿佳服装厂带来的损失达数十万元，更关键的一点是，给日本公司生产服装的原料几乎全部被烧毁，而已经制成的三万多套服装也已烧成灰烬。眼看合同就要到期，是向日方提出延期履行合同的要求，还是想办法实现承诺呢？

服装厂的不少领导认为，将情况向日方说明，或许可以将合同的履行期限往后推一推。而王董事长当机立断，下令在一个星期内，不惜重金在周围的县市将所需的原料购买回来。职工们加班加点，在比原定时间少一半的情况下保质保量完成了任务，如期履行了合同。

8 月 15 日，日方验货后，非常满意亿佳服装厂的产品，尤其当他们得知火灾一事后，更是对亿佳服装厂的这种守信行为称赞不已。从此双方的合作不断增多，亿佳服装厂的效益自然也就越来越好。

【分析与评述】　在现代社会，信誉就是效率，信誉就是形象。亿佳服装厂宁愿花重金也不愿损害自己的企业形象，最终凭借自己的信誉获得了丰厚的回报。

诚实守信，不仅在生意场上极为重要，在平时的人际交往中也是一条基本准则。信用，是一个人在社会交往中无形的名片。无论是在国内还是在国际的交往中，取信于人，是建立良好人际关系的前提，同时也是一个现代人应具备的优良品德。守信，即在人际交往中，必须认真遵守自己许下的承诺，说话算话。承诺要兑现，约会必须如约而至。尤其是在讲求效率的当代社会，时间对于每个人来说都是非常宝贵的，有关时间的约定都应严格遵守。

讲究信用是塑造个人形象的重要手段。要做到信守约定，应从以下几个方面身体力行：一是谨慎承诺。作出承诺前要深思熟虑，量力而行。从自己的实际能力出发，谨慎承诺。二是对已经作出的承诺应努力遵守实现。

三是由于某种不可抗因素使自己失约，应首先尽可能迅速地采取措施进行补救，若确实无法实现，应向有关方面解释致歉，必要时还要赔偿其损失，敢于承担责任。

唯有做到以上三点，大至国家小至个人才能充分维护自己的形象。

【思考题】

1. 诚实守信是中华民族的传统美德，人际交往中你如何做到诚实守信？
2. 你认为企业应如何避免和消除火灾等安全隐患？

案例十　宴　　请

李小姐是威胜公司新聘用的公关部经理，她上任的第一个任务是负责宴请公司的俄罗斯客人。李小姐虽然从未接手过此种事务，但她细心地考察了来客的习俗，首先了解到俄罗斯人的饮食禁忌和喜好，最后确定了在本地最好的丽歆酒店设宴款待。她选择了当地有名的菜肴，并且以俄罗斯的伏特加酒点缀其间，受到了客人和上司的夸奖。

【分析与评述】　在设宴款待时，首先要注意菜单的定制。照我们一般的思维，可能会先想到客人喜欢吃什么，而实际上更为重要的是客人不吃什么。只有事先了解客人的饮食禁忌，才不至于犯忌，给客人造成不好的印象。许多人都有个人的饮食禁忌，如有些人不吃鱼，有些人不吃蛋，有些人不能吃辣，等等。不同国家的人可能都有自己的禁忌。此外还有严格的宗教禁忌，如穆斯林忌食猪肉、忌饮酒，印度教徒忌食牛肉，犹太教徒忌食动物蹄筋和所谓"奇形怪状的动物"。总之，在定制菜单时要综合考虑以上禁忌，不能疏忽大意。

　　在考虑了客人的饮食禁忌后，定制菜单时，可以将具有民族特色和本地风味的菜肴列入其中。在招待外宾时，中国的春卷、元宵、水饺等有中华民族特色的菜肴向来很受客人的欢迎；同时我国各地的菜肴风味独特，各有千秋。比如上海的"小绍兴三黄鸡"、天津的"狗不理包子"、西安的"贾三灌汤包"等，都可以拿来招待客人。如今，各地都发展出了特色饮食文化，在许多菜肴背后还隐藏着许多有趣的典故，如果主人向客人介绍这些背景，可以增进客人对当地文化的了解，也是一种有益的人文交流。

　　在餐桌上，尤其在宴请客人时，我们还应牢记一条原则，就是"劝菜不夹菜，祝酒不灌酒"。中国人素来有好客的传统，在请客吃饭时，喜欢给别人夹菜，喜欢让客人多喝酒，而这常常令客人尴尬。随着时代的发展，人们崇尚更文明健康的饮食方式。记住上面的原则，既能表现主人的好客，又能使客人轻松自在，何乐而不为呢？

【思考题】

1. 你认为宴请前应做好哪些准备工作？

2. 李小姐为什么会受到客人和上司的夸奖？

3. 餐桌上应遵守哪些原则？

实 务 实 训

实训一　会务准备要细致、周密

【职业情境】

某地党代表大会开幕式上，会务人员未能按大会主持人宣布的程序播放国际歌，虽得到补救，但终是一件憾事，并受到批评。

事情是这样的，会务组会前起草的《大会开幕式程序(送审稿)》中列有"奏(或播放)《国际歌》"一项。大会秘书处一位负责人审稿时，拟把此项放在大会闭幕式进行，于是在开幕式的程序中把此项删去了。后来大会秘书处主要负责人定稿时，又把该项圈了回来。会务组的同志凭印象只记得已删去奏《国际歌》程序，而对后来又被圈了回来一事并未注意，因此在大会上宣布"奏《国际歌》"时无法奏出，一时形成了冷场。幸好会务组组长急中生智，立即上台指挥领唱，这样才圆了场。会后领导对这一事故给予批评，要求吸取教训；但在关键时刻能得到及时补救，也是好的，这一点值得表扬。

【思考题】

本案例中，会务准备方面存在哪些问题？

实训二　"时装秀"方案

【职业情境】

某服装集团为了开拓夏季服装市场，拟召开一个服装展示会，推出一批夏季新款时装。秘书小李拟了一个方案，内容如下：

1. 会议名称："2020 年服装集团夏季时装秀"。

2. 参加会议人员：上级主管部门领导 2 人，行业协会代表 3 人，全国大中型商场总经理或业务经理以及其他客户约 150 人，主办方领导及工作人员 20 名。另请模特公司服装表演队若干人。

3. 会议主持人：服装集团公司负责销售工作的副总经理。

4. 会议时间：2020 年 5 月 18 日上午 9 点 30 分至 11 点。

5. 会议程序：来宾签到，发调查表；展示会开幕，上级领导讲话；时装表演；展示活动闭幕，收调查表，发纪念品。

6．会议文件：会议通知，邀请函、请柬，签到表、产品意见调查表，服装集团产品介绍资料，订货意向书，购销合同。

7．会址：服装集团小礼堂。

8．会场布置：蓝色背景帷幕，中心挂服装品牌标志，上方挂展示会标题横幅；搭设 T 型服装表演台，安排来宾围绕就座；会场外悬挂大型彩色气球及广告条幅。

9．会议用品：纸、笔等文具，饮料，照明灯、音响设备、背景音乐资料，足够的椅子，纪念品(与会人员每人赠某服装集团生产的 T 恤衫 1 件)。

10．会务工作：安排提前来的外地来宾在市中心花园大酒店报到、住宿。安排交通车接送来宾。展示会后安排工作午餐。

【思考题】

小李的会议方案有无需改进的地方？

实训三　会议方案制订

【职业情境】

中迅显示器有限公司是我国主要的电脑显示器生产商之一，去年实现销售额 8 亿元人民币，产品 30%出口海外，并不断保持产量连年递增的势头，质量管理也达到了同行业的先进水平。为适应生产规模的进一步扩大，去年底，该公司又扩建了 1 万平方米厂房，增加了 3 条国际先进的生产流水线，使显示器年生产能力达到了 100 万台。

产量增加了，销售必须跟进。目前，中迅显示器有限公司在全国设有 300 多个代理商，为了让代理商更多地了解公司的发展，同时展示其即将推向市场的新产品的优势及性能，研究如何扩大产品销售等问题，公司领导决定于 8 月 8 日至 10 日在上海市召开一次全国代理商会议，由公司总经理介绍企业的基本概况及发展远景；研发部经理介绍、演示新产品的性能、核心技术及测试结果；生产部总监介绍目前企业的生产能力及生产情况；销售部总监介绍公司产品的销售情况；公司主管副总经理就下一步销售策略、销售政策及开展销售竞赛评比等事项做专题发言。同时，选择东北、华北、华南三位销售代表介绍各自的经验，最后表彰 50 家优秀代理商。会议期间，还要组织与会代表参观企业，利用一个晚上的时间举办一场联欢晚会，安排代表游览上海市内的几个景点。

为保证会议的成功举办，公司还决定将会议地点安排在上海国际会议中心，食宿也在上海国际会议中心。同时各部门抽调 10 人组成大会筹备处，由张副经理负责，具体工作包括准备会议所需文件、材料，寄发会议通知，接待、安排食宿，布置会场，联系上海国际会议中心及旅游景点，预订返程车、船、机票，邀请新闻媒体，组织联欢晚会，购置礼品等。总经理还特别强调，要在保证会议隆重、热烈、节俭的前提下，尽量让代表们吃好、住好、玩好。

根据公司领导的意见，张副经理立即从各部门抽调了 10 位同志成立了大会筹备处，并召开了会务工作会议，对会议准备工作进行了部署和分工。

【思考题】

1. 为中迅显示器有限公司代理商会议拟订一份会议方案。

2. 根据会议的规模、层次和主题，会议筹备处应具体划分哪几个小组展开准备工作？

3. 以筹备处的名义提交一份本次会议经费预算方案报总经理审批。

4. 请根据会议的内容制作一份会议日程表(要有日期、时间、内容安排、地点、参加人、负责人、备注等项)。

5. 请根据会议内容拟写一份会议通知。

6. 制作一份会议签到单。

实训四　会见与会谈的安排

【职业情境】

博雅职业技术学院是一所以培养文秘类、计算机类和商贸旅游类人才为主要特色的全日制高等职业技术学院。学院占地 10 万平方米，建筑面积 6 万平方米，设有公关文秘、电脑文秘、涉外文秘、计算机应用、计算机网络技术、电子技术、电脑美术设计、幼儿教育、外资企业管理与服务等 9 个专业，在校生有 4500 余人，每年除有 500 名毕业生对口报考本科外，约有 1000 名毕业生走上就业岗位。为此，该院专门设立了就业办公室，负责学生的就业指导、搜集用人单位信息，向用人单位推荐应届毕业生。

又到了毕业生推荐的时节。由于博雅职业技术学院近年来每年均向××工业园区的外资企业输送 600 多名毕业生，而且通过毕业生跟踪调查，毕业生对就业去向普遍反映很好，用人单位也对该院毕业生多有青睐。为此，学院决定邀请××工业园区管委会领导来学院会谈，一方面征询用人单位对人才培养的意见和建议，另一方面了解今年工业园区对应届毕业生的需求，向工业园区推荐毕业生。

4 月上旬，××工业园区管委会主管人力资源的副主任、人力资源部经理、办公室主任和秘书共 4 人莅临博雅职业技术学院，与学院院长、副院长、就业办主任及秘书在学院会议室举行了会谈。

会谈期间，双方领导分别介绍了各自的情况，并就今年 7 月中旬博雅职业技术学院向××工业园区 5 家外资企业输送 800 名应届毕业生达成了意向。

【思考题】

拟设职业情境，模拟演示会谈的程序(标明宾主双方的座位安排与合影布置图)，并由秘书做会议记录。

实训五　签字仪式

【职业情境】

江海学院是一所省直属重点职业学校，学校占地 1000 亩(6.67×10^5 平方米)，设置中、高职院系共 15 个，开设 35 个专业，专职教师 700 多人，其中高级职称教师占全体教师人数的 30%，现有在校生 5000 多人。江海学院原是专门以培养水利、渔业、海洋作业等专业人才为主的学校。为进一步整合办学资源，拓宽学校办学空间，学校确定了"将学校建成一所省属重点综合性学校"的战略目标，在学校设施、师资、专业建设上投入了很大的资金。因学校坐落于全国知名的化工城，学校拟发展地方特色专业，利用现有资源，对学校的专业进一步拓展，决定筹建化工系。

兴华化工集团是化工城中规模最大的一家国有企业，以前曾入选"全国十大化工企业"，现有员工 10 000 余人，企业每年产值近 20 个亿。兴华化工学校就是该企业直属的一所中等职业学校，是国家级示范中专，学校的化工专业为示范性专业，办学水平一流。近几年来，很多地方的中专学校都已升格高职院校或被高校合并，中等专业学校的办学空间越来越狭窄。他们了解到江海学院正在筹建化工系，马上与江海学院进行了联系。江海学院领导经过分析，认为合并兴华化工学校对加快学校建设化工系有着积极的意义，学校在师资队伍、实习基地建设、专业办学经验、专业拓展、学生就业上将更具实力，有利于加快学校向综合性大学迈进。随后，双方进行了多轮协商谈判，最后达成了一致意向。

一个月后，兴华化工学校师生员工喜气洋洋，江海学院与兴华化工集团的签字仪式在该校多功能厅隆重举行。本次仪式由兴华化工学校办公室何主任负责筹备，参加的领导有兴华化工集团总经理、人力资源部经理、办公室主任，兴华化工学校校长、副校长，江海学院院长、教学副院长、学院办公室主任、教务处处长及化工系主任，同时还邀请了当地的新闻媒体记者参加。签字仪式上，大家举杯庆祝，共同祝贺合作成功。

【思考题】

1. 草拟一份签字仪式的准备方案。
2. 布置模拟签字厅。
3. 模拟演示签字仪式。
4. 参加实训的双方须简单演示见面礼仪，在着装上适当修饰。

实训六　庆典活动

【职业情境】

成功职业中学创建于 1955 年，原来是一所农业类学校，起初只有 200 多名学生，

20 余名教职工和 50 万元固定资产。建校以来，历经 3 次撤并后，学校将培养第三产业的初中级技术人才作为新的办学目标，逐步减少"农字号"专业，陆续开设了公共关系、文秘、礼仪服务、市场营销、美容美发等新兴专业。经过几年的发展，学校的文秘专业被评为省级示范性专业，学校被升格为国家级重点职业学校，目前学校拥有近 9000 名在校生、400 余名专任教师，固定资产近亿元。"成功"办学走过了 60 年，是一部"成功人"自力更生、开拓进取、励精图治、艰苦创业的创业史。

今年是学校建校 60 周年，学校领导经过研究，决定举办 60 周年校庆活动，并确定了"以成功人为荣，做成功者"的活动宗旨。学校对内增强全体师生员工对学校的自豪感和荣誉感，对外彰显学校的实力和发展前景。学校早在一年前就成立了校庆筹备委员会，下设秘书组、新闻组、接待组、信息组、联络组，每组的组长都由学校的中层以上干部担任。各组可自主设置校庆项目及相关事宜，重大项目须由校庆筹备委员会讨论审核。

秘书组主要负责庆典仪式活动的筹划，制订议程，拟定邀请重要来宾的名单，并撰写相关文书，直接接受筹委会领导、协调、监督。

新闻组负责庆典活动新闻发布会的筹划及新闻采访活动安排。

接待组的主要工作由该校的文秘教师负责筹划，具体工作由文秘专业的学生承担，要求统一着装，负责迎接宾客、来宾签到、赠送纪念品、茶水服务、活动迎导、参观解说，并要求在大门口列队迎送客人。

信息组负责组织编写校史、校友录及学校宣传册。

联络组主要负责联络各界校友，组织校友会。

对于 60 周年校庆，学校领导非常重视，制订了一整套方案，专门拿出 80 万元经费用于筹划庆典。在庆典仪式上安排了剪彩活动，校庆日晚上还将举行盛大的庆祝晚会。同时，为使校庆活动更具学术气氛，校庆期间还将举行"学校发展战略研讨会"和"职业教育学术报告会"，既体现隆重热烈的气氛，又让人觉得意蕴深刻，更能展现"成功人"的非凡气度。

【思考题】

1. 编制一份校庆活动庆典仪式的程序。

2. 模拟演示庆典仪式的大会场景。

3. 拟定重要领导和来宾名单，其单位、职务、姓名可由学生自己拟定。

4. 校庆活动庆典仪式的程序应结合职业情境内容，但不包括庆祝晚会、学术报告会、学校发展战略研讨会等内容。完成后，由全班学生集体讨论。

5. 庆典仪式场景模拟由全班学生完成。

6. 模拟宴请礼仪。

实训七　电话"挡驾"的艺术

【职业情境】

爱达公司的丁秘书正埋头起草一份文件，电话铃响了，丁秘书拿起电话听着对方的声音，辨别出又是那位推销员朱磊打来的电话。第一次他来电时，丁秘书听着朱磊的自我介绍，判断这电话不是经理正在等的电话，也不是紧急要事，于是她说："很抱歉，经理不在，请你留下姓名、地址、回电号码，我会转达给经理的。"可对方非要找经理不可。挂断电话，丁秘书就此事汇报了经理。经理听后，告诉她，曾在一次交易会上见过此人，印象不佳，不想和他有生意上的来往。十天前，朱磊又来电话，丁秘书说："对不起，经理仍然不在。我已将你的情况和要求转告给经理，目前他非常繁忙，尚未考虑与你联系。"随即主动挂断了电话。

现在，朱磊第三次来电，丁秘书应该怎么办？

【思考题】

1. 假如你是丁秘书，应怎样做？
2. 秘书接听电话时，首先应做些什么？
3. 秘书怎样审查来电？
4. 秘书在电话中应怎样既做到为领导"挡驾"，又不在言语行动上失礼，冒犯对方？

实训八　妙辞不速之客

【职业情境】

胡秘书正在办公室忙着，进来了一位西装革履的男士，自称与李总经理约好的。但胡秘书一查经理的日程安排，并没有发现有此约会。但既然说与李总经理有约，也可能是经理亲自约定的，于是接过名片一看，是某家杂志社广告业务部钱经理。凭直觉胡秘书觉得对方是个推销员，但仍然很热情地请来客坐下，并奉上茶水，然后问道："您是否和李总约在上午见面？"

对方回答："如果方便，我希望很快见到李总。"

胡秘书明白了，肯定没有约会。即使是李总亲自约定的，也会有具体准确的约会时间。"您看，很不凑巧，今天上午李总刚好有个临时会谈。我马上设法和他取得联系，告诉他您在这等候。或者另约时间，可以吗？"

钱经理马上表示同意。胡秘书接着说："您看我怎么向李总汇报您的情况？"

经交谈，胡秘书很快清楚了，来访者是为杂志社编辑本市最新工商名录做广告、拉客户的。这类事不是第一次遇到，胡秘书知道接待不可草率生硬，来访者中不乏"无冕之王"，还须"恭敬送神"为好。

经与李总联系，从他那里得到的答复是"不见"，胡秘书当然不能"直言相告"。

"钱先生，真对不起，李总正在与一个重要客户讨论谈判，我不方便进去打断。您看已近中午，怕要耽误您太多的时间了。您看是否这样，我公司虽在本市，但大多数的业务还是在外省市，全国工商名录上，我公司已在册，本市工商名录上再登当然对本公司也有益，具体事项，我一定请示李总，并尽快电话与您联系。您看，我可以打名片上您的联络电话吧？"

"好，好。"嘴上这么说，钱先生已显不悦了。

"另外，刚才看您送来的资料，我想起我的同行马小姐曾和我谈起过她供职的公司正要做公共形象广告和业务宣传，您看我是否可以介绍他们公司与您合作……她的联系电话是×××××××，您可以直接与马小姐联系。"

"好，好！"钱先生的口气变得和缓了。

"钱先生，这资料您是否可以多留几份给我，尽管你我公司业务范围不太适合，但周末的同行联谊会上，我可以帮您向其他合适的公司宣传，同行介绍，恐怕更方便些，您看是否可以？"

钱先生告退的微笑是真诚的谢意，因为他受到的热情接待弥补了没有完成任务的缺憾。胡秘书热情地送他到电梯口。

【思考题】

1. 胡秘书回到办公室的第一件事应该是做什么？

2. 胡秘书的做法是否正确？有没有不当之处？

3. 胡秘书为什么不可直言相告李总经理不能接待钱经理？

4. 秘书对于来到公司的每一个人都应该视如贵宾，都应该有求必应、引荐给领导吗？

实训九　意外事故的处理

【职业情境】

一家公司的员工下班回家时遭遇车祸身亡，其家属纠集亲戚朋友冲进公司，硬要拉经理去向死者磕头，经理见势，赶紧回避了。员工家属亲朋不罢休，在公司里大吵大闹，弄得公司一片混乱，无法开展正常工作。关键时刻秘书小仇挺身而出，冷静地向死者家属说："我们公司的员工，自然是我们的亲人，对于他的不幸遇难，我们都很悲痛。我是经理秘书，我一定代表经理前来吊唁，并参加治丧。与此次交通肇事者和有关单位的交涉及处理善后工作，我会向经理请示并与有关部门协调，尽快给你们答复。"一席话，说得对方哑口无言，虽然还有人蛮不讲理地坚持要领导出来，但许多人已不再胡搅蛮缠，一场风波基本平息。

【思考题】

1. 面对突发事件，作为秘书该如何应对？

2. 仇秘书的做法，有哪些值得我们借鉴？

3. 如果当时仇秘书不出面，后果会怎样？

实训十　阎秘书的协调艺术

【职业情境】

飞燕实业总公司张总经理与王副总经理，因为工作上的分歧产生了误解，最近一段时间，他们的隔阂越来越大，矛盾也在加剧。总经理办公室阎秘书想方设法在其间协调，但收效甚微，分歧和矛盾依然存在，双方都认为，是对方故意跟自己过不去。

机会终于来了。一天，张总经理病了，住进了医院，阎秘书到医院看望，把带来的礼品放到床头，然后对张总经理说："我是代表王副总经理来的。总经理病了，王副总听说后，很关心，叫我同他一起来看望你，但在来医院的路上被销售部经理叫去了，说有急事，非要他去处理不可。"张总听后很感动。过了一段时间，王副总经理病了，住进了同一家医院，阎秘书到医院看望，又买了礼品放到床头，然后对王副总说："我是受张总委托来的，张总原定下班后与我一起来医院看望你，临时业务部经理有急事，硬把他给拉走了。张总要我转达他对您的问候，并祝您早日恢复健康，说公司离不开您！"躺在病床上的王副总听后，感动得热泪盈眶，心想自己过去是错怪张总了，今后一定要配合张总积极工作。

经过阎秘书从中协调，消除了两位经理之间的隔阂，驱散了笼罩在他们心头的乌云。王副总出院后，主动与张总打招呼，张总也热情问候，两人和好如初。

【思考题】

这个案例对你有什么启发？

参 考 文 献

[1]　王言根. 学会学习：大学生学习引论[M]. 北京：教育科学出版社，2003.

[2]　金正昆. 社交礼仪[M]. 北京：北京大学出版社，2005.

[3]　贾启艾. 人际沟通[M]. 2 版. 南京：东南大学出版社，2006.

[4]　段维龙. 企业文化与人本管理[M]. 北京：北京大学出版社，2009.

[5]　赵春珍. 交际礼仪学[M]. 北京：首都经济贸易大学出版社，2008.

[6]　张重喜. 书道[M]. 北京：中国书籍出版社，2009.

[7]　关培兰，张爱武. 职业生涯设计与管理[M]. 武汉：武汉大学出版社，2009.

[8]　刘向红. 职业人文素养[M]. 北京：高等教育出版社，2010.

[9]　刘向红. 普通话培训与测试[M]. 北京：语文出版社，2012.

[10]　刘向红. 人际沟通教程[M]. 长春：东北师范大学出版社，2013.